GZPI城乡规划研究丛书 / 邓兴栋　主编

广州市城市规划勘测设计研究院学术著作出版基金资助

# CBD设计解读

主　编　陈志敏　梁晓翔

参　编　李春亮　周　瑛　郭文博　曹哲铭
　　　　尹　婕　刘　程　牛冬妮　陈　虹
　　　　程　筠　陈惠斐

华南理工大学出版社
SOUTH CHINA UNIVERSITY OF TECHNOLOGY PRESS
·广州·

## 图书在版编目（CIP）数据

CBD 设计解读/陈志敏，梁晓翔主编．—广州：华南理工大学出版社，2017.6
（GZPI 城乡规划研究丛书/邓兴栋主编）
ISBN 978-7-5623-5284-6

Ⅰ.①C… Ⅱ.①陈…②梁… Ⅲ.①中央商业区-研究 Ⅳ.①F731

中国版本图书馆 CIP 数据核字（2017）第 107243 号

### CBD 设计解读

陈志敏　梁晓翔　主编

出 版 人：卢家明
出版发行：华南理工大学出版社
　　　　　（广州五山华南理工大学 17 号楼，邮编 510640）
　　　　　http：//www.scutpress.com.cn　　E-mail：scutc13@ scut.edu.cn
　　　　　营销部电话：020-87113487　87111048（传真）
策划编辑：赖淑华
责任编辑：骆　婷　赖淑华
印 刷 者：广州市骏迪印务有限公司
开　　本：787mm×1092mm　1/16　印张：14　字数：338 千
版　　次：2017 年 6 月第 1 版　2017 年 6 月第 1 次印刷
定　　价：188.00 元

版权所有　盗版必究　印装差错　负责调换

# GZPI 城乡规划研究丛书
# 编辑委员会

主　　　编：邓兴栋

副 主 编：黄慧明　林　鸿

执行主编：方正兴

编　　　委：张　晶　　刘　洋　　熊　青

王鹰翅　　王进安　　方正兴

刘云亚　　王建军　　李洪斌

李箭飞　　李开猛　　余炜楷

陈志敏　　吴　军　　陈　翀

# 前 言

广州市城市规划勘测设计研究院组织院内、外专家及技术骨干,以院内研究课题为依托,计划出版城乡规划研究丛书,本书为丛书的第一本,编撰的基础来自研究院科技课题——国内外CBD地区城市设计案例研究。该课题于2013年7月立项,历经三年乃成。课题侧重于实用性,从规划的角度系统梳理与解读CBD规划与建设。

本书对以上研究的成果进行了整理创作,第1章绪论,综述了CBD发展背景、城市设计等基本概念;从第2章到第6章分别介绍了纽约曼哈顿、芝加哥卢普区、新加坡滨海湾、香港中环、广州珠江新城五大CBD的发展历程,并围绕城市规划三大支柱——城市管理、城市研究、城市设计,深入论述了CBD建设过程中应用的理念、技术、方法和建设机制;第7章对全书进行系统总结,提出建议与展望。

CBD建设已成为一个世界性的城市现象,是城市乃至一个区域最为重要的功能载体,是新的经济关系、社会关系和文化关系的形成场所。2016年发布的中国商务中心区发展报告显示,我国仅有香港中环被列为世界级CBD,内地CBD建设还停留在国家级及以下水平,呈现多层级、分梯次的发展态势。

CBD的高密度和复杂性决定了它将持续带来城市安全、生态保护、环境品质提升等一系列城市问题。历代城市发展研究与实践者都对解决城市问题给出了不同的解答,TOD模式、紧凑增长、智慧城市、海绵城市等理论层出不穷。任何单一问题放在孤立的环境中,我们也许有很多的解决方案,但提出一个兼具综合性和连贯性的整体解决方案,我们需要更开阔的思路。

我国部分地区正走向后城市化时代,随着大规模建设和城市化进程的逐渐放缓,城市规划的主要任务将转向城市更新、城市复兴和历史文化保护。城市设计将成为规划工作的重要内容,而城市设计成果只有被转换成可指引规划与建设的管理政策,才能实现对建设环境的有效控制。本书从建成环境品质解析入手,梳理城市空间发展演变过程,借鉴多个地区城市设计控制法规与导则指引,以具体导控要素为切入点,梳理出CBD"三层次"城市设计导控体系：宏观层面主要关注CBD在城市整体空间格局中的定位，中观层面主要关注街区空间营造与建筑物设计等，微观层面主要关注使用者的环境感知。

全球化加剧了各地城市所面临的挑战，但同时也为城市和地方政府提供了广阔的参与空间。政府干预在城市发展的每个时期都非常重要，城市开发必须保证规划的延续性。在CBD百年来的发展过程中，不乏通过制定灵活激励政策、加强基础设施建设等多种政府干预举措来拉动投资增长、推进规划建设的成功案例。在21世纪，随着社会团体和个体力量的成长，城市规划的公众参与已成为减少土地开发的社会与环境成本的重要途径，如何鼓励更多人有效参与其中，也是未来非常值得探索的课题。

理想地说，规划和建设汇集世界各地最佳品质的CBD，是许多城市规划人心中的梦想。而创造的第一步，就是向在特定领域取得优秀成绩的城市学习。我们希望本书的出版能抛砖引玉，在搜集整理CBD规划设计重要的研究成果和丰富的故事素材的同时，为中国21世纪CBD的开发建设提供借鉴。

编　者

2017年6月

# 目 录

**第1章　绪论** ································································ 1
1.1　CBD概念与研究进展 ··················································· 1
1.2　CBD发展情况概述 ······················································ 3
1.3　全球五大城市CBD概况 ················································ 6
1.4　CBD与城市设计 ························································ 11

**第2章　纽约曼哈顿** ························································· 15
2.1　纽约曼哈顿空间发展演变 ·············································· 15
2.2　纽约的城市设计导控 ··················································· 18
2.3　纽约CBD城市设计导控重点要素解读 ······························· 25
2.4　政府推动纽约CBD发展的举措 ········································ 41
2.5　纽约CBD可持续发展理念与策略 ····································· 45

**第3章　芝加哥卢普区** ······················································ 63
3.1　芝加哥大都市区整体发展 ·············································· 63
3.2　芝加哥的城市设计导控 ················································ 68
3.3　芝加哥CBD城市设计导控重点要素解读 ···························· 78
3.4　规划引领芝加哥中心区域发展 ········································ 86
3.5　智慧出行——多样化公共交通与综合交通中心 ······················ 93

**第4章　新加坡滨海湾** ······················································ 96
4.1　新加坡滨海湾空间发展演变 ··········································· 96
4.2　新加坡的城市设计导控 ··············································· 103
4.3　新加坡滨海湾城市设计导控重点要素解读 ························· 108
4.4　政府推动新加坡CBD发展的举措 ···································· 114
4.5　新加坡滨海湾可持续发展理念与策略 ······························· 116

**第5章　香港中环** ·························································· 124
5.1　香港区域环境保护与严谨的土地开发 ······························· 124
5.2　香港的城市设计导控 ················································· 126
5.3　香港CBD城市设计导控重点要素解读 ······························ 138
5.4　公众参与城市规划 ···················································· 146

5.5 香港 CBD 可持续发展理念与策略  148

## 第 6 章 广州珠江新城  153
6.1 广州打造"总部金融科技创新集聚区"  153
6.2 广州的城市设计导控  158
6.3 广州 CBD 城市设计导控重点要素解读  162

## 第 7 章 全球五大城市 CBD 发展总结  168
7.1 区位条件总结  168
7.2 城市设计导控重点要素总结  168
7.3 城市设计导控框架及要素总结及建议  182
7.4 政府推动 CBD 发展总结  192
7.5 可持续发展策略建议  202
7.6 CBD 发展展望  206

**参考文献**  212

# 第1章 绪 论

## 1.1 CBD 概念与研究进展

### 1.1.1 CBD 的缘起与主要特征

中央商务区（Central Business District）简称 CBD，是指一个国家或大城市里主要商业活动进行的地区[①]。美国芝加哥大学社会学教授伯吉斯（E. W. Begess）于 1925 年最早提出同心圆（Concentric Zone Theory）城市结构模型（图 1-1），在城市结构内将城市核心区区别加以考虑。该模型认为：城市以不同的功能用地围绕单一核心，有规则地向外扩展形成同心圆结构。同心圆分为 5 个圈层，圈层结构的中心为城市空间和功能的核心区域，称为中央商务区[②]。

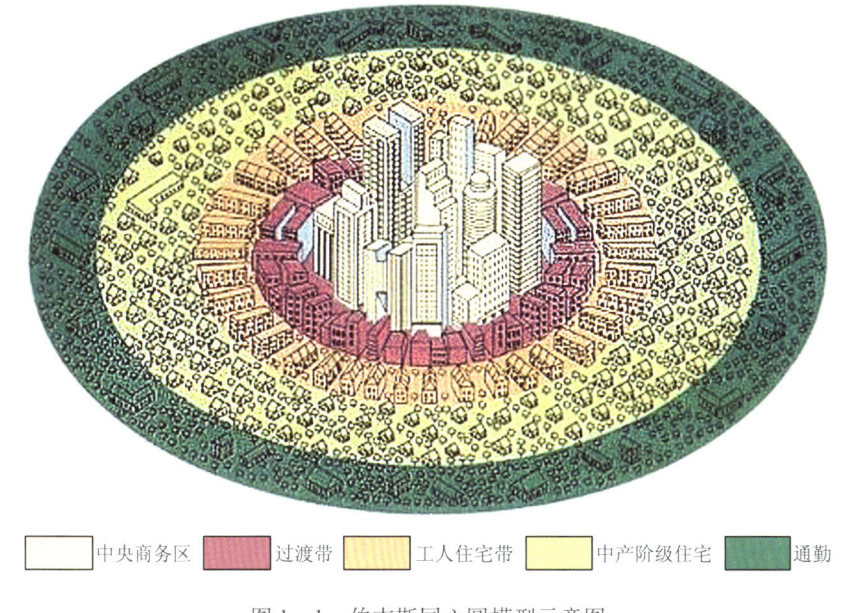

图 1-1 伯吉斯同心圆模型示意图

（资料来源：百度百科，http://baike.baidu.com/view/1744167.htm）

伯吉斯赋予了 CBD 三个主要性质：

一是核心性。CBD 是城市功能与结构的核心，容纳了功能层次最高的产业并具备与之相关的功能，并且是城市交通系统的枢纽区域。

二是历史性。CBD 与城市的发源地紧密相关，往往就是这座城市最早的建成区所

---

[①] 林枫，徐磊. 城市 CBD（中央商务区）景观形态研究 [J]. 低碳世界，2014（15）.
[②] 王芬芳，顾朝林. 世界城市化特征和问题 [J]. 城市规划，2002（10）：48-50.

在地。

三是稳定性。CBD具有相对稳定的地位，在持续由内向外的同心圆式的城市扩展过程中，CBD会在较长时期内保持其核心控制地位。

随着CBD的演变，各学科对CBD的研究多从自身的角度出发，导致CBD在概念上的多义性和泛化[1]。一般认为，CBD是位于城市中心地带，围绕地价峰值地区的商务产业高度聚集地区，是以商务活动为主体的城市核心功能区。尽管中央商务区的定义和空间地理范围的精确界定比较模糊，但是一般来说中央商务区具有以下几个特征[2]：

（1）具有最高的交通可达性；
（2）拥有最高的地价；
（3）拥有高赢利水平的产业；
（4）拥有商务空间的最高聚集度。

### 1.1.2　CBD演变的三大阶段

随着城市文明的演进，世界上的城市都有各自的发展史和CBD发展轨迹，我们难以找到两个发展历程完全相同的城市。CBD的内容不断发展丰富，逐渐成为一个城市、一个区域乃至一个国家的经济发展中枢[3]。概括地讲，西方大城市CBD大致经历了"以商业为主的混合功能""专业功能分区的综合功能""商务功能升级并逐渐向综合化、生态化发展"三个阶段[4]。

1. 20世纪初城市膨胀

CBD雏形出现，处于以商业为主的混合功能阶段。在20世纪20年代以前，CBD的概念还没有出现。1878年电话的发明到1910年欧美主要城市电车、电梯大规模投入日常使用，改善了人们的联系方式，促进了生产力水平的提高。在集聚效应的作用下，城市处于膨胀阶段，但落后的交通方式仍限制了多数人的出行距离。城市中心由于具有其他区域无法比拟的可达性和区位优势，形成了一个包括行政管理、宗教、商业贸易、工业生产等在内的各种城市功能的集中区域。

2. 20世纪20~70年代城市蔓生

CBD处于专业分区的综合功能阶段。20世纪20~70年代是全球经济走入低谷，然后复苏的阶段。第一次世界大战结束，福特发明的大规模连续生产线成了工业的主导生产方式。工业的快速发展，企业的集中，产生了对资本的大量需求，加上国际贸易水平的提高，金融、保险、房地产等生产性服务行业在城市中的作用凸显出来。一些中产阶级在拥有了汽车之后，出行距离大大加长。面对市中心的"城市病"，他们纷纷向近郊区迁移，这就是从20世纪20年代开始的所谓"郊区化"的过程。在这个较长时间

---

[1] 丁成日，谢欣梅. 城市中央商务区（CBD）发展的国际比较[J]. 城市发展研究，2010（10）：72-82.
[2] 杨俊宴，吴明伟. 城市CBD空间形态量化研究：中国CBD发展量化研究之二[J]. 城市规划，2006（2）：18-25.
[3] 林枫，徐磊. 城市CBD（中央商务区）景观形态研究[J]. 低碳世界，2014（15）：50-51.
[4] 樊烨. 20世纪城市发展与CBD功能的演变[J]. 城市发展研究，2000（4）：43-46.

的阶段里，大部分城市中心区开始出现功能分化，走向多功能综合发展阶段。

3. 20世纪70年代以后大城市多层向心体系形成

CBD功能升级，综合化、生态化成为后来的规划趋势。20世纪70年代以后，世界经济进入一个空前的发展时期，若干重大变化重新塑造了城市的空间结构，也实质性地改变了CBD的功能。第一，CBD的发展空间受到限制。已经向高空发展的CBD建筑，费用和地价也越来越高。第二，交通方式和人口聚居区改变。四通八达的高速公路网，小汽车广泛进入家庭，大大改变了时间和空间的关系；人口向郊区迁移引发了零售商业空间分布的变化，伴随着郊区各种新型业态商业设施的建立，市中心商业空心化明显。第三，生产方式变革。信息技术的发展使实时接收信息效率提高，实现了远程服务，人们在网络上的联系代替了一部分实际空间上的接触。大规模集中的生产方式被灵活的、柔性化的生产方式所替代。一方面企业可以把原来复杂的科研开发、生产、资金筹措、销售等各个环节分解成若干相对独立的、常规的部分，并安排人们在最合适的区位工作，企业的组织由以前的金字塔型转变为结点网络型。另一方面，全球化和信息化时代的公司，尤其是跨国公司，可以选择在一个集中的区位调控管理整个公司。第四，国际竞争日益激烈，国际地域分工日益加深。

在各种动力的共同冲击和作用下，西方一些城市提出建设多心型城市的目标，大城市CBD出现了一个功能筛选过程，促使CBD功能升级与高度专业化。具体表现在：一方面，高等级的办公商务单位和经营选购性商品的专业化零售店留在了CBD，尤其突出的是具有指挥和调控功能的跨国公司总部和金融机构在大都市CBD的集聚；而另一方面，低等级的办公机构和一般零售业外迁至城市副中心或郊区。

## 1.2 CBD发展情况概述

### 1.2.1 世界性城市化运动与理想城市建设

2014年联合国最新报告显示，全球农村人口"城市化"进程还在不断加速。2014年全球城市人口比例达54%，预计到2050年将增长到66%[1]（图1-2），城市是人类文明的演进过程中不可替代的载体。

城市，为人类发光发热的合作提供了可能[2]，在城市文明发展的同时，也面临着日益严重的城市污染、贫富两极分化、城市快速扩张及环境恶化等重重挑战[3]。无数大师、专家们带着对城市发展的热情，致力于改善人类生存环境：现代城市规划理论的奠基人埃本尼泽·霍华德倡导田园城市；美国著名城市理论家刘易斯·芒福德揭示了城市发展起源、演变和前景；简·雅各布斯对传统的城市规划观念产生了怀疑，并为评估城市的活力提供了一个基本框架；凯文·林奇提出的城市意象之要素，探讨的是城市设计

---

[1] 中文互联网数据咨询中心，http://www.199it.com/archives/256802.html
[2] [美] 格莱泽. 城市的胜利 [M]. 上海：上海社会科学院出版社，2012.
[3] 赵景伟. 紧凑视角下的城市三维空间整合及其实效性研究 [D]. 青岛：山东科技大学，2011.

的艺术……古往今来，每一个国家都在探索建设城市规划专家心中的梦想城市。

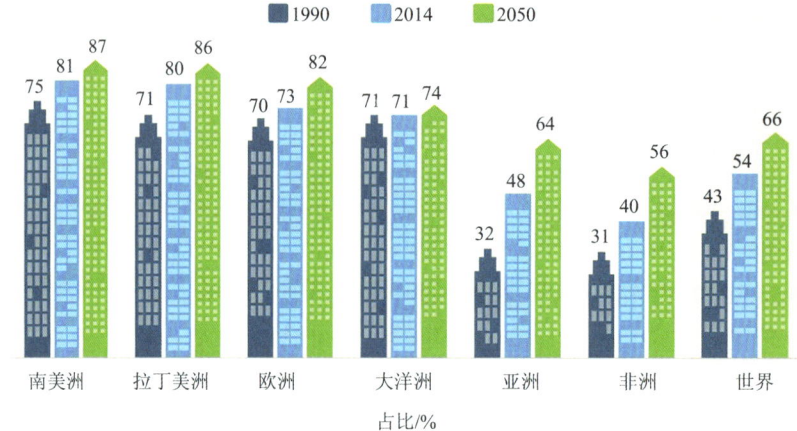

图1-2 城市居住人口变化趋势图

（资料来源：https：//m. baidu. com/tc? from = bd_graph_mm_tc&srd = 1&dict = 20&src = http% 3A% 2F% 2Fwww. chinabgao. com% 2Fstat% 2Fstats% 2F39318. html&sec = 1489049278&di = 777a24feb28cd332）

梦想城市的特点可以重点体现在可持续发展方向上，许多城市都为之做出了很多努力：波哥大的快速公交系统建于2000年，为710万市民承担了超过70%的交通往返服务；慕尼黑有37%的电力来源于可再生能源；旧金山80%的垃圾都从垃圾填埋场里转移出去；新加坡比绝大多数城市的堵车率都低；东京的城市碳排放量降低了13%，阻止了700万吨二氧化碳的排放[①]。

城市中心区，作为城市中交通、人口、就业与服务的高度聚集区，拥有强大的活力和吸引力，辐射和带动了整个城市经济运转，是城市发展的中心、重心以及动力[②]。CBD作为城市中心区中的重中之重，起源于20世纪20年代的美国，其后逐渐在世界各地如雨后春笋般涌现，作为其所在国家或地区经济实力和国际竞争力的象征与标志。在持续的城市化进程中，CBD已经成为一个世界性的城市现象，是世界经济网络的重要组成部分[③]。

### 1.2.2 中国经济发展新常态下城市建设特点

在全球城市化运动与经济一体化的大趋势下，我国城市化发展呈现出更加快速但粗放的发展模式。联合国开发计划署发布的《2013中国人类发展报告》指出，中国只用60年的时间就实现了城镇化率从10%到50%的过程。

2009—2014年，全国城镇土地面积增加165.0万平方千米，增幅为22.8%，年均

---

① 优尔城，http：//www. urcities. com/global/20150115/14369. html
② 沈磊. 城市中心区规划［M］. 北京：中国建筑工业出版社，2014.
③ 杨俊宴，吴明伟. 中国城市CBD量化研究：形态·功能·产业［M］. 南京：东南大学，2008.

增长4.2%。增长速度总体呈逐渐放缓趋势，年度增幅由2010年的4.7%下降至2014年的3.7%。全国城镇化土地供应稳步增长，我国城镇化发展态势平稳①。

随着大规模城市建设和城市化的逐渐放缓，城市规划的主要任务将转向为城市更新、复兴、发展和历史文化保护提供政策和指导，大部分规划工作将转为城市设计。如何提升城市中心区的规划建设水平，不仅是每位规划学者和践行者的责任，更是机遇与挑战。

目前，城市设计作为重要的规划管理手段，已逐步成为国内发达城市在规划管理中对土地经营开发进行规范化约束的重要手段②。2014年12月19日，住建部部长陈政高在全国住房城乡建设工作会议上针对社会关心的城市建筑设计问题表示："明年要争取出台《城市设计管理条例》，编制符合实际的高水平城市设计导则。建筑设计和项目审批都必须符合城市设计要求。不但城市整体层面要有设计，城市的重点区域和地段也要做好设计，提出建筑风格、色彩、材质乃至高度、体量等方面要求，纳入控制性详细规划，作为土地出让的条件，保证设计条件落地实施。"这实际上明确指出了在国家新型城镇化发展背景下，城市设计在向一种规划管理手段转变③。

## 1.2.3 中国CBD建设现状

由中国社科院城市发展与环境研究所、中国商务联盟和社科文献出版社发布的《商务中心区蓝皮书：中国商务中心区发展报告（2015）》显示，中国CBD可划分为6个等级，分别是世界级CBD、洲际级CBD、国家级CBD、大区级CBD、地区级CBD以及项目级CBD，由此构成了全国范围内的CBD网络体系。

根据中国研究机构2016年1月22日发布的中国商务中心区（CBD）发展报告显示，中国CBD所处区域、发展阶段和发育程度不尽相同，呈现多层级、分梯次的发展态势，其中，香港中环CBD被列为世界级CBD，上海陆家嘴CBD、北京CBD和广州天河CBD被列为三大国家级CBD④。

除了三大国家级CBD之外，在过去的高速城市化过程中，一些城市政府不顾自身经济规模有限，在违反市场规律的情况下，纷纷大规模圈地上马建设所谓的中央商务区⑤。因此，我国一些城市在CBD建设中容易出现"急功近利，贪大求全""规划走样，职能弱化""功能雷同，缺乏特色""体制不顺，管理不力"的现象，失去了中央商务区的真正内涵，成为城市执政者的"政绩"和城市的形象工程。很显然，这种违反客观规律的CBD建设结果肯定是失败的，有的城市的"CBD"变成了一个空城（图1-3），有的城市的"CBD"最后演变成了住宅开发的乐园。CBD建设的盲目性和非理性将给一个城市带来资源上的重大浪费，也会给城市政府带来沉重的财政负担。

---

① http://news.xinhuanet.com/city/2016-01/27/c_128675513.htm
② 林隽. 面向管理的城市设计导控实践研究 [D]. 广州：华南理工大学，2015.
③ 王耀武，柳飏，郝健秋. 走向集群化的城市设计管理制度建设 [J]. 城市建筑，2014（10）：27-30.
④ http://business.sohu.com/20160122/n435541813.shtml
⑤ 吴兆兴. 自贡CBD环境经济综合评价研究 [D]. 成都：西南交通大学，2006.

图1-3 郑东新区CBD约3.45平方千米城市环形建筑群曾被认为是"中国最大鬼城"
（资料来源：昵图网，http://www.nipic.com/show/1/75/5511352k485d1139.html）

## 1.3 全球五大城市CBD概况

本书选取纽约曼哈顿、芝加哥卢普区、新加坡滨海湾、中国的香港中环与广州珠江新城五大CBD进行案例分析，其中纽约曼哈顿、芝加哥卢普区、新加坡滨海湾、香港中环都为国际区域级CBD，广州珠江新城为国家级CBD（表1-1）（图1-4），对不同层级、不同环境的CBD进行案例研究，不仅可丰富案例库，还可兼顾多种情况，更好地解读CBD规划设计①。

表1-1 全球大城市CBD规模与分类

| 分类 | 级别 | GDO总量（亿美元） | 第三产业占GDP（%） | 城市 | 总用地面积（公顷） | CBD建筑面积（万平方米） | CBD建设强度 |
| --- | --- | --- | --- | --- | --- | --- | --- |
| 第一类 | 世界级 | >3000 | >80 | 纽约曼哈顿 | 210 | 1500 | 7.14 |
|  |  |  |  | 东京新宿 | 270 | 950 | 3.5 |
|  |  |  |  | 香港中环 | — | — | — |
|  |  |  |  | 芝加哥中心 | 180 | 600 | 3.33 |
| 第二类 | 洲际级 | >1500 | >70 | 新加坡滨海湾 | 150 | 350 | 2.33 |
|  |  |  |  | 休斯敦中心 | 150 | 420 | 2.8 |
|  |  |  |  | 悉尼 | 100 | 250 | 2.5 |

---

① http://course.baidu.com/view/e8d68c4e31126edb6e1a105e.html

续表 1-1

| 分类 | 级别 | GDO 总量（亿美元） | 第三产业占 GDP（%） | 城市 | 总用地面积（公顷） | CBD 建筑面积（万平方米） | CBD 建设强度 |
|---|---|---|---|---|---|---|---|
| 第三类 | 国家级 | >500 | >50 | 上海陆家嘴 | 170 | 400 | 2.2 |
| | | | | 北京建外 | 400 | 800~1000 | 2.5 |
| | | | | 广州珠江新城 | 163.7 | 269.6 | 1.39 |

图 1-4 五大 CBD 的分布图

1. 纽约曼哈顿

曼哈顿（Manhattan）是美国纽约市最小的行政区，西邻新泽西州，东北方是布朗克斯区，东面和南面的布鲁克林区和皇后区均位于长岛；它通过桥梁和隧道等与这些地方相连（图 1-5）。曼哈顿总面积 57.91 平方千米，占纽约市总面积的 7%，区内人口约 150 万，是纽约行政区之中人口最稠密的一个。曼哈顿被形容为整个美国的经济和文化中心，是纽约市中央商务区所在地，是世界上摩天大楼最集中的地区，汇集了世界 500 强中绝大部分公司的总部，也是联合国总部的所在地。

曼哈顿 CBD 的商务职能主要集中分布在下曼哈顿（Lower Manhattan）和中城（Midtown）的大部分地区，其中下曼哈顿为商业文明之星，是曼哈顿的豪华居住区，共约 2.1 平方千米；中城（Midtown）是整个纽约市生命力的发源地，自由女神像矗立在曼哈顿岛的入口处，在长仅 1.54 千米、面积不足 1 平方千米的华尔街——CBD 的金融区，聚集了全球近 3000 家外贸、金融、证券、保险公司，中城还是联合国大厦所在地，共约 1.2 平方千米。

图1-5 纽约曼哈顿区位图

(资料来源:https://commons.wikimedia.org/wiki/File:New_York_City_location_Staten_Island.svg)

2. 芝加哥卢普区

芝加哥中央商务区被称为"卢普"(Loop),即由高架快速轨道系统环绕的老商业中心区。卢普区西面和北面临芝加哥河,东到密歇根湖,南到罗斯福大道,最初的空间局限于19世纪末20世纪初城市高架铁路环绕的区域(图1-6、图1-7)。

随着城市发展,市中心区逐渐延伸到正式行政区以外,"卢普区"更多地用于表示整个芝加哥CBD,而不再是正式的行政区概念。该区包括约100个街区,占地1平方英里(2.6平方千米),就业人数超过10万人,占芝加哥市1/6的就业人口。目前,卢普区已成为美国第二大中央商务区,仅次于纽约市的曼哈顿中城,是城市高附加值产业活动集聚的核心区域。

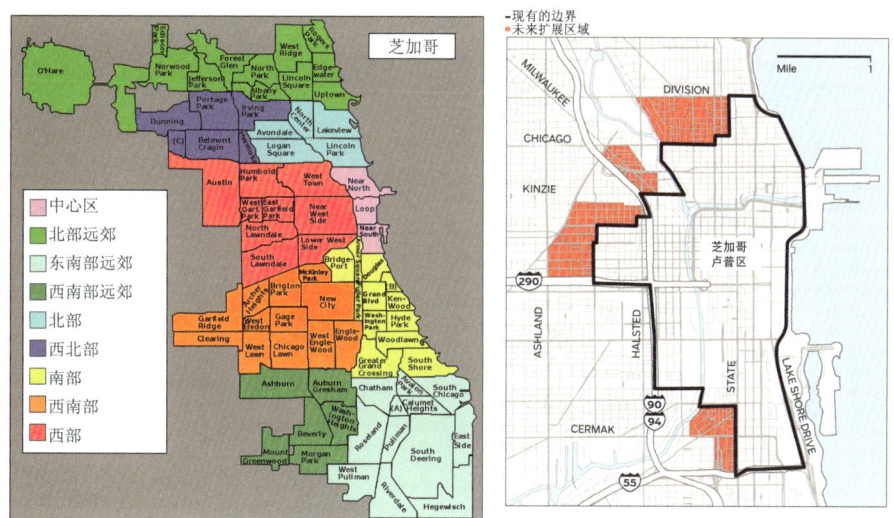

图1-6 芝加哥卢普区区位图

(资料来源：左图 http://www.drodd.com/html7/chicago-map.htm；右图 http://chicago.curbed.com/2016/2/18/11080144/mayor-plans-increased-density-to-fund-needy-neighborhoods)

图1-7 芝加哥卢普区鸟瞰图

(资料来源：http://chcentralmich.com/？z=Chicago+Skyline)

3. 新加坡滨海湾

新加坡中央商务区在滨海湾一带，占地面积为0.82平方千米，拥有全岛最密集的写字楼群（图1-8）。新加坡CBD是两大洋的海上交通枢纽，地理位置优越。环境的优势和人口的高素质也造就了"花园城市""优雅社会"的称号，目前已成为全球企业的亚洲总部中心和全球化网络中连接东西方的战略节点。

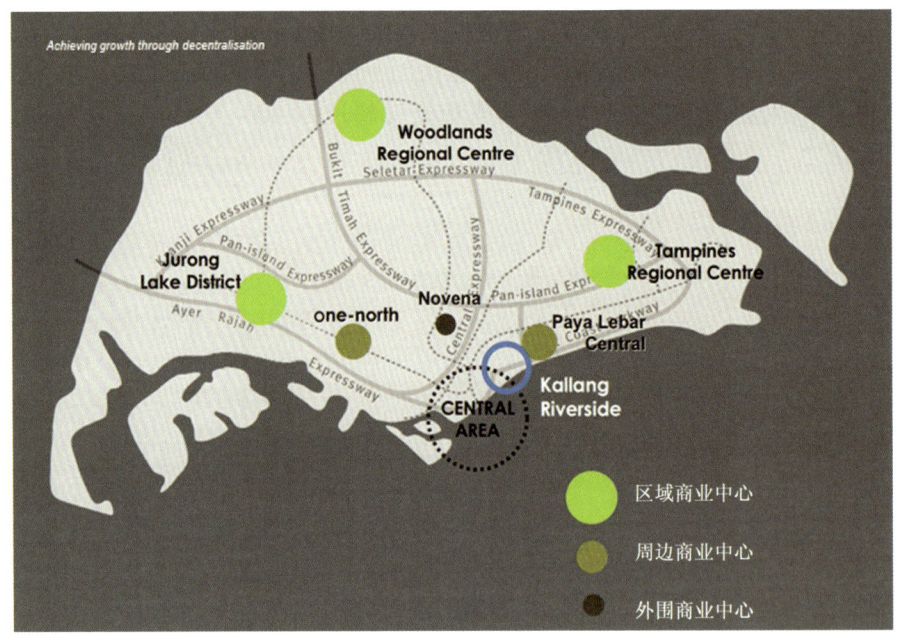

图1-8　新加坡CBD的区位与地理环境

(资料来源：https://www.ura.gov.sg/skyline/skyline08/skyline08-03/images/page4_main.jpg)

4. 香港中环

香港CBD（中环）位处香港岛中部，北临维多利亚港，南靠老街区，西接金钟商务区，它是香港最早发展的地区，从20世纪50年代起就成为香港最重要的商业中心（图1-9）。

图1-9　香港中环CBD区位图

(资料来源：http://chanyouji.com/articles/12)

中环 CBD 占地 152.97 万平方米，绝大部分的土地用于商业和综合开发、政府机构及社区用房、公共空间，道路占地比例是最大的一部分，占总面积的三分之一左右，住宅用地很少。据统计，2008 年中心城区人口密度超过 17 500 人/km²，是世界上人口最稠密的地区之一。香港的政府总部、立法会大楼、终审法院以及礼宾府（前港督府）都位于中环。

5. 广州珠江新城

珠江新城是广州天河 CBD 的主要组成部分。天河 CBD 是国务院批准的三大国家级中央商务区之一，主要服务于珠三角经济圈，是华南地区最大的 CBD，唯一的世界商务区联盟成员，粤港澳服务贸易自由化示范基地，已成为华南地区总部经济和金融、科技、商务等高端产业高度集聚区。

天河 CBD 是中国 300 米以上摩天建筑最密集的地方，也是广州地区世界 500 强企业最密集的区域，拥有跨国公司总部 13 家，3 家世界 500 强企业的总部，以及 140 家世界 500 强企业设立的 184 家项目机构，境内 500 强企业 20 家。辖内有甲级写字楼 118 栋，营业收入超 10 亿元、税收超 1 亿元的楼宇 48 栋，税收超 10 亿元的楼宇 15 栋。

## 1.4 CBD 与城市设计

### 1.4.1 城市设计的概念

城市设计一词于 20 世纪 50 年代后期出现于北美，它随着第二次世界大战后城市建设的实践探索在西方崛起[1]。城市设计（urban design）是对城市体量和空间环境所作的整体构思和安排，贯穿于城市规划的全过程[2]。国家标准中对城市设计的解释，是将城市设计作为城市规划的依附存在。

凯文·林奇（Kevin Lynch，1982）在《城市设计：定义及其教育》一文中曾提出，城市设计是通过设计方针、设计计划和设计导则而不是通过特别详尽的形状和位置的蓝图规定来形成城市[3]。20 世纪 90 年代开始，美国瓦可·乔治（R. V. George）教授从城市设计师工作方法与过程的角度提出"Second—Order Design"理论，即城市设计是一种二次订单设计[4]，从贴近现代城市设计角度，解构城市设计师与其设计对象空间物质环境间的关系，设计师并非直接影响的创造，而是通过设计"Second—Order Design"实现对环境的影响和控制。城市设计的任务在本质上是建立一个目标控制系统。它是在城市规划原则的指导下，通过对城市形体环境的研究，对城市形态发展的远景进行构想和预测，形成城市设计目标和概念，制定相应的设计原则和设计导则，参与对开发建设

---

[1] 高强. 城市设计导则对空间形态的控制研究 [D]. 上海：同济大学，2008.
[2] GB/T 50280-98《城市规划基本术语标准》.
[3] 李磊. 城市设计导则纳入控制性详细规划的可行性研究 [D]. 天津：天津大学，2009.
[4] George R V，金广君. 当代城市设计诠释 [J]. 规划师，2000 (6)：98-103.

过程的运作与管理①。

城市设计发生在整体城市规划的框架内，城市设计成果要被转换成可指引规划与建设的管理政策，才能实现对建设环境的有效控制，因而城市设计既包括"设计"，也包括"设计的管理"，"设计的管理"即是"设计控制"②。林隽在既有的"城市设计""开发控制"与"设计控制"的概念基础上，提出"城市设计导控"的概念。城市设计导控是为了更好地发挥城市设计对未来建成环境的约束引导作用，实现城市设计目标，政府部门采取的涉及规划编制、规划审查审批、规划许可以及规划实施全过程的一系列行政管理活动。

城市设计导控是一个创新的专有名词，是实践中总结摸索出来的一种具有实效的管理手段。导控区别于以往的单纯二次订单方式，是二次订单（设计控制）和直接干预（开发控制）的结合，特点是弹性控制。突破点是找到直接干预的制度模式（地区规划师）和弹性控制的手段，依据依法行政原则，最大限度实现城市设计目标的同时兼顾行政效率，解决以往重设计、轻管理的通病。

目前，城市设计已逐步成为我国国内发达城市在规划管理中对土地经营开发进行规范化约束的重要手段。2014年12月19日，住建部部长陈政高在全国住房城乡建设工作会议上针对社会关心的城市建筑设计问题表示："我国城市建设将从法规、行政和技术层面共同完善，目前《城市设计管理办法》和《城市设计技术导则》已经起草完成。"③ 要求建筑设计和项目审批都必须符合城市设计要求，不但城市整体层面要有设计，城市的重点区域和地段也要做好设计，并做好控制性详细规划，保证设计条件落地实施。

### 1.4.2　CBD集现代"城市设计问题与可能"之大成

CBD是城市设计的重要试验场所，伴随着人们对城市认识的不断加深而持续发生变化。20世纪初期为了控制曼哈顿地区过度开发摩天大楼而设立的区划法，被许多国家采用，也是中国控制性详细规划的直接理论来源。几乎所有的城市设计理论，例如引导轨道交通周边地区发展的TOD模式以及环境问题引发的可持续设计理论等，都可在CBD的建设中找到踪迹。

归根究底，除了CBD其本身在城市中的重要性地位之外，更重要的原因是CBD的复杂性和高密度同时也带来一系列的城市问题，如交通拥堵、生态环境恶化、功能趋一化，等等。这些问题的产生，促使人们通过设计不断完善城市CBD功能结构和布局。同时也促使城市设计师不断改进城市设计方法和技术，并运用于城市建设实践过程之中。因此，CBD集现代"城市设计问题与可能"之大成。

---

① 金广君. 美国城市设计导则介述［J］. 国外城市规划，2001（2）：6.
② 程海帆. 西方现代城市设计的设计控制研究综述［J］. 国际城市规划，2012（6）.
③ http：//finance.qq.com/a/20151102/038293.htm

## 1.4.3 城市设计对 CBD 发展的指引

纵观中外，CBD 的发展往往和城市设计理念创新与实践密切相关，这其中有很多经验与教训值得我们梳理、总结，这些经验对 CBD 乃至城市中心区的规划设计具有重要的借鉴指导意义。

邹德慈院士提出关于城市规划过程的认知：城市规划有三个支柱内容——城市管理、城市研究、城市设计①。他在《试论现代城市规划的三个重要支柱》一文中从 CBD 规划设计结果出发，回应这三大支柱内容，首先分析整体空间发展历程及城市设计导控，其次探讨支撑城市中心区发展建设的具体政府调控方式及可持续设计理念。通过搜集 CBD 规划设计的重要研究成果及丰富的 CBD 故事素材，为将来的城市规划与设计提供广阔视野，最终用以指导 CBD 的整体规划设计及建设。文章主要研究以下三个层面：

1. 研究 CBD 城市设计控制导引

全球 CBD 建设浪潮中，在不同的建设背景、管理制度与设计理念下，CBD 的城市设计往往呈现出不同的特质。城市设计的空间要素通常由城市设计导则来导控②。美国、中国香港、英国、日本等发达国家和地区都有自己的城市设计导则。在当前中国城市建设用地愈发紧凑、城镇化水平不断提高的情况下，城市设计控制标准需要重新加以思考。文章试图从一个区域视角来研究 CBD 的功能演变，通过分析美国城市设计导则、中国香港规划标准与准则、新加坡开发控制手册等对 CBD 的导控的理念与方法，在各自城市规划管理体系中探讨中心区规划设计导控方式方法，挖掘不同空间环境的特质及共性，用以借鉴指导我国 CBD 的规划与建设。

2. 研究 CBD 先进的城市管理方式

CBD 的发展并非一蹴而就，漫长的历程确保 CBD 拥有足够的演变时间与发展空间。CBD 是城市最核心的地带，所有案例都指向一个稳定的政府管理框架，从区域发展到密度关注再到场地设计，都离不开相关的法规和政策指引。例如纽约、芝加哥等市场经济成熟地区中，政府行为主要取决于市场和社会的需要：来自市场的需要是校正市场失灵，而来自社会的需要则源于人们对公平的渴求。对于转轨经济国家来说，政府还需承担建立和完善市场基础制度的责任。

城市设计的管理制度是国家在法定层面授权政府的职能部门对城市开发活动进行城市设计的管控③。目前，公众越来越广泛地参与到那些与他们的生活环境息息相关的政策和法规的制定、决策、实施和监督的全过程。地方政府规划行为正在向进一步合理与合法演进，在这个过程中对 CBD 的规划建设及转型发展有关键意义的举措与经验都非常值得学习与借鉴。

---

① 邹德慈. 试论现代城市规划的三个重要支柱 [J]. 城市规划, 1991 (2): 19-22.
② 王曙光, 奚东帆, 郭鉴. 城市设计导则的控制要素研究及应用 [J]. 城市规划学刊, 2008: 280-284.
③ 王敏. 基于控制性详细规划的城市设计管控研究 [D]. 长沙: 中南大学, 2009.

3. 研究CBD可持续发展理念的创新与实践

科学的规划来源于对场地问题的精准把握与行之有效的解决策略，全球著名的CBD在漫长的演变过程中，已经形成了丰富的实践案例与相关的理论成果。例如美国学者西里尔·鲍米尔在其著作《城市中心规划设计》中归纳出成功规划设计城市中心区的原则，其中包括提高用途的多元化、鼓励密集化与立体开发、培植开发强度与混合开发、确保易通行性等①。城市规划设计作为一项回顾过去与应对未来的前瞻性工作，需以可持续发展的要求与视角向在特定领域取得优秀成绩的城市学习。

---

① 鲍米尔. 城市中心规划设计［M］. 沈阳：辽宁科学技术出版社，2007.

# 第 2 章　纽约曼哈顿

## 2.1　纽约曼哈顿空间发展演变

### 2.1.1　第一阶段：曼哈顿西南端的新阿姆斯特丹经济中心（1626—1664）

1524 年，意大利人首先到达哈德逊河河口。1626 年，荷兰人从原住民印第安人手中低价买下曼哈顿岛（图 2-1），标志着欧洲殖民时期的开始。其时，在曼哈顿的西南端，靠近哈德逊河一隅，建立起纽约最早的经济活动中心，称为"新阿姆斯特丹"（图 2-2），主要从事商业和贸易活动，由初期的水手市镇发展成贸易发达的自由港。

图 2-1　曼哈顿区地区划分　　图 2-2　荷兰殖民时期新阿姆斯特丹城市地图（1660）

（资料来源：https：//en. wikipedia. org/wiki/New_ Amsterdam）

### 2.1.2　第二阶段：曼哈顿南端的三角洲地区形成原始的 CBD（1664—1876）

1664—1763 年，纽约人口激增，市场繁荣，商贸兴旺。加之美国独立初期，纽约曾是美国临时首都，为其城市发展和经济繁荣提供了动力。随着社会、经济的发展，华尔街金融保险业的崛起，曼哈顿下端的三角形地区成为美国独立初期纽约的原始 CBD。

19 世纪，伊利运河修通，纽约成为北美五大湖地区往返大西洋的主要海港。1859 年，"纽约中央铁路"（美国泛中央铁路的一部分）建成，以及相继建造的多条铁路和公路，大大拓展了纽约的经济腹地，形成了以 34 街为中心的曼哈顿商业区。纽约的区位优势潜力得到了进一步发展，由单纯的贸易港口城市发展成一个工厂林立、商业繁荣、交通发达、物流昌盛的综合性城市，海外移民纷至沓来，城市人口激增，市区规模不断扩大，港口设施日趋完善（图2-3、图2-4）。

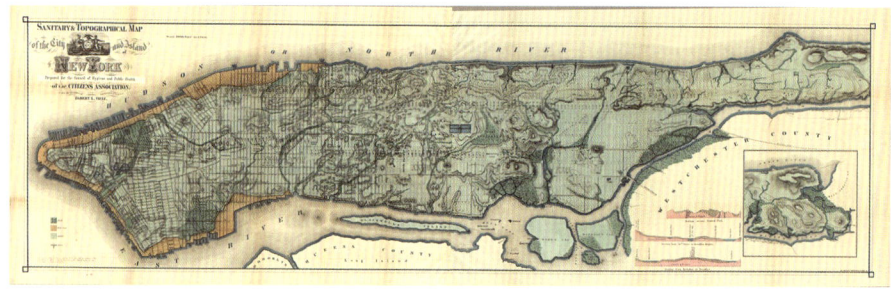

图2-3　纽约市卫生规划和地形图（1873）

（资料来源：https：//commons.wikimedia.org/wiki/File：Viele_Map_1865.jpg）

图2-4　1873年曼哈顿地区鸟瞰图

（资料来源：https：//en.wikipedia.org/wiki/New_Amsterdam）

### 2.1.3　第三阶段：以时代广场为中心的42～61街区的现代CBD（1876年以后）

1898年，纽约市的面积扩大至830平方千米，处于下曼哈顿一隅的原CBD已难以便捷地服务于全市，于是，全市的经济活动中心转移至第34街附近的中城（Middle Town）。19世纪末，美国成为世界头号经济强国，作为美国最重要的经济中心城市，纽约出现了三大变化：首先，作为金融帝国的美国，强化了华尔街的国际金融中心地位；

其次，加快了城市的跨州发展，城市大规模地向周边的纽约州、新泽西州、康涅狄克州延伸；第三，率先实现了中心城区的高层化，修建了一大群摩天大楼。自1909年建成50层高的大楼后，高层建筑如雨后春笋般涌现，其中又以1931年建成的帝国大厦（高381米，共有102层）、1973年建成的世界贸易中心南北塔楼（高411米，共有110层）最具有代表性。这些摩天大楼除部分用作豪华的大商场、大旅馆、文化演艺中心外，大部分作为写字楼。上述三个因素的共同作用，使纽约的CBD又发生了一次空间跃移。在中央公园以南，42街至61街的广阔的地域上，出现了一个以时代广场（Time Square）为中心的现代CBD。

进入20世纪后，其他许多非营利的办公机构，如工会、研究部门、专业团体等，许多相关的专职事务所如房地产、广告业、税务部门等，以及服务业等也渐渐聚集在周围，使曼哈顿岛CBD更加具有吸引力（图2-5）。随着城市的发展，西部建了许多办公楼、住宅楼、展览中心等，且修建了穿过市中心区的地铁。随后，纽约市政府又颁布了曼哈顿南部规划，在岛南端建成了宽阔的环形高速公路、世界贸易中心、1.5万套公寓及办公楼（图2-6）。在这些扩展的地区中，为了分担拥挤的市中心区的压力，规划机构加强了交通运输网的建设，如把地铁和其他铁路交通的出入口与新建办公机构相连接，同时把人行道和商店设置在地下，并且与地铁出入口直接相连。

图2-5 1900年曼哈顿"小意大利"一景

（资料来源：http：//hk. on. cc/int/bkn/cnt/news/20161208/bknint-20161208091705678-1208_17011_001_cn. html）

图 2-6　1931 年曼哈顿和纽约市鸟瞰图

(资料来源：http：//upload.wikimedia.org/wikipedia/commons/thumb/b/b5/Manhattan_1931.jpg/440px–Manhattan_1931.jpg)

图 2-7　曼哈顿主要 CBD 分布

至此，一个综合性、多功能，集商业、金融、商务、文化、娱乐为一体的 CBD 出现在曼哈顿岛中部，它与下曼哈顿华尔街的国际金融中心南北呼应，形成二元结构的 CBD 布局形式（图 2-7）。

## 2.2　纽约的城市设计导控

纽约曼哈顿 CBD 的发展属自发式成长型，完全依据市场机制进行开发，是在资本主义的政治经济体制基础上发展起来的。在曼哈顿漫长的发展历程中，当内部遇到发展不平衡的矛盾时，纽约市政府及时采取一系列的调控手段，改善投资环境，平衡其产业与配套、生产与生活的发展，不断增强 CBD 的吸引力，保持其持久的活力和繁荣，使内城的衰退问题得以解决。

### 2.2.1　规划发展历史

1. 20 世纪 60 年代格林威治街规划——调控 CBD 因产业不平衡而产生的矛盾

20 世纪 60 年代末，为解决曼哈顿 CBD 因产业不平衡而产生的矛盾，曼哈顿发展局和纽约城市规划局共同制定了格林威治街规划,对原有的容积率和区划条例做了修改,确定了规划目标,对开发商规定了要承担的公共设施建设项目——以提高容积率作为交换条件,促使开发商承担起改善某些城市功能失调的义务或参加某些公共设施项目的建设,如过街天桥等。

2. 20世纪70年代第五大街规划——政府通过规划手段,恢复街区活力与特色

1971年,纽约市原市长林德塞表示,"如果政府再不介入,国际上享有盛名的第五大街将成为一条毫无特色的街道"。[①] 于是,政府制定出一套针对恢复第五大街的规划政策。该规划规定第五大街两侧的重要建筑至少要留出两层作为商业功能;新建筑必须沿建筑控制红线布置,并留出宽阔的便道,以保持第五大街原有的传统风貌;鼓励建设商业、办公、居住综合体建筑,对于能够保证提供建设规定要求的开发商,政府允许其在办公等用房上面加建超出原容积率规定面积的住宅。20世纪70年代中期,曼哈顿CBD逐渐形成。

3. 20世纪80年代政府采取一系列措施改善CBD总体环境

20世纪80年代后为曼哈顿CBD发展较为迅速的阶段,纽约市政府在改善CBD的总体环境方面采取了一些积极的措施。

其一,扩大曼哈顿CBD的地域范围。1980—1990年,纽约市以写字楼为基础的产业就业人数从79.8万人增加到91.5万人,曼哈顿地区的CBD界限也扩展到炮台公园、翠贝卡、布鲁克林下城和长岛市。

其二,改善曼哈顿CBD原有的公共环境。纽约市政府对一切有碍于CBD吸引设立公司总部及办事机构,影响旅游业发展的不利公共环境因素进行逐步解决,如对CBD中原有街道、人行道的严格管理。为解决曼哈顿CBD的交通拥堵,纽约市政府的一贯政策是鼓励发展公共交通,不鼓励曼哈顿私家车的发展,并时刻注意进城车辆的废气排放情况。

美国城市的开发控制,包括区划控制和城市设计两种。其中,区划控制是主要的、传统的控制途径,但随着社会的发展,人们对城市形象、生活体验等方面更加重视,单一的区划控制,暴露出其硬性控制的不足,便逐渐兴起了以城市设计为控制手段,作为区划控制的补充,目的在于更有效地控制城市形象、环境质量等不可量化的因素,以导则条文的方式,通过审查人员及公众对规划方案的审查,对区划控制中硬性标准无法控制的内容予以控制。

城市设计的内容十分多样,较为灵活,并难以量化说明,如建筑色彩、设计风格、装饰元素、景观小品等,因此,美国多个城市制定了"城市设计准则",包括针对全市性的空间结构与空间品质,制定全市性整体城市设计,以之为执行城市规划管理的基本审查原则;对各个不同的区域进行分类设计、引导,针对城市特定地区,制订特别地区环境设计导则。

---

① 谢芳. 中央商务区(CBD)的建设必须重视城市生活的多功能性:以纽约曼哈顿地区CBD建设经验为例[J]. 城市问题,2000(6):21.

## 2.2.2 以设计审查作为城市设计导控的主要手段

在美国，并未对城市设计设立独立的法规为其提供法律基础，城市设计对城市规划的影响，是通过"设计审查（Design Review）"介入区划的法律平台中，通过区划的法律基础，影响城市的开发建设。在区划法中，将设计审查作为城市设计控制的主要手段，是获得开发建设许可所必经的审查程序。设计审查作为区划的一个重要组成及扩展部分，也将许多不可量化的因素纳入法定规划的控制体系中，各个市政府会通过审核来执行强制性政策，通过审查来执行原则性政策，因为审查机构的审查相当一部分以主观评判为依据，便具有了一定的自由裁量权，具有较大的灵活性。

1. 城市设计成果与设计导则

纽约城市设计小组早在20世纪60年代末就已有了较为清晰的认识。1967年，巴奈特等人在纽约成立全美第一个城市设计小组，推行城市设计工作。设计小组认为当时纽约城市建设遵循的分区管制方法，将城市用地划分为一块块不同的单独区域，虽然每个区域都有具体的建设规定，但始终缺乏一个对整体效果负责的发展构想。鉴于此，设计小组提出设置"特定管制区（Special District）"的概念，即根据地理、文化特征或管理需要，将一定范围内的城市用地划拨为一个特殊的管理区域进行城市设计研究[①]。

巴奈特提出，应首先确定特定管制区的主要发展目标，这是设计的关键，也是以往设计常常忽略的问题，因为当设计"以一群建筑物的形态出现时，有时设计者对规划目标都已不太清晰，他们已全然陶醉于建筑中了"[②]。建立在对设计关键部分透彻认识的基础之上，设计小组开始制定使这些关键部分得以实现的特别规定（Special Regulations）。这些规定虽然没有正式冠以导则的名称，但其跳出建筑单体层面，针对管制区域整体发展目标做出系统规定的思路，打破了逐一分区进行建筑管理的传统方式，为较大规模的城市建设提供了有效的驾驭手段，可以看作是导则在美国现代城市设计实践初期的应用典范。林肯中心（Lincoln Center）、格林威治街（Greenwich Street）、第五大道（the Fifth Avenue）等一系列纽约特定管制区城市设计，都是在这一思路指导下完成的成功案例。

以全美第一个成功的特定管制区设计案——林肯中心特定管制区城市设计为例。设计中，城市设计师以保持区内百老汇大街（Broadway）道路的界面连续性与使用舒适性为目标，制定了全部内容约200字的四条建设规定。但正是在这四条规定的作用下，意图后退红线进行开发的私人建设行为得到有效抑制，底层连续的拱廊设置与零售业布局也吸引了大量的过往人流，百老汇大街的连续街廊与宜人的商业氛围逐步形成，至今仍是纽约最具代表性和最具人气的街道之一（图2-8）。

---

① 高源. 美国现代城市设计运作研究[D]. 南京：东南大学，2005.
② Barnett J. Urban Design as Public Policy. 开放的都市设计程序[M]. 舒达恩，译. 台北：尚林出版社，1982：47.

纽约林肯中心特定管制区城市设计规定如下①：

①百老汇大道东侧临街及哥伦比亚大道临街必须沿墙面线建设高 85 英尺（25 米）的建筑。该高度约 6 层楼，符合市民穿行时的尺度感受，造型设计要求与周边住宅建筑保持一致；

②在 85 英尺（25 米）及其以上高度部分，建筑塔楼必须从街面位置进行退缩；

③管制区内所有临街建筑前方必须提供宽 17 英尺（5 米）、平均高度 20 英尺（6 米）的拱廊；

④为保护周边地区的商业运营，建筑底层大部分用地功能必须设为面向街道的积极性零售业。类似于银行等用途的非积极性商业占地在临街面长度中不得超过 40 英尺（12 米）。

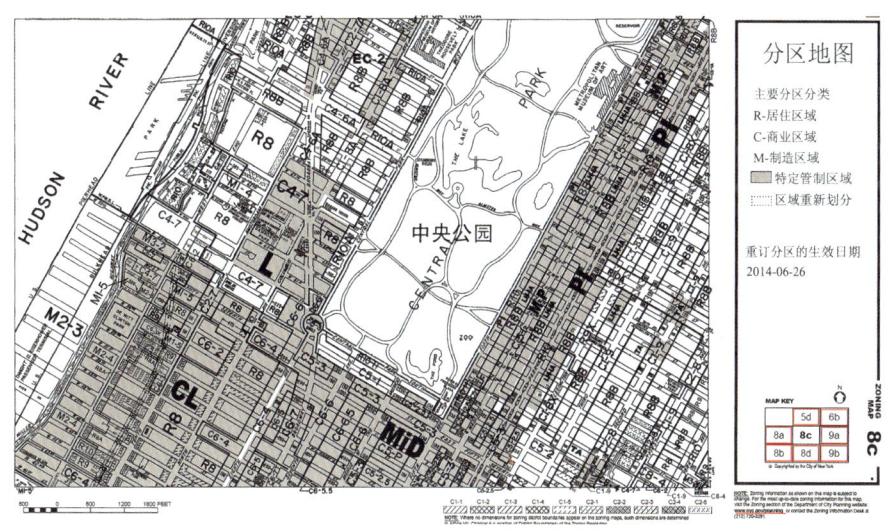

图 2-8　林肯广场特别管制区区划图
（资料来源：纽约规划局，Department of City Planning）

2. 城市设计审议程序

城市设计审议程序的具体内容在不同的美国城市各有差异，但总体可以归纳为申请预备会、申请、审查、审议、裁决五个步骤（图 2-9）。具体如下：

申请预备会（Pre-application Conference）：项目申请人在正式申请设计审查以前与审议小组官员一起召开申请预备会，使申请人了解设计审查的相关导则依据、主要审议流程以及必须提交的相关审查材料。

申请（Application）：项目申请人填写申请书，并提交审议材料。相关部门负责将审议材料以邮寄、通告等形式通知项目建设所在地周围的社区组织及所有与项目建设有关的利益群体。

审查（Check）：结合公众反馈意见，审查官员审查申请项目的设计内容与相关导

---

① 高源．美国城市设计导则探讨及对中国的启示［J］．城市规划，2007，31（4）：48-52．

则规定之间的匹配程度（Consistency），对于不相匹配的设计内容申请项目可作出修改与调整。当审查官员认为申请项目已基本符合导则要求后，可申请提交设计审议委员会（Design Review Committee）审议。

审议（Review）：设计审议委员会举办设计审议公众听证会（Design Review Public Meeting），以设计导则为依据对项目进行公开审议，在听取审查官员审查阶段评估报告与结合公众意见的基础上，对项目申请作出许可（Approve）、有条件许可（Approve with Conditions）或否决（Deny）的评审建议。部分城市直接以该评审建议作为最终判定结果，部分城市还需将该意见提交市规划管理部门进行最终裁决。

裁决（Decision）：以设计审议委员会提交的评审建议为基础，由市规划管理部门对项目申请作出许可、有条件许可或否决的最终裁决。获得许可或有条件许可的申请项目可获得建筑部门颁发的建筑执照或进入下一层级的城市规划审议程序；被否决的申请项目服从该裁决者可修改后再次提交审议申请并完成以上程序，不服从裁决者可以向有关部门提请申诉（Appeal）。

3. 激励政策（表2-1）

（1）资金策略 城市设计资金策略主要包括经费援助、赋税（租地价）减免与信贷支持三种形式。经费援助（Financial Assistance）指划拨一定数量的联邦、州、市政府公共基金，即财政预算，直接作为项目建设的开发资金。目前美国各城市着手进行的"买得起的住房开发（Affordable Housing Development）"与"棕地（Brownfields）更新改造与再开发建设"都普遍采用了这一策略。20世纪90年代，由于经济繁荣促使房价抬高，美国大量中低收入家庭面临着迫切的住房需求。据计，1997年美国无房家庭为300万户，2001年激增

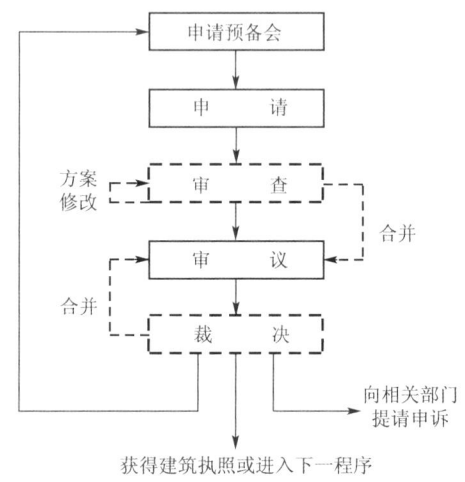

图2-9 美国城市设计审议程序主要流程
（资料来源：《美国现代城市设计运作研究》，高源）

至480万户。为此各级政府普遍发起"买得起的住房"开发活动，提供质量有保障且低售价的住房。为吸引私人开发商的投资加盟，各级政府每年都划拨一定的公共基金作为援助资金。

信贷支持是政府部门为私人开发创造良好融资环境所采用的常用方式。在政府部门的介入下，信贷机构提供的贷款额度、期限以及偿还利率都较普通项目有一定程度优惠。例如芝加哥市规定指定区域内的商业项目开发，贷款金额可以达到申请金额的50%，且贷款利率在原有基础上下调3个百分点。

（2）开发权转移 开发权转移（Transfer of Development Right，TDR）是一种将限制性地带的项目开发转移至其他地区进行建设的综合政策。这种政策的出现与美国城市土地开发与管理的主要工具"分区法"有关。由于分区法中用地指标（主要指楼地板

指数）的赋值不因为分区用地的特殊性而区别对待，因此常常将一些特殊用地裁定在楼地板指数较高的分区内，其意味着土地所有者在满足该数值前提下的开发能够获得较高的经济收益。然而后期研究表明，这些用地由于文化、历史等原因应予以保留或进行低容积的开发建设。此种保护性思路无疑维护了社会发展的整体利益，但在客观上也剥夺了地产商进行开发建设并获取经济利益的合法权利。历史建筑用地（用地内坐落有历史性保护建筑）是 TDR 应用的主要对象。

纽约市于 20 世纪中期出现这一政策的应用雏形。20 世纪 60 年代，城市更新运动破坏与摧毁了纽约市大量的历史建筑，民间因此掀起一场声势浩大的历史保护运动。该运动影响下，市政府开始着手编订地标名册，划定保护范围，纽约中央车站（Grand Central Station）就是纽约市地标委员会（New York City Landmark Commission）成立以后宣布的第一座地标建筑。中央车站用地当时拥有的容积率为 1.5，而分区法准许的容积率为 15。现状容积率与可开发容积率之间的巨大落差，促使土地所有者朋恩中央铁路公司（the Penn Central Railroad）准备拆除老车站并在原址上兴建高达 700 英尺（210米）的高层。为保护中央车站，纽约城市设计小组做出了开发权转移的尝试，将车站上方的开发权转移至仍从属于铁路公司的车站两侧的地块，由其继续开发（图 2 - 10）。这一设想在地标委员会举行的公众听证会中显示出强大的说服力，并最终促成了一群高层建筑围绕一座舒展优美的中央车站的城市场景（图 2 - 11）。

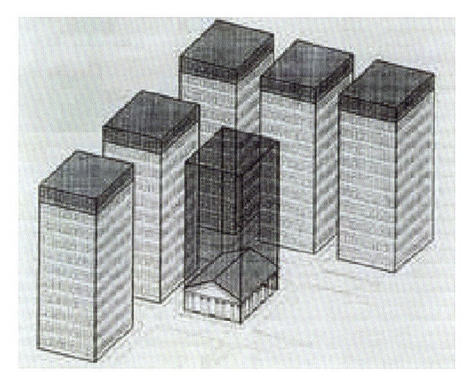

图 2 - 10　纽约中央车站容积率转移示意图
（资料来源：《美国现代城市设计运作研究》，高源）

图 2 - 11　纽约中央车站实景
（资料来源：http：//bbs.zol.com.cn/dcbbs/d34024_1835.html）

（3）连带开发　连带开发是以社会责任分摊为原则，要求私人开发在获取经济利益的同时，附加建设与自身项目无关但有益于公共利益的项目、设施，或其他转化形式的运作技巧。一般情况下，连带开发可分为强制性连带、选择性连带与协商性连带三种形式。

强制性连带政策是一种具有抑制性质的运作技巧，其是目前美国城市用于削弱过于充足的开发意向的主要措施。具体做法为将完成相关的附加建设设定为私人开发的必须条件以增加开发成本，迫使开发商将开发意向向其他项目转移；如果开发商坚持进行项目开发，则必须完成规定的额外建设或缴纳等量的额外金额，也称额外收费（Exactions），将获取的部分经济收益转化为社会利益。附加建设或缴纳金额可能与项目开发有密切关系，如因新建住区而要求附加建设学校或公园，也有可能没有直接关联。选择性连带的政策特征在于开发商拥有决定是否进行附加建设的选择权。为诱导开发意向向公共利益方向偏移，选择性连带规定的附加建设常常与奖励措施（Bonus）结合使用。奖励形式一般为在既定区划基础上提供额外的建筑面积，开发商可以自由选择采用奖励连带方式或是仍然遵循原有的区划标准。协商性连带，又称开发协定（Development Agreements），是除强制性连带、选择性连带以外的又一种常用的连带技巧。协商性连带的技术特征在于并非根据预先拟定的规定条款要求开发商进行额外建设，而是由开发商与政府相关部门通过临时协商形成开发协定，明确开发条件以及项目必须承担的附加任务，同时允许开发商突破既定的建设标准作为利益交换。

表 2-1 美国城市设计运作激励政策一览表

| 名称 | | 主要内容与特征 | 适用项目与场合 | 注意事项 | 性质 |
| --- | --- | --- | --- | --- | --- |
| 资金策略 | 经费援助 | 划拨一定数量的公共基金用作项目开发资金 | 客观上具有良好的公共价值，但由于缺乏明显的利润回报等客观原因，难以对私人开发机构成较强吸引力的开发项目 | 以政府投资完成基础设计建设，以此拉动私人投资 | 促进型 |
| | 赋税/租地价减免 | • 降低税率或免除税收<br>• 降低或免除国有土地租地价 | | 在计划统一指导下使用，避免应用于可交纳足量税收与租金的开发热土区 | 促进型 |
| | 信贷支持 | • 创造优惠的贷款条件<br>• 发行债券，常与税收增值筹资连用 | | —— | 促进型 |
| | 赋税增加 | 增加相关税收税率 | 部分与社会投资方向不符，有损于公众利益的开发项目 | 把握税率增加的幅度，避免引发公众抗议 | 抑制型 |
| 开发权转移 | | 将限制性地带开发转移至其他地区进行建设 | • 具有保护价值的建筑史迹<br>• 无法承载过度开发的城市用地，如绿地、广场、街道、农田、湿地等 | • 通过对开发权的暂时持有加强操作可行性<br>• 确保开发权转移前后个人收益与社会收益的均衡 | 促进型+抑制型 |

续表 2-1

| 名称 | | 主要内容与特征 | 适用项目与场合 | 注意事项 | 性质 |
|---|---|---|---|---|---|
| 连带开发 | 强制性连带 | 将完成相关的附加建设或缴纳相应金额设定为私人开发的必要条件 | 开发意向过于充足、开发商不愿轻易放弃的项目建设 | —— | 抑制型 |
| | 选择性连带 | 如果完成相关的附加建设，项目可以获得一定的开发奖励（主要为建筑面积奖励） | 经济增长压力强大而可用土地有限、建筑面积奖励具有相当诱惑力的开发项目 | • 设置开发奖励的相关极值<br>• 设置附加建设的质量规定 | 促进型 |
| | 协商性连带 | 开发商与政府部门通过协商共同确定项目承担的附加任务与因之获得的奖励 | 达到一定建设规模（建筑面积、建设造价）或满足特殊条件的开发项目 | • 设置开发协定的适用项目<br>• 执行严格的开发协定审查程序 | 促进型 |

资料来源：《美国现代城市设计运作研究》，高源

## 2.3 纽约CBD城市设计导控重点要素解读

### 2.3.1 纽约市高密度区的广场的设计导则——人性化设计与定量指引

纽约市高密度区的人性广场的设计导则中，对广场的定义作出了规范（图2-12）。它

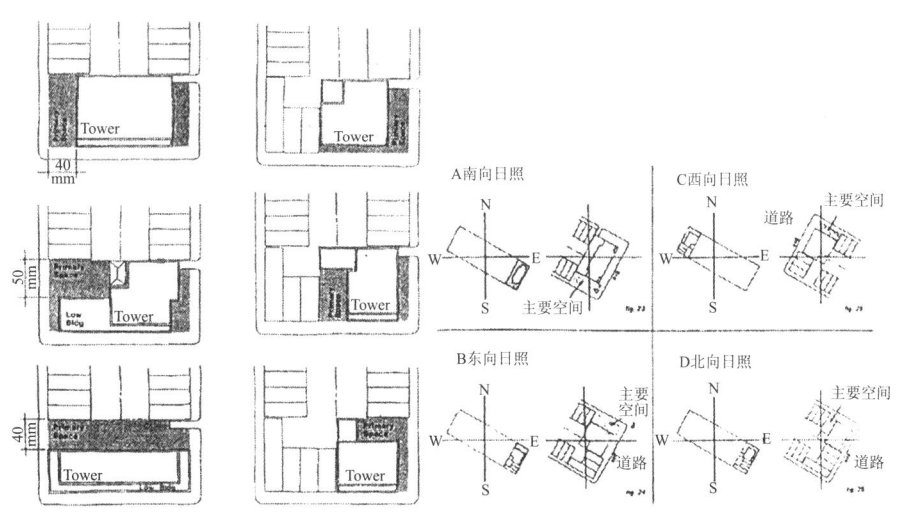

图 2-12 纽约高密度区法定广场定义图则
（资料来源：《都市设计概论》）

将广场本身分为三部分：主体空间、延伸空间及北向广场。规定主体空间必须占建筑物所在广场面积的60%，而且必须有宽广的人行道将其和建筑物周围街道分隔开来且经过整体规划。此外，它还要求应尽可能使广场朝北向以使阳光能照射到广场上，如果某些建筑基地不能规划出北向广场，就必须要符合其他一些规定才能设置广场。①

### 2.3.2 纽约曼哈顿景观视廊保护

纽约区划中，对于特定地区进行景观视廊（Scene View）保护规划（图2-13、图2-14）。景观视廊是指从一处重要的公共空间眺望景观的视线廊道，为保证视线廊道的通畅，对一定区域的建筑或构筑物的高度进行管制。

图2-13 布鲁克林高地长廊——特别管制区

---

① [美]乔纳森·巴奈特. 都市设计概论[M]. 谢庆达，庄建德，译. 台北：尚林出版社有限公司，1990.

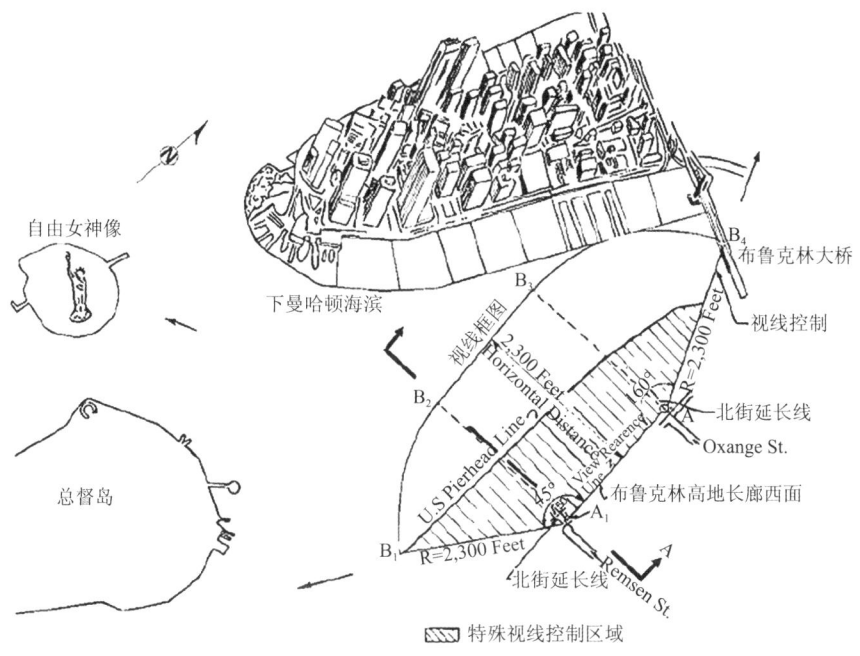

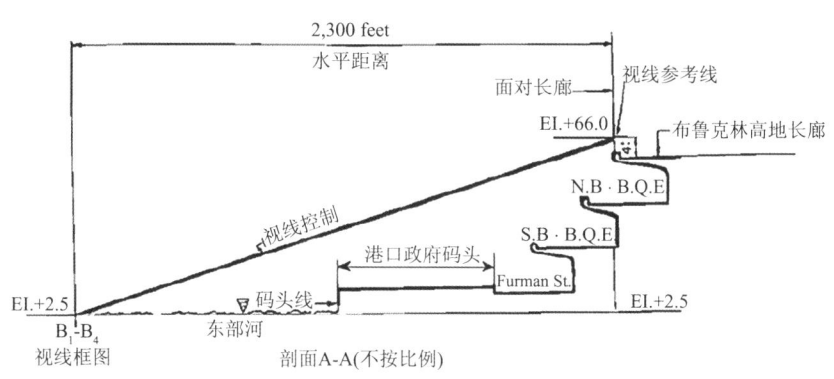

图 2-14 纽约布鲁克林高地望曼哈顿景观视廊保护图则
（资料来源：纽约规划网，www.nyc.gov/planyc）

### 2.3.3 纽约市公共交通系统

纽约城市交通经历了17世纪的水上运输、19世纪的铁路运输、20世纪20年代的小汽车运输，到20世纪60年代以后的公共交通，目前公共交通已经成为城市交通的主体。自20世纪80年代起，纽约开始强调各种运输方式的协调发展与无缝接驳，其公共交通发展的经验可以总结如下[1]。

---

[1] 陈雪明. 纽约的公共交通系统和规划经验谈 [J]. 国际城市规划，2015（1）.

1. 合作方面

在政府合作方面，纽约地区有悠久的、以合作为基础的区域规划传统。例如，区域规划协会作为一个由民间团体建立的、独立的非营利组织，一直积极地为纽约三州大都会统计区准备和推进实施区域规划。在地区层级上，纽约大都会交通署是联邦政府为纽约市、长岛和哈德逊山谷三地指定的区域规划组织，其撰写的《2035年区域交通规划》为纽约地区交通发展提供了区域性蓝图。在城市层级，纽约市为了实现布隆伯格市长为加强纽约公共交通能力所提出的远大计划——《纽约市规划》，而急需与大都会交通署加强合作。作为一个州运营机构，大都会交通署的董事会成员，代表了州、市和其他利益相关者之间的合作与伙伴关系。在公私合作方面，纽约市一直试图通过征收拥堵费和实施交通相关的改革来为公共交通建设找到私有资金来源。除此之外，市民参与也是公私合作的一个重要形式。

2. TOD开发理念

在曼哈顿市区，地铁线路被设置在地下以减少与地面交通的潜在冲突。但是，在曼哈顿市区之外，比如96街以北，地铁线则位于地面或高架以节省建设花费。为了方便乘客购物，许多纽约地铁站直接修建在百货商店和超市的下方。为了方便乘客换乘，许多地铁站都由地下通道相连。这种地铁站设计（入口、出口和地下）体现了彼得·卡尔索普的公交导向发展的设计原则。由于地铁系统的建设需要大量的资金，而且和城市交通规划有很深的联系，因此，对于那些不适合铁路建设的地区（如城市边缘区域），快速公交系统（BRT）或者轻轨（LRT）都是可以考虑部署的选择。

为响应布隆伯格市长关于实施《纽约市规划》的号召，纽约城市规划局特别实施了与交通相关的重新区划以增加中转站附近的发展密度，这一举措已经取得了一些积极的成果。然而，就像其他规划一样，这些重新区划措施仍有不足之处。比如，由于许多交通相关规划措施规定新建筑必须提供停车设施，其实在一定程度上鼓励了私人汽车的使用。

3. 地铁系统优化

地铁系统的优化是多方面的，涉及公共交通项目开发过程中的每一个步骤（例如规划、设计、施工、运营和维修）。规划设计过程中又涉及出行需求预测、交通网络结构设计、地铁车站位置和运营计划等。下面列举纽约地铁的几个关键优化措施。

第一，优化出行需求预测模型是提供高质量交通分析过程的重要步骤。纽约大都会交通署为满足联邦政府对于包括空气质量、分区以及走廊层级的长期规划需要而开发了州级交通模型、基于出行链（而非基于出行）交通模型，以及最佳实践模型（Best Practices Model，BPM）。

第二，优化交通网络结构以完善交通布局。纽约市拥有3级公共交通体系，第1级是纽约市整个公共交通系统的骨干，由地铁和通勤铁路线组成；第2级由社区间的公交线路以及铁路车站的接驳巴士线路组成；第3级提供了当地的环行线路。

第三，优化地铁车站位置以提升交通可达性。纽约市有26条地铁线路，共468个车站（图2-15）。这些车站的位置使得大部分的乘客可以在5分钟以内抵达附近的地铁站。纽约市公共交通规划过程中充分考虑了乘客抵达和出发的交通方式。

第四,优化地铁运营方式和时刻表以更好地匹配载客量需求。比如,在交通高峰期,纽约地铁平均 3～5 分钟一次;而非高峰期为 10～12 分钟一次;从午夜到凌晨 5 点之间则延长至 20 分钟一次。纽约地铁的一些线路提供跳停和快车服务(Express Services)以节省乘客时间。自 1997 年以来,纽约市公共交通发布了可充值的公交卡,乘客使用该卡可以用较低的成本享受公共交通服务。

图 2-15 纽约地铁图

(资料来源:MTA,http://www.mta.info/)

### 4. 可持续发展理念

纽约市的公共交通规划致力于建设一个可持续发展的交通系统，以体现3E原则——经济高效（Economic Efficiency）、社会公平（Social Equity）和环境保护（Environmental Protection）。布隆伯格市长的《纽约市规划》包含了一系列的规划目标（表2-2）。这份交通主导的规划体现了可持续发展的思想。

表2-2 纽约市规划主要目标和次要目标

| 主要目标 | 次要目标 |
| --- | --- |
| 建设并扩展公共交通设施 | 增加拥堵线路的运输能力；<br>建设通往曼哈顿的新通勤铁路；<br>将公共交通系统扩展至未覆盖区域 |
| 改善现有公共交通设施的服务质量 | 改善并扩展公共汽车服务；<br>改善通勤铁路服务；<br>减少乘客搭乘现有公交系统的困难；<br>指出城市周边的拥堵区域 |
| 提供其他可持续发展的交通方式 | 扩展轮渡服务；<br>推广自行车使用 |
| 减少拥堵以提高交通质量 | 建立拥堵收费试点；<br>提高公路管理效率；<br>加强对交通违规行为的执法力度；<br>为货运提供便利 |
| 实现道路和公共交能系统的良好维护状态 | 消除大都会交通署的维护漏洞；<br>达到良好维护状态 |
| 开发新的资金来源 | 建立一个新的区域交通财政署 |

资料来源：《纽约的公共交通系统和规划经验谈》，陈雪明

### 5. 多种交通方式联运

多式联运是纽约公共交通系统的一个重要设计理念。例如，纽约市宾州车站作为曼哈顿中城区一个重要的公共交通枢纽，不仅提供了纽约市内的地铁服务，还有通向长岛、新泽西的通勤铁路服务，以及美铁的城际交通服务。

## 2.3.4 纽约曼哈顿街区尺度

如图2-16所示，在约1平方千米的用地范围内，曼哈顿CBD地区的建筑基底面积（黑色色块区域）达到约59万平方米，建筑密度高达54.54%。

图 2-16　曼哈顿 CBD 的鸟瞰与建筑密度示意组图

## 2.3.5　纽约 CBD 林肯中心街道界面控制——创造良好的街道围合感

　　街道界面的连续性和高宽比决定了空间的围合感，对于街道围合的高宽比，基本上已经形成了以下的理论共识：1:2 和 1:2.5 之间的比例为街道提供了较好的围合感。[①]著名的城市 CBD 都是高层建筑的集中地，城市设计导则通常会对街道界面的连续性、街道的宽度及围合建筑的高度、退台作出规定，以此来创造良好的街道围合感。

　　例如纽约 CBD 林肯中心特定管制区城市设计导则提出"百老汇大道东侧临街及哥

---

① ［日］芦原义信. 街道的美学［M］. 尹培桐，译. 北京：中国建筑工业出版社，1986.

伦比亚大道临街必须沿墙面线建设""管制区内所有临街建筑前方必须提供宽 17 英尺（5 米）、平均高度 20 英尺（6 米）的拱廊""建筑底层大部分用地功能必须设为面向街道的积极性零售业"。这仅约 200 字的城市设计导则简练但却十分有效。在其指导下，百老汇大街最终拥有了连续的街廊、商业街以及富有吸引力的步行环境，成为纽约最具人气的街道之一。

### 2.3.6 公园城街区设计导则——规范引导详细城市设计

巴特利公园城用地位于纽约下曼哈顿地区（Lower Manhattan），西临哈德逊河（Hudson River），东侧隔西部大道与原世界贸易中心相对，最初为码头用地，但随着 20 世纪 60 年代产业结构的调整，码头功能逐渐衰落而面临重建机遇，最终伴随世界贸易中心的开发建设（基础工程开挖所带来的填土），其用地规模扩展至 37 万平方米（图 2-17）。

图 2-17 巴特利公园城的区位与总平面图

对于街区中各个用于开发建设的地块，规划师在规划设计的可能性上进行了多方面探讨，同时还在对曼哈顿地区传统建筑形式进行提炼的基础上，归纳出一套建筑形式设计的标准语汇，并将这一系列探讨的结果转化为适用于整个街区各地块的详细城市设计导则，其内容远远超出了常规的用地性质、容积率、建筑覆盖率等的规范引导范围。

1. 确立建筑组群的体量布局

确定各个地块的建筑体量布局，并对重点街角或街道尽端等节点部位制定尽可能详细的要求，使相邻各地块的体量组合形成有整体感的建筑组群。

2. 界定沿街外沿墙面

明确定出各地块沿街部分外沿墙面的位置及高度，使相邻地块形成统一的街道界面。

3. 明确首层平面布局

确定各地块建筑首层平面的功能布局及各部分出入口的位置，并在相应位置要求建筑物与街道之间设拱廊等过渡空间，而相邻地块的拱廊之间需互相衔接。

4. 统一建筑形式语汇

对各个地块单体建筑的建筑形式给出了统一而具体详细的设计要求，如在建筑底部设两层至三层石材饰面基座，而其上部采用瓷砖饰面，在统一高度处设装饰线脚，外墙采用单个独立窗洞（Punch Window）的开窗形式并统一开窗部分与实墙面的比例、采用统一的色彩等。

### 2.3.7 纽约街道设计

近年来，纽约市的工程师、规划师与设计师开始强调一种交通、社区、环境共赢的街道设计目标。他们认识到，相比只关注交通机动性，对高品质街道基础设施的投资可以获得更好的效益，良好的人性化街道环境可以吸引更多的居民与商业投资[①]。

经过十余年的发展，纽约市积累了大量创新街道设计的方法，其中包括规划设计管理、材料使用、街景照明、街道管理等。在这些经验的基础上，2009年由纽约交通运输管理局（Department of Transportation，DOT）牵头，融合城市规划、设计与建设、建筑、环保、经济发展、城市管理等多方面编制了第一版《纽约街道设计手册》（*Street Design Manual*，以下简称《手册》），作为对街道战略规划《可持续的街道》（*Sustainable Streets*）与交通白皮书《世界级的街道》（*World Class Streets*）的技术细化，面向设计操作和审查提供详细指导。同时，《手册》作为《纽约2030》规划的重要支撑，促进纽约市继续保持创新型世界城市的地位，打造更和谐和绿色的城市。

作为街道规划与设计评价的完整参考文件，《手册》对"规划—设计—管理"三阶段中关键问题提供前瞻性规划和参考解决方案，使其在街道设计全过程能够真正提供解决方案。《手册》的主要作用包括：①辅助各个项目设定合适的建设目标；②提供设计决策的框架；③建立清晰统一的设计评审程序；④作为核心、综合的街道设计参考。

1. 街道设计流程

《手册》前瞻性地提出打造世界级街道的三阶段设计流程框架，即规划、设计、管理三步。街道设计并非孤立存在，应当置于整体的框架内思考，全面考量街道设计的背

---

① 张久帅，尹晓婷. 基于设计工具箱的《纽约街道设计手册》[J]. 城市交通，2014（2）.

景，依此制定相应情境中的设计要点。

（1）规划

《手册》鼓励从城市、区域交通网络的视角来思考街道设计，解读上位规划定位与街道文脉（包括社区、土地利用、历史、交通状况等）。同时，规划应为街道设计设定清晰的目标与原则，除了解决城市与社区现存的主要问题，还要尽量满足城市以及街道相关权益者的政策目标或其他需求。在可能的情况下，可以鼓励邀请相关权益者从概念至实施全程参与。

（2）设计

《手册》以"设计工具箱"的形式提供设计指导。《手册》没有指定任何强制实施的措施，而是给使用者判断与思考的空间。通过构建以保障安全、适宜步行、可持续等为原则的设计价值观，明确街道设计框架，引导设计者根据项目具体的建设目标与重点建立适用与可操作的总体设计大纲。

（3）管理

《手册》认为街道的管理、运营与街道的设计一样重要，例如人行道、交通控制（指示牌、信号灯、标志）等街道管理是街道公共空间品质的重要体现。同样地，街道的步行可达性可以通过限制车辆的通行空间和时间实现，街道的通达性可以通过在不同的时间或全时段限制过境交通或者商业性交通实现（图2-18）。

图2-18 纽约街道设计流程

（资料来源：《基于设计工具箱的〈纽约街道设计手册〉》，张久帅、尹晓婷）

2. 设计工具箱

设计工具箱是《手册》编制的核心理念框架，主要包括原则、类型、要素、要点四个层面。原则与类型主要服务于街道设计的定位与导向；要素与要点是工具箱的主体部分，通过详细阐述每一个街道设计要点，为街道设计提供了一套通用的设计指引，使得每一项要素得以标准化与可索引。设计师、开发商、居民、政府均可查阅《手册》的工具箱进行对应校验。设计工具箱最大的意义在于形成了一个供多方讨论的公共平台，从目标到操作、从策略到方法、从设计到产品，供使用者自校，同时指导设计、审查与评价。

### 3. 街道设计原则

根据《纽约可持续雨洪管理规划》（*PlaNYC：Sustainable Stormwater Management Plan*），街道空间超过纽约市土地面积的 1/4，街道扮演着重要的城市公共空间角色，深刻影响着城市的环境健康与居民生活品质。同时，在街道有限的空间内，交通、生态、形象、生活等诸多问题交织。因此，为每一项街道设计项目提供一份清晰的设计原则与大纲十分必要，其意义在于与全过程设计框架形成一套全面而客观的设计思维方式乃至价值观，保证每一项设计的品质与思考的广度和深度。《手册》按设计参考优选度列出六大原则（表 2-3）。

表 2-3　街道设计六大原则

| 原则 | 安全性 | 可达性 | 环境协调 | 宜居性 | 可持续性 | 经济性 |
|---|---|---|---|---|---|---|
| 内涵 | ●行人优先<br>●社区减速<br>●其他创新手段 | ●步行和自行车交通优先<br>●协调货运交通<br>●高标准无障碍设施<br>●协调紧急交通 | ●保护独特地域元素<br>●提供到达与停留空间<br>●与社区环境协调 | ●积极拓展开放空间<br>●便于运动与健身<br>●实施交通稳静措施<br>●提供更多休闲空间 | ●提高铺装材料的渗透性<br>●更多的绿化种植<br>●使用高反射性铺装材料 | ●全面考虑设计的投资平衡性<br>●考虑未来的潜在使用需求<br>●仔细校核设计检索清单 |

资料来源：《基于设计工具箱的〈纽约街道设计手册〉》，张久帅、尹晓婷

### 4. 街道设计类型

为了帮助设计师、工程师更好地理解街道设计类型，给居民直观的街道印象，《手册》界定了五种街道类型，以此为基础阐述设计要点如何与感性认识相契合。五种街道类型包括通用车行道（General Street）、形象林荫大道（Boulevard）、公共交通道（Transit Street）、社区慢车道（Slow Street）以及全步行街道（Pedestrian-only Street）（表 2-4）。

表 2-4　街道设计类型

| 街道类型 | 典型特征 | 其他常见的处理手段 |
|---|---|---|
| 通用车行道 | ●混合车行道<br>●人行道<br>●独立行道树池<br>●标准的车行道与人行道材质 | ●交叉口渠化<br>●中央绿化带<br>●自行车道<br>●人行道材质变化<br>●花岗岩路缘石 |

续表 2-4

| 街道类型 | 典型特征 | 其他常见的处理手段 |
| --- | --- | --- |
| 形象林荫大道 | • 混合车行道<br>• 人行道<br>• 中央绿化带<br>• 独立行道树池或连续树池<br>• 标准的车行道与人行道材质<br>• 人行道标准化铺装 | • 交叉口渠化<br>• 自行车道<br>• 公交车道<br>• 共享街道（特定时间段）<br>• 交叉口区分道路材质<br>• 花岗岩路缘石 |
| 公共交通道 | • 公交优先的混合车行道<br>• 公交路权<br>• 人行道<br>• 独立树池或连续树池<br>• 标准统一的路缘石材质<br>• 人行道标准化铺装 | • 交叉口渠化<br>• 公共交通枢纽标志性设计<br>• 中央绿化带<br>• 人行道标准化铺装 |
| 社区慢车道 | • 混合车行道<br>• 人行道<br>• 交通限速<br>• 交叉口渠化<br>• 交通分流<br>• 社区级交通环岛<br>• 街道绿化、独立行道树池或连续树池<br>• 标准的车行道与人行道材质 | • 共享街道<br>• 凸起交叉口<br>• 路边花园<br>• 交叉口区分道路材质<br>• 人行道标准化铺装<br>• 花岗岩路缘石 |
| 全步行街道 | • 独立树池<br>• 全铺装地面（紧急时可通车） | • 人行道<br>• 公共交通枢纽标志性设计<br>• 凸起交叉口<br>• 连续树池<br>• 人行道标准化铺装 |

资料来源：《基于设计工具箱的〈纽约街道设计手册〉》，张久帅、尹晓婷

5. 街道设计要素

《手册》包含六个章节及四个附录。其中第一章作为《手册》使用导引，具体介绍《手册》所秉承的全过程街道设计框架。第二章至第六章作为《手册》的主体部分，包含街道设计要素的详细指引，分别关注街道设计的空间、材料、照明、家具、景观五个方面。

（1）空间

《手册》针对街道空间的配置建立了一套判断依据。首先，根据街道在城市交通网络中的区位、角色等设定目标交通量，然后在能够保证紧急通行的基础上决定车行道宽度与数量（表 2-5）。出于安全第一的考虑，《手册》非常强调减少行人过街设施的长度，因此，要尽可能地缩小路缘石半径，对交叉口路缘石进行拓宽处理。

表2-5 空间设计工具箱

| | 空间要素 | 推荐使用 | 限制使用 | 试点使用 |
|---|---|---|---|---|
| 公交专用车道与非机动车道 | 混合车道 | ● | | |
| | 自行车道与流线 | | | |
| | 自行车道 | ● | | |
| | 自行车流线 | | ● | |
| | 公交车道与公交线路 | | | |
| | 公交专用车道 | | ● | |
| | 公交专用车道（有物理隔离） | | | ● |
| | 共享街道 | | | ● |
| 人行道与分隔带 | 人行道（通行区） | | | |
| | 人行道（建筑与路缘石之间） | ● | | |
| | 带状人行道 | ● | | |
| | 路缘石拓宽 | | | |
| | 通过绿化种植拓宽路缘石 | ● | | |
| | 通过社区设施拓宽路缘石 | ● | | |
| | 公交站台 | ● | | |
| | 路段缩窄 | ● | | |
| | 中间分隔带 | ● | | |
| | 路中安全岛 | ● | | |
| 车行道稳静交通设计 | 减速带 | | ● | |
| | 减速垫 | | | ● |
| | 社区出口缩窄 | | ● | |
| | 交通分流 | | | |
| | 中间隔离护栏 | | ● | |
| | 强制转弯 | | ● | |
| | 对角线分流岛（Diagonal Diverter） | | | ● |
| | 减少车行道 | | | ● |
| | 车行道禁止使用 | | | ● |
| | 曲折车行道（Chicane） | | | ● |
| | 社区级交通环岛 | | | ● |
| | 凸起斑马线 | | ● | |
| | 凸起交叉口 | | | ● |

续表 2-5

| | 空间要素 | 推荐使用 | 限制使用 | 试点使用 |
|---|---|---|---|---|
| 街道种植 | 树池 | | | |
| | 独立树池 | ● | | |
| | 连续树池 | | ● | |
| | 雨洪收集树池 | | | ● |
| | 绿色街道/种植区域 | | ● | |
| | 生态排水沟（Street Swale） | | | ● |

资料来源：《基于设计工具箱的〈纽约街道设计手册〉》，张久帅、尹晓婷

（2）材料

《手册》提倡使用丰富的材料创造更加舒适的城市环境，对不同空间的材料使用加以区别，按照空间要素类型为街道材料的使用设定统一标准，同时提供了特殊区域的替代材料（表2-6）。

表2-6　材料设计工具箱

| | 材料要素 | 标准做法 | 可选择做法 | 历史地域做法 | 谨慎尝试 |
|---|---|---|---|---|---|
| 道路 | 沥青混凝土 | ● | | | |
| | 表面有保护层的沥青 | | ● | | |
| | 反射率沥青 | | | | ● |
| | 多孔沥青 | | | | ● |
| | 混凝土 | ● | | | |
| | 花岗岩砖块 | | ● | ● | |
| | 卵石砌块 | | ● | | |
| | 渗透型沥青或混凝土铺装 | | | | ● |
| 人行横道 | 沥青混凝土 | ● | | | |
| | 表面有保护层的沥青 | | ● | | |
| | 反射率沥青 | | | | ● |
| | 多孔沥青 | | | | ● |
| | 混凝土 | ● | | | |
| | 花岗岩砖块 | | ● | ● | |
| | 卵石砌块 | | ● | | |
| | 多孔沥青或混凝土铺装 | | | | ● |
| | 花岗岩铺装 | | ● | | |
| | 热塑性标线 | | ● | | |

续表 2-6

| | 材料要素 | 标准做法 | 可选择做法 | 历史地域做法 | 谨慎尝试 |
|---|---|---|---|---|---|
| 人行道 | 素混凝土 | ● | | | |
| | 有色混凝土 | ● | | ● | |
| | 浅色砾石混凝土 | | ● | | |
| | 碳化硅法有色混凝土 | | ● | | |
| | 砂石砾石混凝土 | | ● | | |
| | 多孔混凝土 | | | | ● |
| | 伦敦铺装（London Pavers） | | ● | | |
| | 沥青砂胶 | | | | ● |
| | 六边形沥青砖 | | ● | | |
| | 青石砖块 | | | ● | |
| | 花岗石板 | | | ● | |
| | 橡胶铺装 | | | | ● |

资料来源：《基于设计工具箱的〈纽约街道设计手册〉》，张久帅、尹晓婷

（3）照明

《手册》汇总纽约市正在使用的几十种街灯形式，分别给出推广或限制使用的建议，其中重点关注灯具的设计、年代及灯池与灯源照度等要素。《手册》对车行照明、行人照明与交通信号三个类型分别提出多种标准设计形式，并结合其他灯具的设计元素，体现以标准形式为基础、融合其他设计元素的街灯设计控制原则。

（4）家具

《手册》针对常用的街道家具——自行车停车架、公共汽车站雨棚、自行车雨棚、报刊亭、公共厕所、带信号灯或广告旗帜的路灯、座椅、垃圾箱等给出详细的尺寸、位置与布置建议。其中自行车停车架采用国际设计竞赛的成果，雨棚、报刊亭及公共厕所这三种大型街道家具采用CEMUSA公司的获奖设计，以上街道家具将在整个城市实施替换、更新，保障统一的设施品质。

（5）景观

《手册》为公共路权空间提供了选择、设计、安装、维护景观绿化的通用准则，这些经验主要来自于《纽约2030》规划以及《纽约森林规划》（*Million Trees NYC*）、DOT"公共广场项目"以及纽约环保局（Department of Environmental Protection，DEP）的《绿色基础设施规划》（*Green Infrastructure Plan*）。重点关注树池、行道树、广场种植、景观种植、雨洪树池等领域。

6. 街道设计要点

以五大类街道设计要素为基础衍生的设计要点，是直接指导设计的最后一个层次。在空间要素中，按公共交通与行人优先的原则，街道分为公交专用车道与非机动车道、

人行道与分隔带、车行道稳静交通设计以及街道种植 4 个板块，并进一步细分为 29 个设计要点。针对每个设计要点，《手册》明确其含义、设计重点、作用意义、运用场合、满足的既有设计要求、其他需考虑的设计要求、促进可持续的潜力以及建议的设计要素推广度。在材料要素中，细分为人行道、路缘石、交叉口、车行道四个区域，列举素混凝土、花岗岩、着色混凝土、多孔混凝土、沥青、橡胶等 28 种材料的适用特征，区分出标准做法、可选择做法、历史地域做法、谨慎尝试四种使用类型。

设计要点以空间区域与实体家具设计为基础，分别进行区分与总结，结合最新的绿色基础设施、景观都市主义以及交通稳静化等理念对街道设计进行新的思考，最终形成百余项设计要点，相对完整地概括了街道设计的全貌，便于设计者更加全面而丰富地认识这些要点。设计要点作为设计工具箱的最重要组成部分，是设计工具箱的基石与直接内涵。《手册》通过要点的性质与使用分析，深入浅出地勾勒了街道广阔而具体的设计视野，同时简要列举了主要街道要素的责任主体，使普通市民更加方便地了解街道设计的相关信息（图 2-19）。

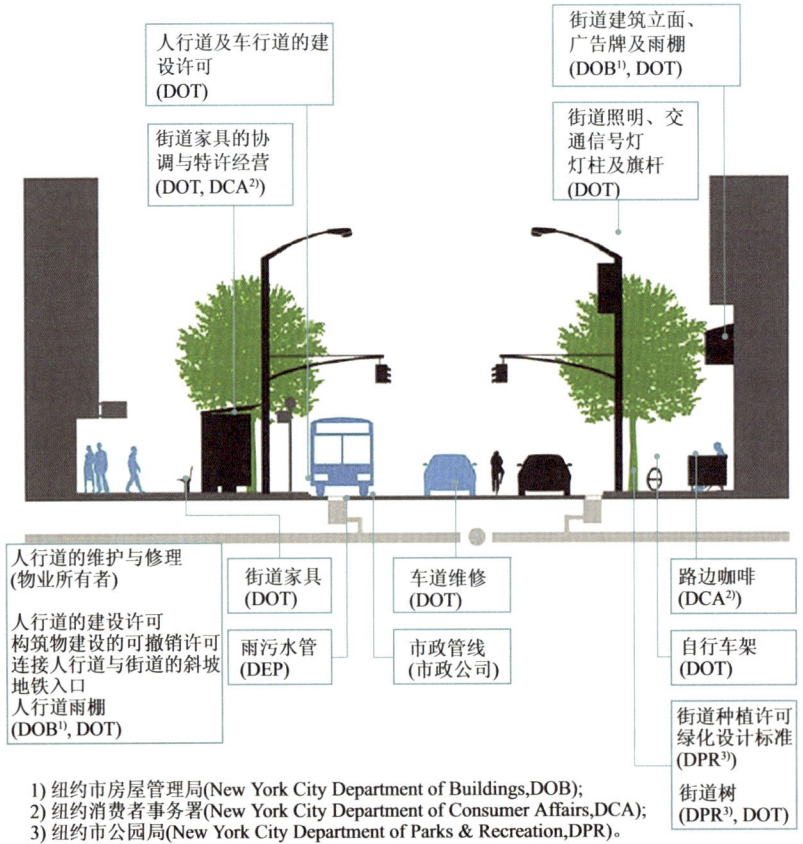

图 2-19 主要街道要素的责任主体
（资料来源：《基于设计工具箱的〈纽约街道设计手册〉》，张久帅、尹晓婷）

### 7. 设计检索清单

除设计工具箱之外，《手册》还提供了一份设计检索清单（表2-7），为DOT审查街道设计方案时提供基准的列表，也促进设计方在设计时认真思考这些要点。清单主要针对街道环境的前期调研、街道设计、绿化以及街道设计对于《手册》中的重要问题的回应。

表 2-7 设计检索清单

| 街道背景 | 街道设计 | 街道绿化 | 手册指导 |
| --- | --- | --- | --- |
| • 历史与特征<br>• 土地利用<br>• 在区域网络中的节点<br>• 重要地标<br>• 街道宽度 | • 行人<br>• 自行车<br>• 机动车<br>• 公共交通<br>• 货运交通<br>• 可达性<br>• 道路两侧空间的使用需求<br>• 公共空间<br>• 排水 | • 行道树<br>• 雨洪控制<br>• 洪灾应急<br>• 维护<br>• 建设许可 | • 街道设计要素<br>•《手册》的应用<br>• 偏离《手册》的情况<br>• 试点应用 |

资料来源：《基于设计工具箱的〈纽约街道设计手册〉》，张久帅、尹晓婷

## 2.4 政府推动纽约CBD发展的举措

### 2.4.1 商业网络与CBD核心区

面对曼哈顿CBD不断上升的商务地产需求与该区有限的地域面积之间的现实矛盾，纽约规划部门对曼哈顿CBD及其周边区域再次进行开发规划，拓展CBD地域范围，规划确定三个新CBD分区。

20世纪80年代后为曼哈顿CBD发展较为迅速的阶段，纽约市政府在改善CBD的总体环境方面采取了一些积极的措施。通过地域扩展，分担了曼哈顿CBD中心区压力。1980—1990年，纽约市以写字楼为基础的产业就业人数从79.8万人增加到91.5万人。面对不断上升的商务地产需求和曼哈顿CBD有限的地域面积之间的矛盾，纽约规划部门对曼哈顿CBD及其周边区域再次进行开发规划，在曼哈顿中城和下城的传统边界开发规划了布鲁克林下城、长岛市和远西三个新的CBD分区。曼哈顿地区的CBD界限也扩展到炮台公园、翠贝卡、布鲁克林下城和长岛市。同时，曼哈顿还建设了一些比CBD规模更小的附属商务区（Ancillary Business District，ABD）。ABD虽然不可能同长岛等三个新的CBD分区一样得到大规模的发展，但每个ABD都将为商务办公及活动提供一定数量的场地和空间。纽约市政府确定了Jamaica、Flushing、Harlem、the Hub（in the Bronx）、Staten Island Corporate Park五个地区发展ABD，并因地制宜制定了不同的政策。

## 2.4.2 容积率奖励

20世纪60年代末，为解决曼哈顿CBD因产业不平衡而产生的矛盾，曼哈顿发展局和纽约城市规划局共同制定了格林威治街规划，对原有的容积率和区划条例做了修改，确定了规划目标，对开发商规定了要承担的公共设施建设项目，以提高容积率作为交换条件，促使开发商承担起调节某些城市功能失调的义务或参加某些公共设施项目的建设，如过街天桥等。

容积率奖励在1961年纽约市对第一部纽约区划法进行修改时首次被提出：允许开发商建设更高楼层，获得更多建筑面积，来鼓励其建设广场，加宽人行道，设置底层零售业等公共设施。市场作为"看不见的手"引导着城市的开发建设，不可避免地引发社会利益与私人利益之间的冲突，容积率奖励是一项以取得双方利益均衡为目的的双赢措施。

容积率奖励是一项刺激政策，但这项政策施行的同时也必须考虑到避免无限制地向高空发展，因而运行的基本前提是首先由区划法将城市用地按片区不同性质、不同区位划定密度分区，设定片区的基础容积率与最高容积率。[①] 纽约CBD的平均容积率为15～16，靠近CBD的住宅容积率高达5～10。当建设容量不大于基础容积率时，开发商或业主可以在符合区划法的条件下自由建设；如果开发商或业主希望建设高于基础容积率的建筑，则需要为市民提供公共空间或公共设施，从而获得容积率的奖励。这些由私人开发、管理，供公众使用的公共空间被称为"私人所有的公共空间"。除此之外，还有关于开敞空间或旷地率的规定，纽约中央公园的建设就是成功的案例。

## 2.4.3 工商业激励计划

纽约实行了房地产税收减免计划，内容如下：

（1）消除工业用地向商业用地转变的障碍，鼓励新的商业承租用户使用未充分使用的资源。

（2）保证工、商业混合使用的商务写字楼更容易获得优惠。坚持对即将转向商业使用的工业写字楼提供优惠政策，将不再阻碍其向商业写字楼性质的转变。

激励计划还为高速发展的行业创造空间。以生物科技为例，增加可供生物科技行业使用的规划土地数量。

纽约以前规定只有制造业规划用地区域内才允许少量商业性的生物科技企业进入，并且这些企业的进驻还需通过专门的申请。在允许生物科技行业的规划用地数量有限的情况下，通过增加生物科技研究实验室的规划用地数量来增加整个行业的用地面积。尽管这些用地仍然需要通过严格的专门申请才能获得同意，并要在社会上公布以征求公众的意见和看法，但这确实将为纽约生物科技产业的发展提供更多的机遇和空间。

---

① 陈一新. 中央商务区（CBD）城市规划设计与实践 [M]. 北京：中国建筑工业出版社，2006.

## 2.4.4 企业迁移就业援助计划

企业迁移就业援助计划（REAP）是纽约针对从曼哈顿南 96 号大街或纽约市以外的地区搬迁到自治区或北 96 号大街的公司实行的援助计划，计划向公司提供商业税收信用额，用以免除或减免城市一般法人税、非法人商业税、银行税或效用税等税收。

## 2.4.5 区域基础设施建设

如果一开始就从一个更广阔的层面来考虑问题，往往能实现整个区域的可持续发展。为了应对新的人口增长和全球气候变化，2006 年，纽约市在其市长指示下，邀请麦肯锡主持编制了到 2030 年的《纽约城市规划：更绿色、更美好的纽约》（*PlaNYC: A Greener, Greater New York*）。从名称和内容可以看出，这一版本的城市综合规划非常重视全球气候变化对城市发展的影响，提出三个主要的挑战：增长、老化的基础设施和越来越不稳定的环境。规划关注城市环境的六个层面——土地、水、交通运输、能源、空气以及气候变化，共提出 127 个新举措，成为全美国城市有史以来为应对气候变化所作出的最广泛的努力。

（1）土地

城市的方方面面都在增长，但土地的供给量是不变的。这就是为什么要更高效地利用土地，以达到在容纳人口增长的同时，维持并提高生活质量。在土地板块，规划关注了住房、开放空间和棕地三个方面，提出要增加 30 万到 50 万套住房供给，降低土地价格，使人口的增长向公交覆盖的地区发展，同时通过创新性的融资方式，运用包容性区划，为低收入居民提供购房产权项目等，使纽约的住房价格更加合理。投资建设新的休闲设施，开放公园，为每个社区增加新绿化带和公共广场，在 2030 年实现步行 10 分钟可到达公园。清理纽约市所有被污染的土地。

（2）水

规划指出水资源方面的主要挑战是保障饮用水的清洁可靠和保障纽约周围水道的清洁性和可用性。规划通过保留自然水域和减少水污染来开放 90% 的水道作为市民的游憩场所，为老化的供水网络提供急需的备用系统以确保长期的可靠运行。

纽约溢流系统规划包括完善区域供排水设施，加快区内城市供水配水管网的建设，确保用水需求。

（3）交通运输

纽约的成功永远都是由交通运输网络的高效性和规模性驱动的。在交通运输方面，规划通过为居民、游客、工作者增加数百万客运能力来改善出行时间，建议通过一套完整的交通运输规划，力求在纽约历史上首次全面实现道路、地铁和铁路的"良好维修状态"。

（4）能源

在能源方面，规划希望通过升级能源基础设施来为每一个纽约人提供更清洁、更可靠的电力。主要从两个方面双管齐下：提高城市清洁能源的供给和减少因人口增加而引起的能源消耗。

（5）空气质量

在空气质量方面，纽约空气污染中50%来源于交通运输，规划通过鼓励使用公共交通，提倡清洁能源使用，力求拥有全美大城市中最清洁的空气质量。

（6）气候变化

所有举措需要应对的最首要的挑战——气候变化，规划的所有举措都可归纳为气候变化策略。接纳90万的新居民，要防止1560万吨的额外温室气体排放到大气里。规划制定一套全面的气候变化适应策略，至少实现减少30%的温室气体排放的目标。

### 2.4.6 纽约土地利用审查程序（ULURP）——促进公众参与城市重要进程的一个务实范本

纽约对于新开发提案的公共审查程序，足以成为促进公众参与城市重要进程的一个务实范本。在每个对纽约城市面貌可能发生重大改变的提案中，公众意见都会被提及。

ULURP程序源自罗伯特·莫塞（Robert Moses）"对阵"当时极富影响力的作家、社会活动家简·雅各布斯（Jane Jacobs），后者要拆除格林威治村，最终屈服于民众力量的这样一个背景。20世纪70年代，纽约市在土地管理中首创统一土地利用审查程序（ULURP）。1975年4月，纽约市的选民通过了一部新的城市宪章，这部新的城市宪章第197c部分规定"任何个人或机构提出的关于城市不动产的利用、开发和改善的申请，都应根据统一的审查程序进行审查"。

统一土地利用审查程序（ULURP）是对政府行为许可的特别授命。在美国，土地利用规划又被称作"非永久性宪法"，其内容往往极为详细，具有普遍的约束力。只有在两种情况下，政府才可以通过法定程序变更规划：一是制定和实施都市更新计划，另一种方法则是通过ULRUP程序对土地规划进行部分调整。作为一套完整的土地审批程序，ULURP从制度上为公众、社区、规划委员会、地方政府、市议会等利益主体共同参与土地利用决策提供了法定途径（沈开举，2009）。

ULURP是"自上而下"和"自下而上"之间的对峙与统一，在公开听证会上，进行官方投票和听取公众意见这两个程序交替进行。这个审查程序最终为美国联邦、各州和地方政府所借鉴，并广泛应用于城市开发、区划变更、公共工程、不动产征用等土地开发和利用项目。

1989年之后，纽约市政府对ULURP程序中各方的权力分配作出了详细规定：

第一步：提交申请。

第二步：资格认证。

第三步：社区委员会审查（公示开发方案和收集公众意见）。

第四步：区行政长官审查（自治区委员会和自治区主席提出意见）。

第五步：城市规划委员会审查。

第六步：市议会审查。

第七步：市长审查。

城市规划委员会对怎样确定一个特许是重大的且需要 ULURP 程序审查作出了规定。ULURP 程序对政府行使征收权要举行什么性质的公众听证会，在哪些阶段要举行听证以及听证会相关的规则作了详细规定（王静，2008）。

2008 年开始实施的《中华人民共和国城乡规划法》对公众参与有了整体性的规定，建构起了基本框架。涉及公众参与的内容主要包括了规划方案的公告和征求意见、规划批准后的公布、已批准规划修改前征求利益相关者的意见、建设项目规划许可的公示、规划实施中的公众监督等。其中提及公众参与的内容包括"城乡规划组织编制机关应当及时公布经依法批准的城乡规划""乡规划、村庄规划应当从农村实际出发，尊重村民意愿，体现地方和农村特色"，真正推行有序且有效的公众参与方式任重而道远。

## 2.5 纽约 CBD 可持续发展理念与策略

### 2.5.1 合理提升密度

1. 人口增长与城市活力提升

在 2007 年制定的《纽约 2030 规划》中提到，曼哈顿区可能在 2030 年前人口增长的相当一部分将是 65 岁以上的居民，增长率大约为 60%。各区域的增长并不等同，围绕曼哈顿中城周边的工业用地和未来公众导向性的重新区划区域的土地成为人口增长潜力区。

在曼哈顿区的住房容量扩展过程中，有两点值得借鉴：执行公共导向型重新区划和扩展包容性地区区划。首先，市场经济下始终有大量大型私有性重新规划，然而曼哈顿区的重新区划的核心是寻找交通枢纽的主干道，其道路容量和便捷的客运能够支持人口密度的增加。

此外，纽约市认为，如果城市失去了社会经济多样性，它最大的财富资源就会流失；如果想要反映出城市活力和满足不断增长的人口需求，必须要成功地解决住房需求问题。在众多住房发展规划中，其中一个措施就是扩展包容性地区区划，目的在于使开发商在建造成批公寓楼宇时，维持一定比例的经济适用房。例如曼哈顿西区的哈德逊工厂和切尔西西区，具有包容性地区区划特色的改造正在进行。在审查地区重新区划项目的过程中，纽约非常注重发挥这一战略的优势，以确保住房的供给和其经济适用性（图 2-20）。

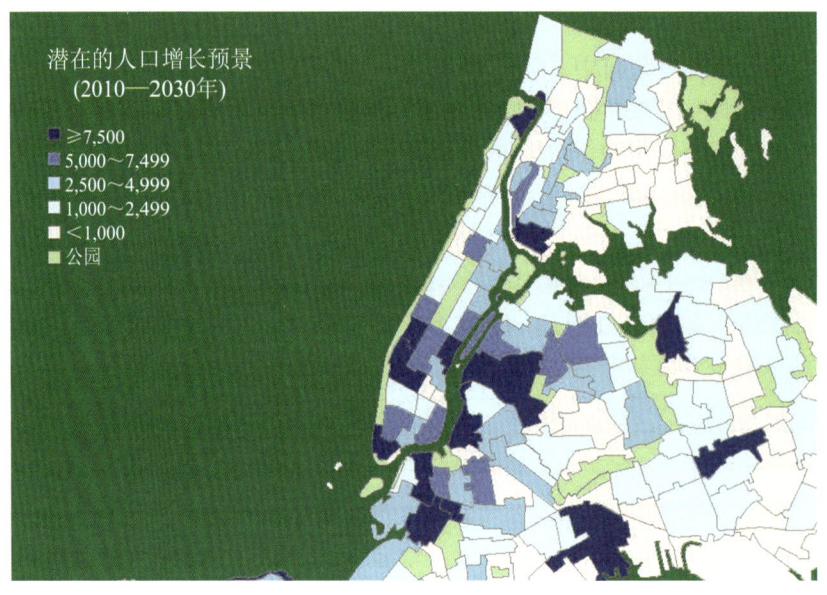

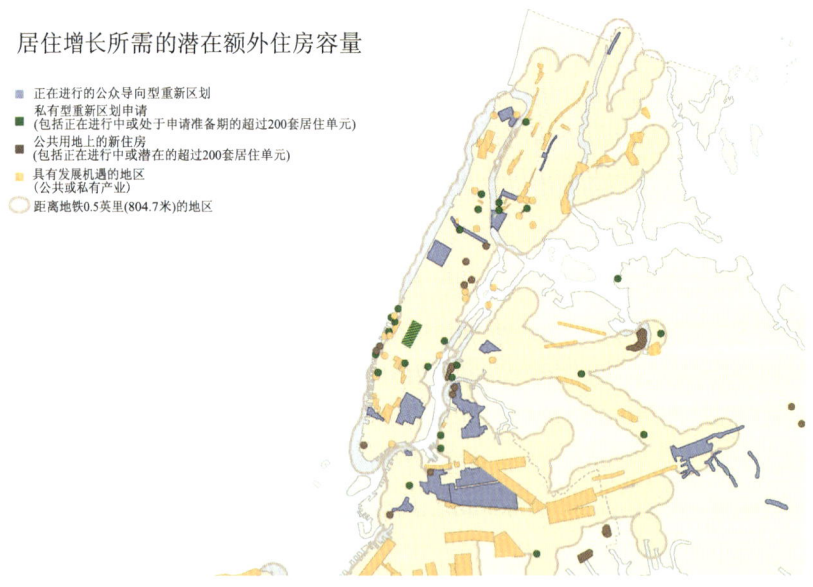

图 2-20 纽约 2030 规划住房规划
(资料来源：*PlaNYC 2030—A Greener Greater New York*)

2. 所有的密度发展都必须在环境可承受的范围之内

《纽约 2030 规划》共提出 127 个新举措，成为全美国城市有史以来为应对气候变化所作出的最广泛的努力。以水环境容量为例，在人口急速增长的背景下，曼哈顿区引入成熟的水保持和水转移策略，主要内容包括：

（1）强化污水的收集处理

新基础设施升级能更多地截获溢流，防止水流入合流制排水系统，沿岸的系统溢流点密度最高；利用自然过程容纳、留住或净化水，将溢流避免率从 1980 年的 30% 提高到现在的 70%。

（2）应用到新开发项目中

将分散的雨洪排水管道整合到哈德逊工厂这样的新开发项目，这样每年可以产生约 16 万立方米的合流制排水系统溢流，将环境作为天然的水过滤器（图 2-21）。

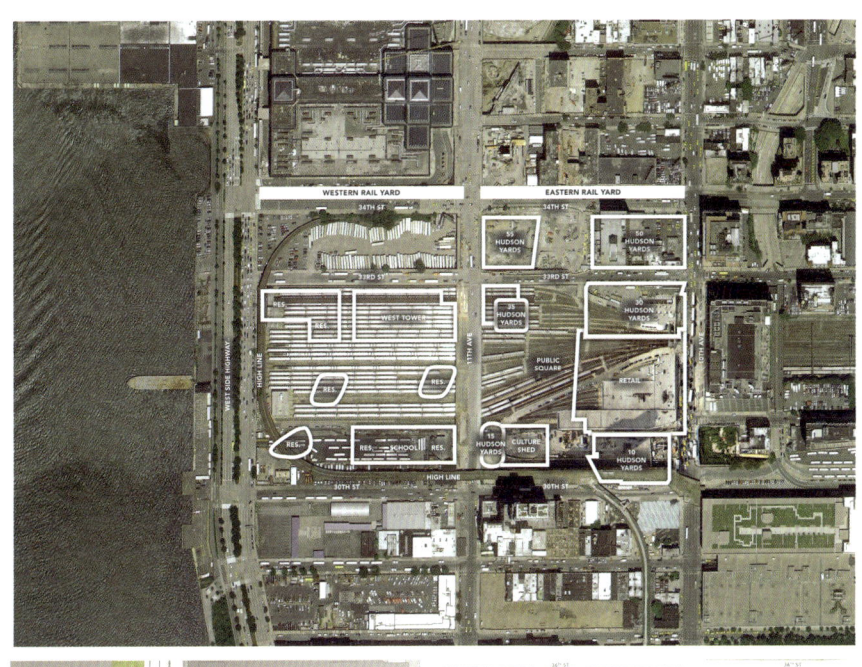

图 2-21　哈德逊工厂绿色开发

（资料来源：http：//www.archdaily.com/488903/construction-begins-on-the-vast-platform-for-new-york-s-hudson-yards）

纽约市制定了一项全面的策略,在1.1万千米蜿蜒穿过城市的河流增加7个新雨洪排水管,其中有5个是高水量雨水排放管,可减少50%的雨水进入系统;此外,专门设计的排水系统将采用控制水流量的落水管排放,雨水在到达排水管之前,会在建筑物上短暂停留。作为溢流的第三道防线,哈德逊工厂项目还包括在房顶和公园内增加至少27万平方米的绿色开放空间,绿色屋顶有可能减少50%的年径流。

(3)修改区划规范加强整体吸收能力

纽约市修改区划规范,要求在面积超过557平方米的商业或社区停车场周边进行绿化,同时在毗邻的人行道上种植树木。纽约市不仅种树,而且更注重树坑的设计,以使树木能最大限度地吸收水(图2-22)。

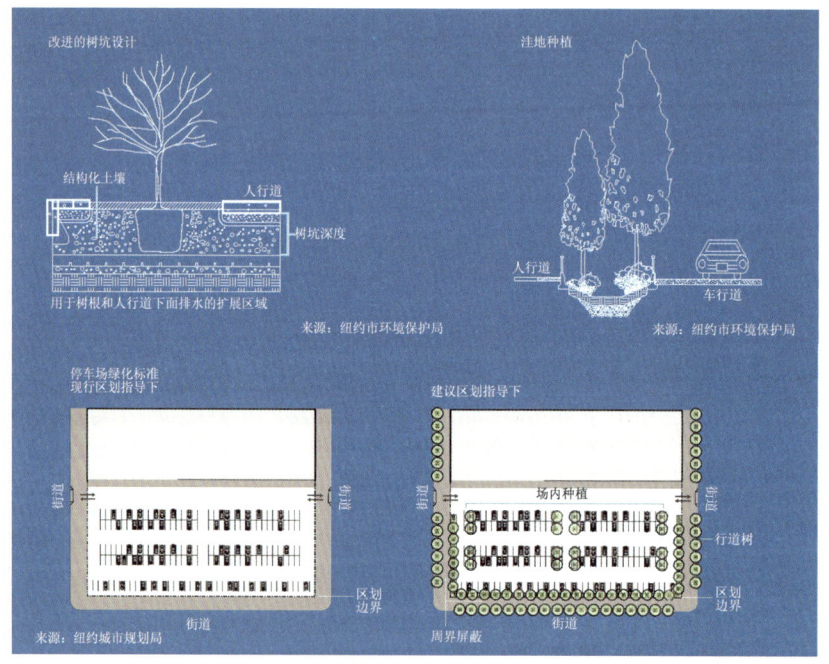

图2-22 纽约市区划规范要求商业或社区设施的停车场周边进行绿化
(资料来源:*PlaNYC 2030—A Greener Greater New York*)

通过采用对环境负责的措施,纽约市在促进城市发展的同时,做到必要的资源保护。最终确保纽约市90%以上的支流、98%的水道能开放用作休闲娱乐。

在城市发展所面临的所有挑战中,气候变化最让人束手无策。《纽约2030规划》通过集体协作应对气候变化,包括避免城市无序扩张,发展清洁能源、高效节能建筑与可持续交通运输。事实证明,空气和水的质量与人口的增长及其带来的污染的关系随时间推移也能逐渐改善,例如经过智慧型的环境管理,一个区域的人口承载力将随着对空气与水等必需元素的质与量的保护而提升(John Lund Kriken,2013)。

3. 将人们的生活方式作为密度发展的重要原因

Angel的研究发现,今天曼哈顿的人口密度相比1910年减少了40%。在19世纪后半期,曼哈顿的人口增长速度远远超过了新住房的建设速度。1910年,曼哈顿人口达到顶峰的 220 万，而之后就再也没有超越过这个值。1910—2010 年，钢结构和电梯的应用使曼哈顿的平均容积率（FAR）——总建筑面积与占地面积之比得以翻倍。但即使今天的新建筑物更高更大，曼哈顿现有的建筑中有一半仍是 20 世纪初建的，当时的平均容积率只有 4.4。高大的建筑并不一定会转换为更高的密度。

纽约大学社会学家 Eric Klinenberg 2012 年的研究表明，曼哈顿独居的比例从 1960 年的 35% 增长到 1980 年的 46%，至今仍然很高。这可以部分解释曼哈顿的去高密度化。因此，建筑物的高度并不总是城市密度的决定性要素，人们的生活方式也是城市密度的决定要素。

"城市生活方式"这种观点在 21 世纪越来越流行，CBD 地区作为全球人口密度最高的地区，需要思考的不仅是如何建设更多的空间以及环境发展，还应该关注现代人所需要的生活方式，在这种方式下探讨如何发展最适合的空间。例如，千禧之代们喜欢住在交通便捷的地方，外出社交，因此需要的个人居住面积较少并能从聚居中获益。2012 年，纽约 Bloomberg 政府重新考虑纽约公寓的最小尺寸，在曼哈顿东城允许建造一幢"微公寓"，平均面积只有 300 平方英尺（27.9 平方米）左右，楼里分布着共享的聚会空间。

### 2.5.2 打造健康、绿色公共活动中心

1. U 形保护系统的提案——可以玩耍的防洪设施

2012 年 10 月 29 日晚间，飓风"桑迪"登陆纽约，曼哈顿下城区的 70 000 居民和城市金融区被水淹没。针对未来 50 年可能出现的更加极端的风暴潮，纽约市发起对全市 840 千米的海岸线范围内地形影响及安全风险的评估，报告预计，洪水的威胁只会增加（图 2-23）。

图 2-23 纽约的防洪疏散区

（红、黄、绿带分别代表发生洪水淹没的高中低可能性地带，资料来源：https://www.wired.com/2012/11/disaster-landscaping/）

2013年7月,纽约市长布隆伯格提出了一个全面的计划,以解决迫在眉睫的气候变化对纽约的危害,在纽约遇到严重风暴或海平面上升时可以保护城市建筑、基础设置和市民的安全。BIG公司提出U形保护系统的提案,赢得了3.35亿美元的资金支持,力求让曼哈顿足以抵御下一次超级风暴的袭击。

Big U计划将在曼哈顿海岸线上修建长达13千米的设施(图2-24),南至西57号大街,东至42号大街——刚好是上次"桑迪"飓风中曼哈顿被袭击而停电的下城区。保护带不仅屏蔽雨洪,还针对各个不同的公共领域做出不同的社区和环境改建,提供各个相对独立的区域灵活化功能块,采用物理防护的办法保护区域免遭洪水破坏,这些区域可以单独建设,最后完成闭合。①

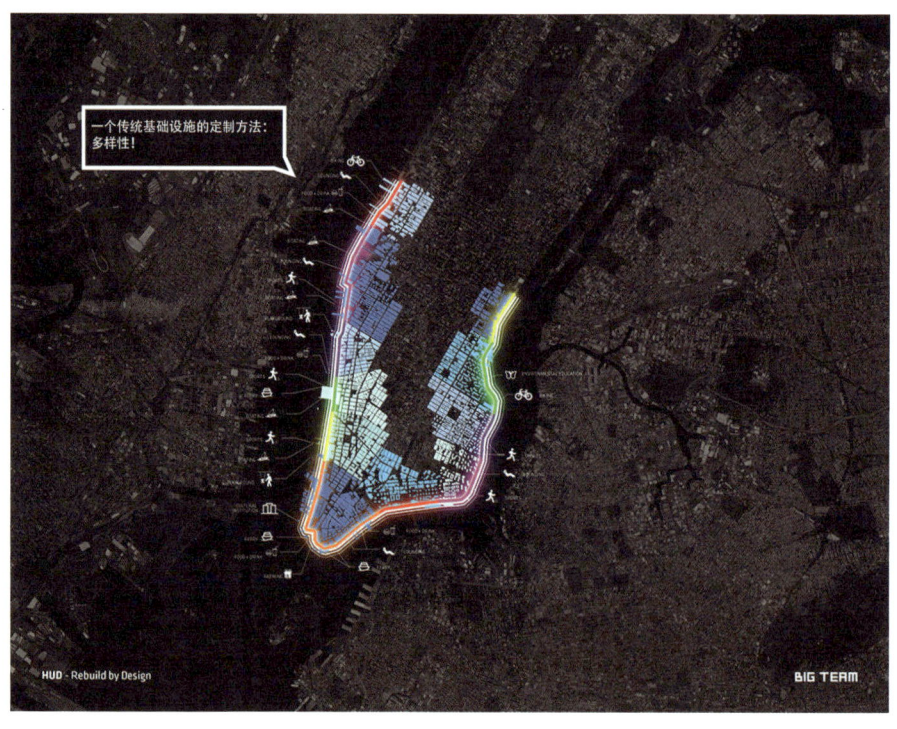

图2-24 在曼哈顿海岸线上修建长达13千米的设施
(资料来源:http://www.a-xun.com/4108.html)

在U形系统保护提案中,创造性地在实现水安全保护的同时,将硬化的工程解决方案和绿色生态基础设施解决方案结合(图2-30),修建出可以玩耍的防洪设施,让洪水为城市带来的是不一样的经历而不是灾难。所有的设计都与人们的生活品质相结合,创造出新的可能性。

(1) 水文模拟,判定淹没范围

如图2-25所示,蓝色代表飓风"桑迪"登陆时候的淹没水平,往内部依次是100年一遇与500年一遇暴雨与海潮可能的淹没范围。图片右面文字是联邦应急管理局制定

---

① http://design.cila.cn/new33738.html

的很明确的洪水淹没高度，图片下方是 50 年一遇的降雨淹没范围。

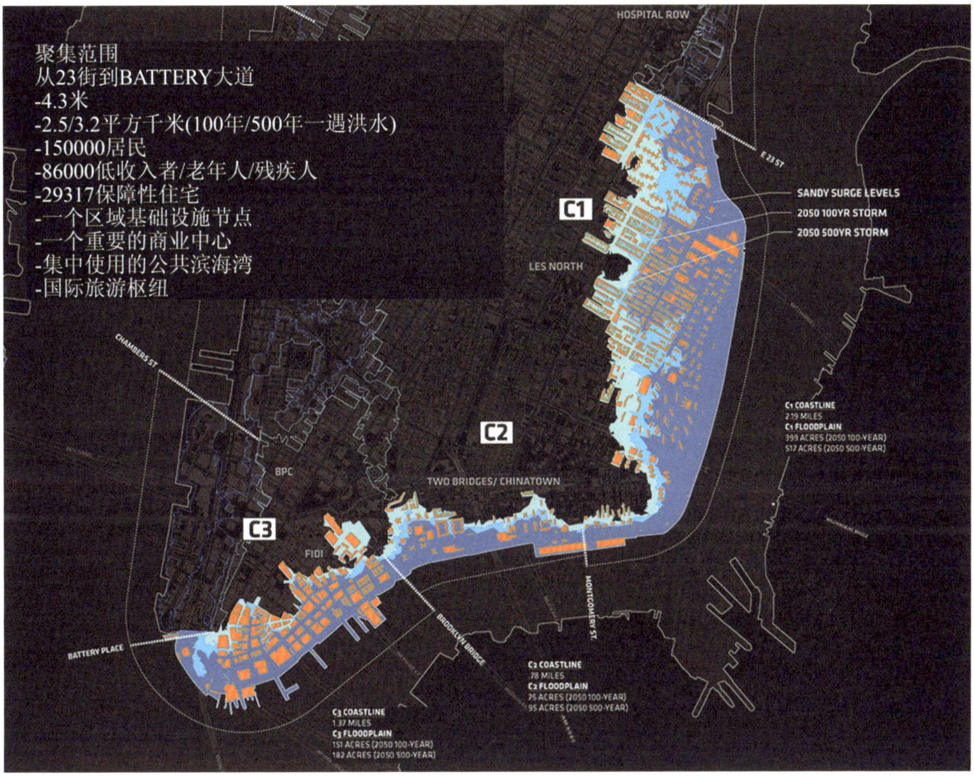

图 2-25　洪水淹没范围

（资料来源：http：//www.a-xun.com/4108.html）

（2）设计多种雨洪基础设施，兼顾防洪与日常使用

方案一：景观防洪墙——结合植物不同属性营造万能挡土墙（图 2-26）

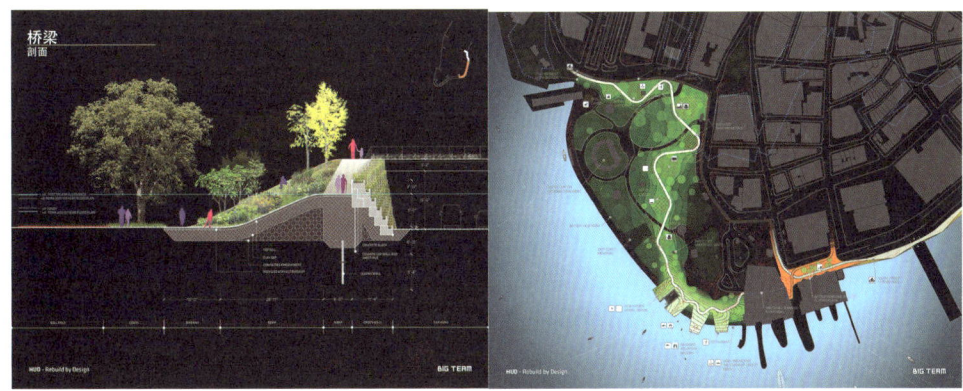

图 2-26　方案一示意图

（资料来源：http：//www.a-xun.com/4108.html）

方案二：多功能闸墙——晴雨两用的灵活设计（图 2-27）

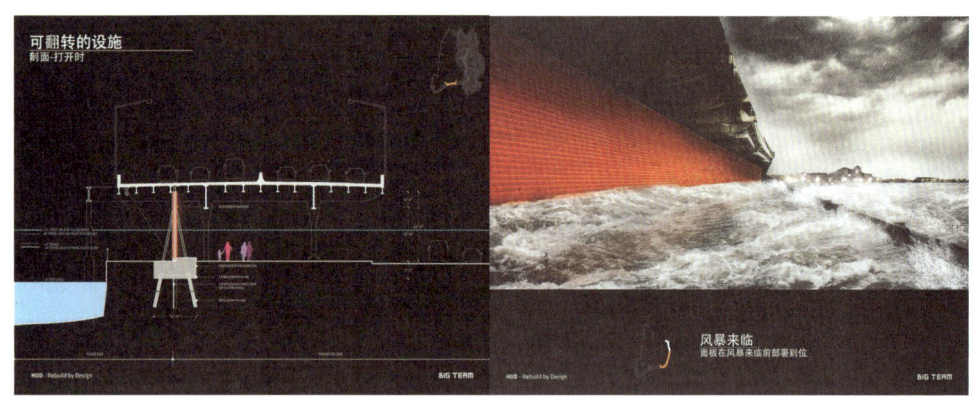

图2-27　方案二示意图

(资料来源：http：//www.a-xun.com/4108.html)

方案三：体育场地作为泄洪区——兼顾安全与最高利用率（图2-28）

天气不好的时候，体育场地利用率最低，而体育场地平整，且下渗率很高，最适合用于雨水下渗。

图2-28　方案三示意图

(资料来源：http：//www.a-xun.com/4108.html)

方案四：硬化驳岸——打造丰富运动场地（图2-29）

（3）连通片区防洪线，并提供观察水景观的窗口

曼哈顿建造的Reverse Aquarium（反向水族馆），为城市提供了体验水动态变化的窗口，让洪水成为一种景观。

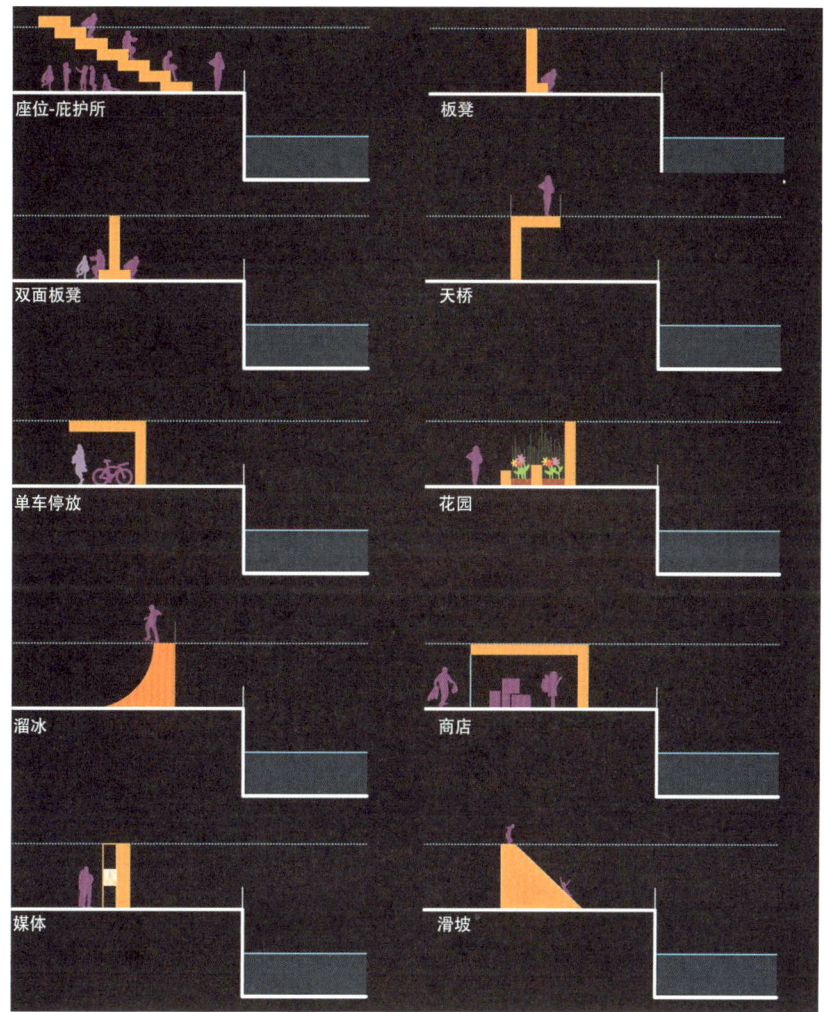

图2-29 方案四示意图

（资料来源：http://www.a-xun.com/4108.html）

图2-30 绿地与运动场设计为下渗区

（资料来源：http://www.a-xun.com/4108.html）

## 2. 纽约高线公园——对废弃轨道的记忆与创新利用

James Corner Field Operations 事务所设计的纽约高线公园（The High Line）呈现轻松的开放性，它让人看到当代设计一系列价值取向，包括设施的再生利用、景观的公共性、植物的自然活力，等等。

纽约高线公园位于曼哈顿西侧，跨越 23 个街区，其中与肉类加工区、西切尔西区及克林顿区三个重要区域相连。高线公园原是建于 20 世纪 30 年代的空中货运铁道线，20 世纪 80 年代，面临着被拆毁的危险。1999 年，"高线之友"（Friends of the High Line）组织成立，该组织致力于挽救高线，提倡将高线转变为公共公园。现在高线公园的设想已经变为现实，公园归纽约政府所有，由"高线之友"负责维护和运营（图 2-31）。

以下摘自项目译介①：

作为复兴曼哈顿西部地区的重要一环，高线已经成为该区域的标志性特色，并成为刺激投资的有力催化剂。2005 年，该市对高线周围的区域进行了重新划分以更好地促进发展和保护原有的街区特点。重新分区措施和高线公园的成功帮助该区域成为纽约发展最快、最具活力的街区。在过去的十年中人口增长率超过 60%。自 2006 年起，高线周围新许可的建筑项目成倍增长，至少已经开启了 29 个重要发展项目（其中 19 个已经建成，其余 10 个正在建设当中）。这些项目带来了超过 20 亿美元的私人投资和 12 000 个就业机会。惠特尼美国艺术博物馆位于市中心的新馆项目已经启动，该新馆将成为高线南端的重要文化据点。高线公园采用形象化的设计，并与当地的具体条件相契合，这种坚持本真的态度吸引了一批忠实的拥护者和支持者，并启发其他城市探索复制该模式。

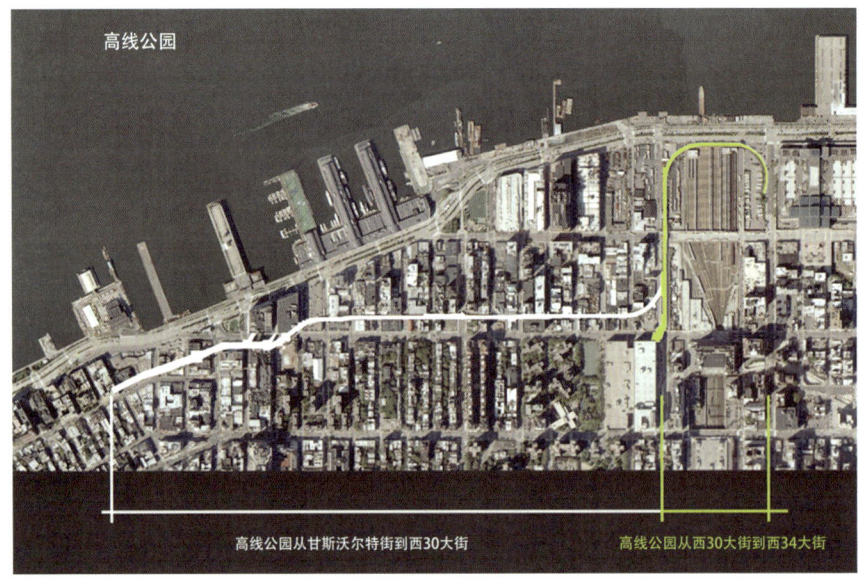

图 2-31 纽约高线公园平面图

（资料来源：http://thesuperslice.com/2012/03/15/high-line-phase-3-james-corner-field-operations-diller-scofidio-renfro/）

---

① http：//www.gooood.ht/high-line-park-section2.html.

作为"高线之友"新任的执行理事,珍妮·格斯坦描述道:"当公园面向大众开放的时候,参观者们可以体会到当年哈德逊铁路编组站建站的过程。"与此同时,还将引进当地的一些植被来恢复和修饰编组站的原始美。位于西26大道和西29大道之间的野花花坛由硬质铺地、耐旱性的草坪和野花构成,花坛中种植了种类繁多的花卉以确保在生长季能一直有花开放。一片茂密的花丛和低矮的小树林是高线公园另一个景观的起始点。位于西20大道和22大道之间的切尔西灌木丛种植了多种多样的植物,例如美洲冬青、紫荆和其他美国本土常绿植物,它们能够一年四季不间断为公园提供丰富的色彩变化。

作为宏伟的城市改造项目,高线工程的核心是"保护"和"再利用"。同时作为政治、生态、历史、社会和经济可持续项目,高线具有十分重要的意义。

二期工程将800米的基础设施区域改造成草地,降低了热岛效应并创造了意义非凡的生态环境。300种精心挑选的植物在当地的环境条件下形成了特色的本土景观。绿色屋顶及开放的拼接路面增强了持水性、排水性和通风效果,减少了灌溉需求。此外还大量回收利用废弃木材、钢材和来自当地的混凝土骨料等。公园采用节能的LED照明系统,货摊上出售当地出产的食物,各类免费教育项目向社区民众开放(图2-32)。

图2-32 纽约高线公园建成情况图
(资料来源:http://meredithgunderson.com/high-line-symposium/)

高线与城市的紧密联系是该项目强大而独特的原因。它以毫不间断的姿态横向切入多变的城市景观中。不同建筑类型的混合及其与高线的联系,以及将视线导向哈德逊河、街区街道和标志性城市纪念碑的道路设计为人们带来真实的纽约体验,这是高线为何如此吸引人的原因之一。

该项目捕获了公众的想象力并重新定义了"绿色空间可以是什么",具有全球范围的影响力。它展示了高品质的城市空间如何积极地利用废弃的城市基础设施,以及这种规模的项目如何由当地社区成功地进行管理。

### 2.5.3 提升开放空间环境品质——曼哈顿泪珠公园

纽约泪珠公园是位于下曼哈顿地区的面积仅 7284 平方米的社区小公园，处于 64～72 米高层建筑的包围之中，基地为 1980 年代对哈德逊河部分岸线围填造陆形成的空间（图 2-33）。泪珠公园项目设计获得 2009 年 ASLA 综合设计类荣誉奖。

图 2-33　曼哈顿泪珠公园区位图
（资料来源：http://www.landscape.cn/works/photo/park/71.html）

以下摘自 ASLA 2009 专业奖获奖项目译介[①]：

---

①　http://www.china.com.cn/htm/2009/0516/36245_2.html.

基地异常局促（不足 7300 平方米），自然条件也较恶劣，存在地下水位较高、土质不佳、建筑阴影区面积非常大、来自哈德逊河的干冷风猛烈等众多限制因素。将场地限制变成创造性地解决问题的机会，为场地注入诗意正是设计公司 MVVA 的一贯追求。该项目的景观设计师没有图省事、落俗套地将它做成一个以俯瞰为主的楼间绿地，而是通过小地形处理、高墙隔断、借景和蜿蜒的步道系统，完成了空间序列的塑造，为平坦且平淡的弹丸之地增加了景观层次，并在施工、照明、儿童发展、游艺、土壤、植物等多方面资源的配合下，将它做成了一个空间丰富、开合有度、生机盎然、老少咸宜、可持续并兼具为候鸟等多种动物提供优质生存环境的公园。

光照、水土、气流等多种限制条件的综合作用，在一定程度上决定了景观元素、游艺项目以及植物群落等的取舍和空间配置。基于场地北半部享有最长日照时间的现状，设置了两块隔路相对的草坪作草地滚球场，并特意稍向南倾斜以利于接受阳光。这个草坪连同玩沙区、戏水区是客户特意要求的。它们是对附近的洛克菲勒公园中传统大型游艺设施和积极主动式游戏的有益补充，同时，草坪的面积对于举行一些定期性的活动也绰绰有余（图 2-34）。

图 2-34 曼哈顿泪珠公园建成现状

（资料来源：https://www.pinterest.com/pin/282389839105104753/）

评审委员会对该公园的评价应该算是比较高的:"它是一个真正的都市绿洲。景观设计师在一个几乎不可能的场地上采取了大胆的举措。它提供了私密性的场所,这对公园绿地来说是比较难做到的;它让人忘记了身处的城市和周边的建筑。它老少皆宜。"

公园建设方对公园的可持续性有较严格的要求,为此,项目团队与建设方的设计评论小组相互配合,在方案设计、材料选择和建设实施等各方面采用了多种可持续的措施:公园的布局和项目的设置是基于周边建筑引起的微气候的差异性;"冰与水"景墙以及本公园其他所需石材均来自805千米以内的采石场——尽量采用本地或附近地区产的材料,是可持续场地行动计划(SSI)的要求之一;公园所需的全部灌溉用水,均来自附近一幢获绿色建筑评估体系金质认证的建筑的中水,以及公园内地下储水管截留的暴雨径流;园内的混合土都有针对性地做了精心调配,以达到最佳的生长条件;园中大部分植物都是乡土植物,这不仅为候鸟等提供了优越的生境,也有效启动了那块无生命活动的试验地(土来自世贸中心遗址)上的自然演替;人造有机土壤及合理的养护制度,避免了杀虫剂、除草剂、杀真菌剂等的使用。

### 2.5.4 建筑可持续发展

1. 遵从场地历史,回应都市生活——曼哈顿世贸中心2号楼

世界贸易中心(World Trade Center),是位于美国纽约曼哈顿岛西南端的一个建筑群,由两座110层并立的塔式摩天楼与一座8层、两座9层、一座22层、一座47层的大楼组成。其中世界贸易中心1号楼和世界贸易中心2号楼曾为美国纽约最高的建筑物及标志性建筑。

以下摘自项目译介①:

新的2号楼将占据世贸中心遗址超过6万平方米的土地,高80层共408米,总建筑面积26万平方米。设计公司BIG将其设计为一幢全玻璃幕墙包裹的摩天大楼,看上去就像是由7个大型盒子堆叠而成的建筑,如果远观的话,阶梯的表现形式也将更加明显。7个"盒子"状的建筑体将会按照新闻集团与21世纪福克斯两大租户以及其他租户的实际需求量身定制,以满足其不同的公司活动形式。自地面延伸至顶部的7个不同大小与体积的"盒子"将依次堆叠呈梯田状,越往上体积越小(图2-35)。

---

① http://samwen.net/a/umyibo.html.

图 2-35 新 2 号楼分析图与效果图
（资料来源：http://www.archiworld.com.cn/a/15759.html）

由于设计中各个玻璃"盒子"由下至上逐层递退，大楼拥有了 3530 平方米的屋顶花园，可以让在这里工作的员工享受一片盎然绿意和广阔的城市景观（图 2-36）。

图 2-36　新 2 号楼绿色屋顶效果图

（资料来源：http：//comoprojetar.com.br/wp-content/uploads/2016/05/017_2_WTC_Terraces_Image_by_BIG_original.jpg）

朝向圣保罗教堂的阶梯式天台种有大量植被，创造了从圣保罗到天际线的不断上升的绿色垂直序列。

世贸中心 2 号楼位于纽约两个不同的社区间：特里贝克居住区和企业金融区。设计将两个社区的特色均融入建筑中，高楼与低层、现代与历史建筑融合在一起（图 2-37）。

从特里贝克来看，它是阁楼和屋顶花园之家，它将呈现奇异建筑依次堆叠的垂直村庄景象，它在空中创造了公园和广场。从金融区来看，是一幢高耸的大楼，具有现代感和商务感。

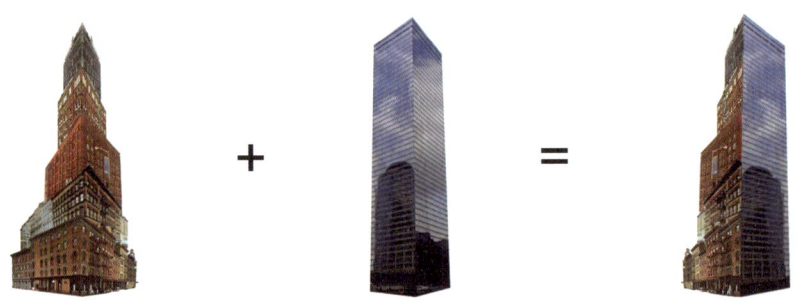

图 2-37　从世界贸易中心角度来看，独立的塔楼趋向统一，像柱廊一样框显出 911 纪念公园

（资料来源：http：//comoprojetar.com.br/wp-content/uploads/2016/05/017_2_WTC_Terraces_Image_by_BIG_original.jpg）

新大楼通过开放工作空间、设施和非正式会议场所的内部混合来提供协作和分享概念的物理环境。楼层之间大型楼梯井在整个总部形成层叠的双层高的共享空间。这些延续的空间强化了不同部门和设施间的联系，其中可能包括篮球场、跑道、餐厅和放映室。便利设施层位于其中，这样人们就可以直接走出室内到达屋顶公园。

据 BIG 设计团队透露，这座呈梯田状的建筑将为周边城市景观提供"充满绿意盎然的景致"。他们将这个设计方案描述为一种新的混合形式,是现代摩天大楼与对历史建筑的现代诠释的结合体,世贸中心 2 号楼恰好处在两个风格完全不同的街区的交汇处,一面是充斥着现代摩天大楼的金融区,另一面则是曼哈顿下城的 TriBeCa 时尚街区,满是阁楼公寓及屋顶花园。BIG 想要结合两个街区的独特气质,集合于这整幢建筑,一方面想要尊重其建筑原址的纪念与历史地位,另一方面亦想通过新塔重振曼哈顿中心的朝气与活力。这些建筑将共同连通至西班牙建筑师 Santiago Calatrava 设计的世贸中心交通枢纽,并依照该区域总规划师丹尼尔·里伯斯金(Daniel Libeskind)的计划,尽量为一旁历史悠久的圣保罗教堂保留一个相对完好的开阔视野(图 2-38)。

在 BIG 设计的世贸中心 2 号楼周围,SOM 设计的 1 号楼和槙文彦设计的 4 号楼已经建成,另外罗杰斯设计的 3 号楼正在建设当中,这三座大楼有一个共同点,都是覆有玻璃幕墙的摩天大楼。新的世贸中心 2 号楼预计于 2020 年建成完工,届时新闻集团和 21 世纪福克斯公司将入驻在大楼较低部分的楼层。

图 2-38　世界贸易中心效果图
(资料来源:http://www.archiworld.com.cn/a/15759.html)

2. 绿色建筑——纽约高层建筑 NYbillboard

建筑师 Chrisprecht 带来的最新概念设计"纽约广告牌"(NYbillboard),一个位于纽约曼哈顿街区的新都市地标建筑构想。作为建筑师必须认识到城市的密度及可持续发展问题,该方案寻求通过创造一个提供高楼间相互连接的水平层去重组常规的高层建筑(图 2-39)。

以下摘自项目译介[①]:

---

①　http://www.yuanliner.com/2011/0928/68881.html#p=/

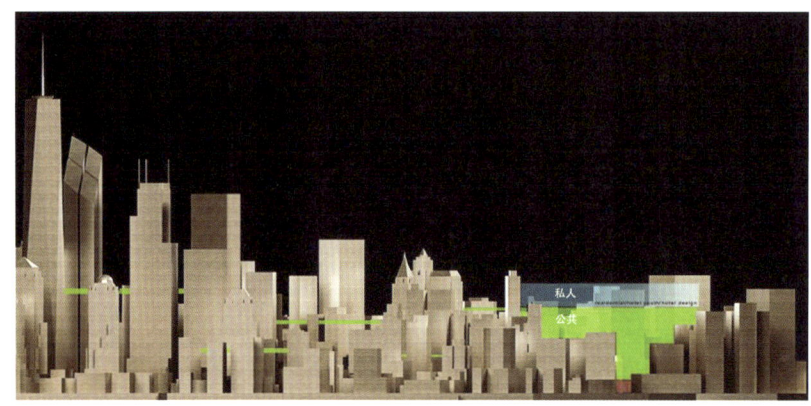

图 2-39　纽约高层建筑 NYbillboard 效果图
（资料来源：http：//www.zg-zs.com/thread-62865-1-1.html）

关于垂直建设的高层建筑所暴露的问题——由于距离城市和公共空间十分遥远所造成的隔离状态，以及在突发事件中所造成的效率低下等问题，可以通过限制建筑高度来解决，这个设计方案试图将注意力集中于居住者的体验上。底层设计了大量公共设施，与城市网络交通系统、空中花园和其他基础设施直接相连。

这座建筑选用了与众不同的水晶体立面，它是通往布鲁克林、自由女神像和 Staten 岛的大门。占总表皮面积 20% 的双层立面中种植了藻类生物，它们可以净化室内空气并产生生态能量。面积达 1.4 万平方米的太阳能光点板覆盖了建筑的顶面和侧面，能提供每年 720 万千瓦时的电能。另外，安装在建筑西侧的风力涡轮发电机还能够提供每年约 140 万千瓦时的附加电能，减少了大约 13% 的建筑能耗（图 2-40）。

图 2-40　纽约高层建筑 NYbillboard 内部效果图
（资料来源：http：//yuanliners.blog.163.com/blog/static/20039325720138210344539/）

# 第3章 芝加哥卢普区

## 3.1 芝加哥大都市区整体发展

### 3.1.1 早期城市建设

1. 城市建立（1837年）

芝加哥和美国的大多数城市一样，他们的原住民都是美洲原有的主人——印第安人。19世纪以前，人迹罕至，为美国中心地区的边缘城市。1803年开始建址，城市发展缓慢；1837年成为芝加哥市，而此时的人口仅有4170人。

2. 强盛发展（19世纪）

芝加哥在19世纪时成为美国中西部地区的主要城市和农产品集散地。1848年，沟通密歇根湖和密西西比河的伊利诺伊—密歇根运河建成，沟通了两大水道之间的航运。同年，芝加哥的第一条铁路开始修建，到了1900年，增加到30多条主干铁路。自此，芝加哥开始成为连接美国东西部的重要交通枢纽。便捷的水陆运输极大地刺激了工商业的发展。1870到1900年间，芝加哥的人口从29.9万猛增到170万。

3. 哥伦比亚世界博览会

1893年，芝加哥主办了哥伦比亚世界博览会（Columbia Exposition），在6个月的展览期间共吸引了超过2600万人次的访客参观博览会（图3-1）。为了为展览会提供运输工具，芝加哥交通局（Chicago Transit Authority）修建了高架铁路，今天，这个高架铁路系统"L"火车还继续环绕市中央的商业区，当地人并之为"the Loop"。芝加哥市的文化建设也是在这个时代展开，当地的管弦乐团、图书馆及主要的博物馆都是在这个时期建立。

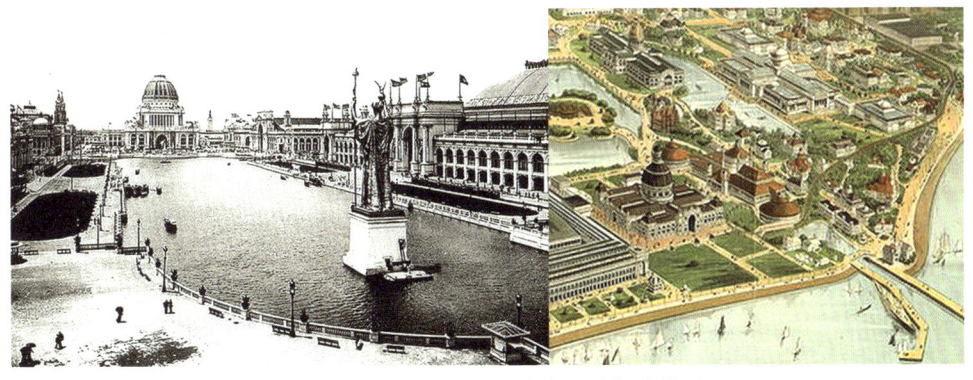

图3-1 哥伦比亚世界博览会时期建筑图

（资料来源：https：//en.wikipedia.org/wiki/World's_Columbian_Exposition）

### 3.1.2 市中心区和郊区空间结构发展与职能互补

芝加哥一直重视与其郊区共同形成的大都市区域的整体发展。多个规划针对大都市区不同发展阶段的问题和挑战，对中心区和郊区提出了不同的功能定位，并以芝加哥中心区为核心，整合资源实现区域良性互动，致力于打造全球城市区域（Global City Region），经济和政治组织以区域为基础。

1. 1909 年芝加哥规划提出大都市区发展空间框架

1909 年芝加哥规划虽只针对芝加哥市域，但具有区域规划的理念。规划强调郊区主要以产业发展、交通基础设施以及基础性的服务设施建设为主，被誉为美国历史上的第一个现代城市总体规划，也是芝加哥历史上影响最深远、实施力度最强的一部规划，百年后芝加哥的城市格局仍能看到 1909 年规划的痕迹。规划共包括 9 个方面的内容：规划编制的背景和必要性分析，对罗马、巴黎、维也纳、伦敦、华盛顿、克里夫兰、马尼拉等 10 多个名城的总体规划评述，芝加哥成长为中西部大都会的历史回顾和区域性交通网络设想，园林绿地系统规划，综合交通体系规划，城市街道系统规划，中央商务区规划，可行性规划实施的法律问题和对策。

在绿地系统、道路系统等方面将区域整体纳入考虑，为芝加哥大都市区提供了空间框架。例如《园林绿地系统规划》以现有园林绿地、湖泊、水系和森林资源为基础，依托东部密歇根湖建设大型连续完整的湖滨绿地。在城市内建设围绕中心区外缘、贯穿建成区中部、防护城市边缘的三大绿化圈层，这三个圈层通过林荫大道、园林大道与湖滨绿地串联，建设尺度由内向外依次增大（图 3-2）。

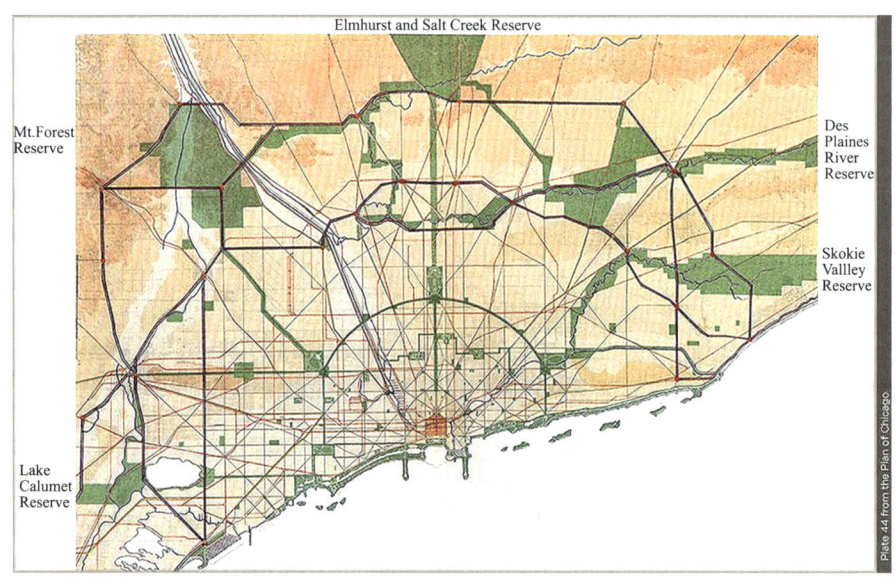

图 3-2 1909 年芝加哥总体规划园林绿地系统规划图
（资料来源：http://averyreview.com/issues/10/chicagos-multi-scalar-alternatives）

《综合交通体系规划》共享四条环形铁路线，将现有的铁路线整合成协调运作、相互衔接的高效运营系统。构建由快速客运交通、地下铁路、高架铁路、地下有轨电车共同构筑的综合客运体系，中心区内外任何一点都可以通过地下交通系统到达铁路站，所有交通运输方式之间都可以通过换乘枢纽实现无缝连接（图3-3）。

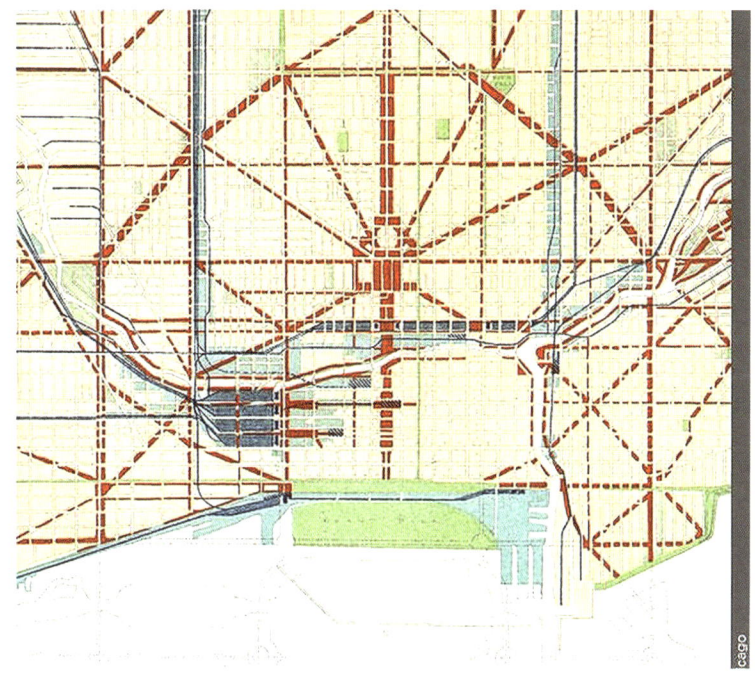

图3-3 综合交通体系规划图
（资料来源：http://chicagocarto.com/burnham/streets.html）

《城市街道系统规划》在现状的格网加放射的城市路网基础上提出：进行一系列城市主干道的拓宽和改造工程，延长计划作为城市中轴线的国会大道，增加大型弧状的林荫大道连接规划提出的第二绿化圈层，增加城市放射性道路以实现快捷的交通联系。

1909年的芝加哥规划是美国第一个综合规划，在战略层面为城市及其区域奠定了空间发展的框架，以实现芝加哥成长为中西部大都会的历史回顾和区域性交通网络设想；此后历次规划为芝加哥提供了针对当时发展的战略思路和策略，从而形成了如今的芝加哥大都市区。

2. 以中心城区发展推动芝加哥全球城市建设

1972—2011年，15个重要城市规划为芝加哥的发展提供了战略引导，从图3-4可以看出，中心区一直是规划发展的重中之重。从20世纪70年代战后中心区面临衰退和郊区化趋势，1973年和1983年战略规划将城市发展聚焦于中心城区，希望借助对中心城区的重塑，复兴芝加哥城市经济。随着全球化的深化，1999年和2003年针对大都市区的战略规划，以及2003年中心区战略规划开始提出如何将芝加哥建设成为全球城市。

区域内包含从全球到地方的各个层级的经济活动和管治关系，空间单元形成相互依赖的层级式关系。市区（特别是中心区）的战略发展侧重于发展城市的金融、科技、

文化与管理职能，致力于全球城市功能的实现；而大都市区内城市化的郊区则在物流、交通与生态保育方面保持优势，并形成区域次中心，承担起郊区生活和服务中心的职能。

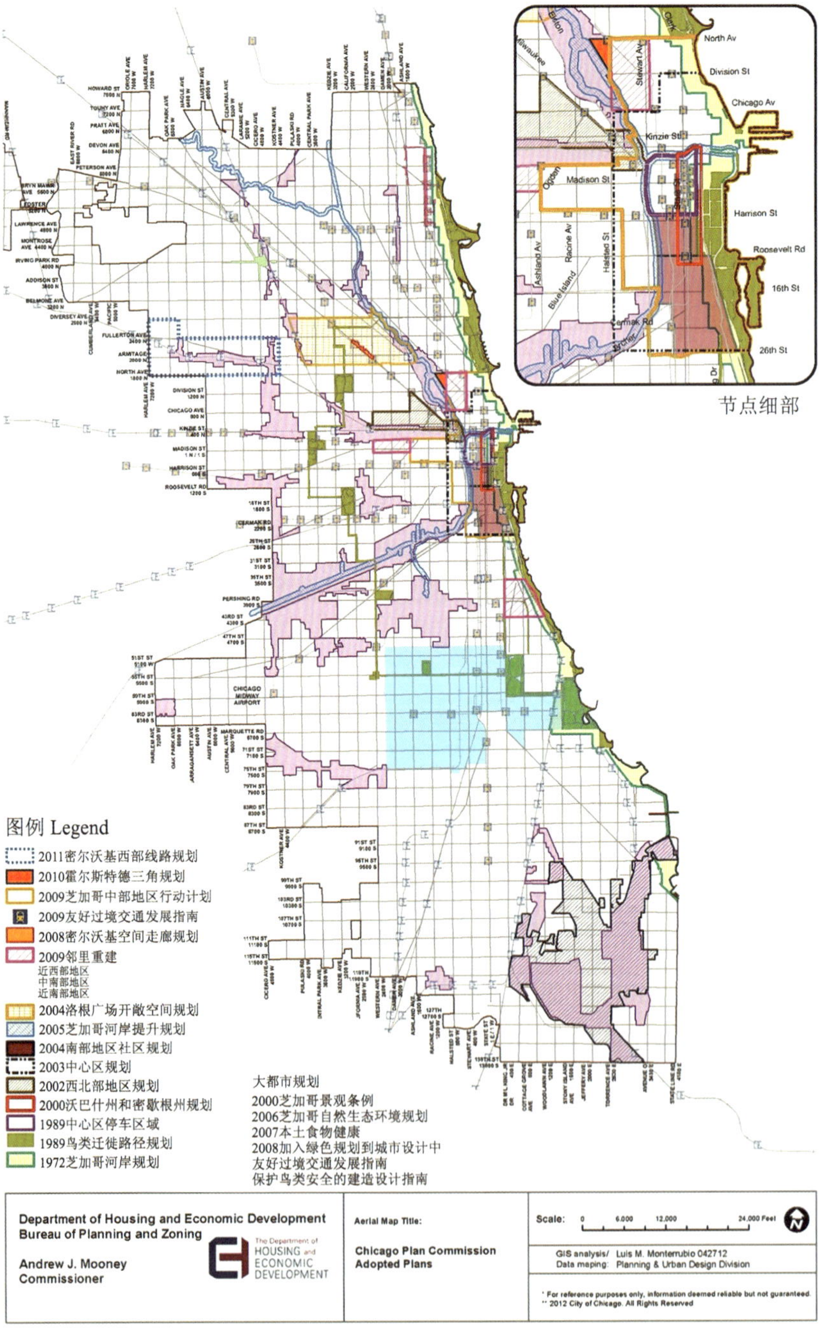

图3-4 芝加哥多次城市规划范围叠加图

（资料来源：https：//www.cityofchicago.org/city/en/depts/dcd/provdrs/planning_and_policydivision.html）

3. 大都市区战略定位下相互依赖的空间层级式关系

芝加哥大都市区的定位基本可以归纳为：全国性的区域中心，交通枢纽，文化中心，医疗、教育和科技创新等中心。从区域中心到全国中心，再到实现全球影响和可持续的繁荣，显示了有序推进的全球城市区域发展进程（表3-1）。

表3-1 历次规划中芝加哥大都市区的定位比较

| 编制时间 | 规划名称 | 应对挑战 | 规划重点 | 战略定位 |
|---|---|---|---|---|
| 1909年 | 《芝加哥规划》 | 工业化 | 基础设施、区域交通、公园 | 强调了芝加哥作为区域性的生活中心、产业中心和交通枢纽的地位 |
| 1958年 | 《芝加哥中心区发展规划》 | 战后恢复建设 | 公共交通的完善和拓展 | |
| 1966年 | 《芝加哥综合规划》 | 郊区化 | 居住、郊区商业服务 | |
| 1973年 | 《芝加哥21世纪规划》 | 强化中心 | 中心区振兴、郊区与中心的联系 | 将芝加哥大都市区域定位为全国重要的大都市区，强调了其在生态自然、交通枢纽、教育、医药等方面的区域中心地位 |
| 1983年 | 《芝加哥中心区规划：规划城市之心》 | 郊区化 | 中心区的商业规划 | |
| 1999年 | 《芝加哥大都市2020：为21世纪芝加哥大都市区做准备》 | 全球化 | 经济发展、投资、教育、土地开放与再开发 | |
| 2003年 | 《芝加哥中心区发展规划：为21世纪中心城市做准备》 | 全球化 | 城市交通与城市滨水空间发展、城市商业商务文化环境建设 | 突出了在就业、居住和商业方面的中心地位，并在同年的中心区规划中明确提出了全球城市区域的发展目标 |
| | 《大都市区规划：芝加哥区域的选择》 | 全球化 | 可持续、可达性更好，可选择、更健康、更繁荣、更平等的区域 | |
| 2005年 | 《芝加哥2040框架规划》 | 生活质量 | 各个城市的定位、交通走廊、生态走廊 | |
| 2008年 | 《芝加哥气候行动计划》（Climate Action Plan） | 全球气候变化 | 提出了一个雄心勃勃的减排目标，即在1990年二氧化碳排放量的基础上，到2020年削减25%，2050年削减80% | 提出将芝加哥大都市区定位为可持续和创新的中心 |
| 2009年 | 《芝加哥中心区行动计划》 | 中心区经济增长 | 中央区将扩大其作为区域经济核心角色的功能 | |

续表3-1

| 编制时间 | 规划名称 | 应对挑战 | 规划重点 | 战略定位 |
| --- | --- | --- | --- | --- |
| 2011年 | 《迈向2040综合区域规划》 | 全球经济危机 | 人力资源、能源使用、经济技术创新 | 提出将芝加哥大都市区定位为可持续和创新的中心 |
| 2011年 | 《芝加哥中心区脱碳计划》 | 全球气候变化 | 低碳规划、建筑更新、环境保护 | |

## 3.2 芝加哥的城市设计导控

### 3.2.1 芝加哥城市规划体系与管理体制

1. 城市规划管理架构

从2009年开始,原芝加哥规划局重组,芝加哥市政府负责规划的是两个部门,即区划局和社区开发发展局。规划顾问咨询委员会包括:规划委员会、地标委员会和社区开发委员会。

(1) 负责规划的政府部门——区划局和社区开发发展局

芝加哥市政府由立法机构和行政机构两部分构成。市议会由来自50个地区的市议员构成。政府活动由每年11月的预算条例决定,城市通过条例和决议程序采取正式行动。行政机构的首脑包括市长和经选举产生并由市长聘任的秘书长(City Clerk)和财长(City Treasurer),负责促进芝加哥社区经济活力的开发和实施计划,提供可负担的资金贷款促进小企业的发展。政府行政机构包括部(Department)、局(Authority)、办事处(Agency)。与城市建设相关的政府机构和办事处包括:芝加哥住房局——为中低收入者提供住房选择机会、芝加哥公园局、大都市港口与展览局、区划局、社区开发局。其他交通、通信、电力、煤气等由公司实行企业化运营。

区划局(Department of Zoning)负责执行区划,制定战略规划,实施城市土地利用政策,负责正式区划图的维护和更新。此外该局职能还包括区划管理调整、商业执照、商业和广告标牌、违法督察、景观条例、地图与文件的修改、临时占有证书的发放。

社区开发发展局(the Department of Community Development, DCD)主要职责是促进城市更新。2009年1月由规划与开发局、住房局、市长劳动力开发办公室合并而成,旨在融合经济发展、住房和劳动力开发培训计划来提供卓有成效的办法和途径促进城市改善。

(2) 负责规划的顾问咨询机构——规划委员会、地标委员会和社区开发委员会

芝加哥规划委员会(Chicago Plan Commission)根据城市规划建筑师伯纳姆对芝加哥规划的建议于1909年设立,该委员会设在区划局,负责技术审查和建议,其18个委

员由市长聘任,对城市范围内由公共机构或办事处提出的任何地产的取得、处置和变更的建议提出同意、不同意以及延迟的决定,同时审查再开发规划土地利用建议、规划开发区、湖滨保护等是否与城市长远规划目标相符合,委员会没有实施决定的法律权力,但其建议通常具有非正式但有效的认可效果。例如,对城市公共空间的规划审批,主要是依据区划法中有关法规如《密歇根湖及芝加哥湖滨地区保护条例》等,对送报的项目进行审批。该委员会有以下三方面的权力与职责:

①接收任何个体或公共机构的规划项目申请;

②7 天内组织公众听证会;

③公众听证会后 30 天内对所送审。

芝加哥市规划局(Chicago Planning Department)相当于规划委员会的秘书机构,负责规划委员会的日常工作。该部门主要行使以下四方面权责:

①转发规划项目申请到规划委员会,若有些项目必须先转有关部门作影响评估(如环境保护等部门),则发转至有关部门先完成影响评估报告后再送交规划委员会;

②对申请项目进行相关必要的调查;

③根据相关法规条例(如区划法、芝加哥河两岸城市设计大纲等)对所送项目进行预审,并出具审查报告送交规划委员会;

④向社会公布规划委员会的决策结果。

芝加哥地标委员会(Commision on Chicago Landmarks)根据城市条例设立于1968年,委员由市长任命,现有委员 9 名。负责向城市议会建议哪些建筑、场地、构筑物或整个区域被指定为芝加哥城市地标,并因此纳入法定保护程序。委员会设在区划局。

社区开发委员会(the Community Development Commission)于1992年由芝加哥市议会成立,负责审查并向市议会建议设立新的 TIF 区、指定再开发区域。同时负责审查和建议 TIF 区内、再开发区内城市所有财产的销售,为私有财产的再开发提供 TIF 金融资助。委员会的 15 名委员由市长任命。

2. 城市规划体系

(1) 区域、城市、社区三层次规划体系

芝加哥城市规划体系(表 3-2)从规划范围分,包括区域层面、城市层面、社区层面;从规划内容及形式分,包括宏观引导性的发展策略、建设控制规划、建设规划。[①]

区域层面的规划以伊利诺伊州东北部地区为主,由芝加哥都市区规划委员会负责组织研究和编制,重点在于区域生态、交通规划,资源保护以及开发建设协调,体现对区域发展和建设的宏观引导性和区域市县之间的合作与协调。

城市层面的规划是对城市范围用地、功能、设施、景观体系的布局和安排,体现中观层面的规划刚性。

---

① 吴之凌,胡晓玲. 芝加哥城市规划与管理机制研究 [J]. 城市规划,2009 (8):70-75.

社区层面的规划反映了微观层面的规划弹性，由于与民众、公司的利益直接相关，是城市活力的实现。

表3-2 芝加哥三层次规划体系介绍

| 层次 | 典型规划 | 规划内容 |
| --- | --- | --- |
| 区域层面 | 芝加哥大都市区规划 | 区域生态、资源保护及开发建设协调 |
| | 总体规划 | |
| | 开发总体规划 | |
| | 土地资源管理战略规划 | |
| | 基于水资源管理的芝加哥野生态、生物多样性恢复战略规划 | |
| | 伊利诺伊州东北部区域绿道和轨道实施规划 | |
| 城市层面 | 芝加哥规划 | 芝加哥总体规划，涵盖土地利用、交通、景观体系、公园城市设计、公共设施等综合内容，是城市建设的纲领和蓝图 |
| | 芝加哥中心区规划 | 总体规划，是对伯纳姆芝加哥规划的微调、改善和延伸 |
| | 芝加哥区划导则 | 土地利用控制规划 |
| | 公园、景观、生态、2016年芝加哥奥运馆规划 | 专项规划 |
| 社区层面 | 卡鲁米湖地区规划 | 社区再开发建设规划 |
| | 芝加哥河规划 | |
| | 近西边规划 | |
| | 西塞走廊南段再开发规划 | |
| | 国家大道和密歇根大道规划 | |

资料来源：《芝加哥城市规划与管理机制研究》，吴之凌、胡晓玲

（2）城市规划、区划法、设计导则等多重导控、功能互补

芝加哥城市规划设计导控中，规划、区划法、导则相互补充，以城市滨湖地区开发与管理为例：

①由于城市滨湖地区具有的巨大社会和生态价值，在编制1836年土地细分法时，芝加哥土地部门保留了沿密歇根大道至湖面的大片开敞性土地，并标明为永久性公共用地。

②《芝加哥规划》（1909）明确规定滨湖地区用地是"永久开敞的公共空间，并不得进行建设"。

③1919年芝加哥规划委员会通过了《湖滨地区保护大纲》。

④1972 年规划部门制定了《芝加哥滨湖区规划》,作为该规划一部分的《芝加哥河滨走廊设计大纲和标准》,适用于芝加哥河两岸 30 米范围内的开发建设。

⑤1970 年,芝加哥区划法增加了一个新的条例——《密歇根湖及芝加哥湖滨区保护条例》(*Lake Michigan and Chicago Lakefront Protection Ordinance*)。该条例于 1972 年随芝加哥规划局推出的《湖滨地区规划》一起进行了修订。为进一步加强区划法的管理,该区域土地使用必须进行环境影响评价,举行公众听证和通过严格的规划审查等程序。

⑥1999 年政府推出了《芝加哥河滨走廊发展规划》和《芝加哥河滨走廊设计大纲和标准》,确定其新的发展目标。

**《芝加哥滨湖区规划》**

该规划针对保护和发展芝加哥境内的湖滨地区提出了一系列的措施,同时,对湖滨地区作为城市主要的公共空间,怎样提高和改善它的物质环境及交通组织等方面作了深入细致的研究,并提出了以下 13 个方面的基本要素:

a. 完善整个湖滨地区的规划,包括公共机构和地方有关机构;

b. 维持并加强湖滨地区岸线的连续与统一,促进湖滨与邻近地区的协调和谐;

c. 继续提高与改善密歇根湖水的水质与生态环境,保护野生动物栖息的地带;

d. 保护历史文化遗迹;

e. 加强和改善湖滨观光瞭望台及景点的规划,严禁在湖滨地区违建;

f. 丰富湖滨地区的休闲娱乐特色;

g. 加强并保证公共空间的安全;

h. 保护岸线免遭自然侵蚀;

i. 湖滨大道以东紧接湖岸的地带,禁止任何私人性质的开发;

j. 提高湖滨地区的通达能力,减少机动车的干扰;

k. 增强湖滨大道的观赏性,禁止快速交通进入湖滨地区;

l. 改善湖滨地区的市政公用设施及建筑设计的质量,促进周边环境的协调;

m. 协调公、私机构在湖滨及相邻地区的开发活动。

**《密歇根湖及芝加哥湖滨区保护条例》**

《密歇根湖及芝加哥湖滨区保护条例》像其他规划法规所倡导的一样,其目的是保障公众的健康、安全、舒适和方便,维护公共利益,保持公共自然资源发展的可持续性。该条例由芝加哥规划委员会负责实施,任何湖滨地区的规划、建设、维护等计划均需报请规划局审查后,提交芝加哥规划委员会,再进入法定的审批程序。该条例将《芝加哥滨湖区规划》中提及的 13 条要素作为它的基本政策,它的颁布实施具有以下几方面目的:

a. 保护公众健康,提供安全、舒适、方便的公共空间环境;

b. 将湖滨地区划分成不同的发展区域,每个区域的规划与开发必须经过严格控制和管理;

c. 维持和改善密歇根湖的水质;

d. 改善湖滨作为城市公共空间的物质环境；

e. 完善湖滨岸线连续的步行系统；

f. 保证每隔 2 千米有一个通往湖滨的立交步行道入口；

g. 促进和提高公共交通到达湖滨地区的能力和便利程度；

h. 保证湖滨地区不受快速交通的干扰；

i. 促进临近湖滨地区的建筑设计水平，增强湖滨地区及其周围环境的可观赏性。

美国区划法属于通则式管理，满足区划法及其他相关规划条件即可开发建设。区划法的实施受到外部权力的干预和约束。芝加哥属于典型的"市长 + 议会"型的政府构架，各级议员在他的选区内具有重要的影响。如 1954 年的议会修正法案，要求对所有的区划修正案进行严格的规划审查。市民和社会团体也有权要求相关议员对有关区划修正案给出合理解释并举行听证，甚至可以动用选举权否决议员的连任。

**《芝加哥河滨走廊设计大纲和标准》**

1999 年政府推出了《芝加哥河滨走廊发展规划》和《芝加哥河滨走廊设计大纲和标准》，确定其新的发展目标，主要包括：

a. 至少在河流的一岸规划一条贯通的绿色步行道，连通沿线的公、私机构及大小公寓；

b. 改善、加强公众进入芝加哥两岸的通达能力；

c. 保护沿岸的自然风景和野生动物环境（特别是鱼类）；

d. 发展一系列旅游娱乐设施吸引公众；

e. 通过规划餐厅、咖啡馆及休憩设施促进服务业的发展。

该大纲所包括的设计标准主要是提供绿色步行道范围内的各种建筑小品、室外家具（座椅、花坛、步行道装饰等）的标准设计，以规范统一河流两岸的风貌。主要从以下四个方面控制规范河流两岸的发展：

a. 后退距离：法规条款规定，任何河流两岸的建设必须后退 9 米（自岸线顶部开始）；

b. 河堤区：由于现状河堤是树林和草皮，故应保持其自然的风貌；

c. 绿色步行道：应保持连续性和趣味性；

d. 建设发展区域：建筑物临河立面应作建筑主要立面设计，不可作背立面。

美国城市的设计导则（Design Guidelines）是从设计的层面对城市法定规划体系如区划法（Zoning）、土地细分法（Subdivision）的重要补充。与后两者不同，美国城市的设计导则并没有统一的模式和要求，其内容包含了从全市范围到邻里单位等不同层面，涉及规划审查程序、设计质量控制、公众参与、规划操作机制以及投资计划等多重要求。

美国城市设计控制一般包括设计目标、设计导则两方面的内容。

设计目标包括总目标和子目标两项，设计总目标是对城市设计的目标理想状态做出整体描述，设计子目标则是描述为了实现理想状态而需要的设计手段。城市设计导则分为规定性导则与指导性导则两种。整体的城市设计系统和运作过程还包括宣传引导、操作过程和实施机制等，如图3-5所示。

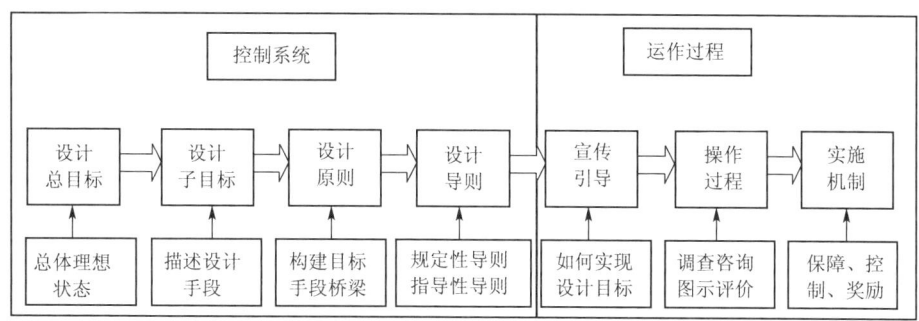

图3-5　美国城市设计系统运作过程图
(资料来源:《美国城市设计导则介述》，金广君)

总之，芝加哥市通过组建各种不同层面的管理架构，依据相关的政策法规，以规范促进规划的实施。

3．规划实施与设计审查
（1）土地开发与管理方式
美国地方城市进行土地开发与管理的具体内容包括两部分：
①一套按各类用途划分的城市土地区界地图。细致程度达到每一大类用地及其可能包括的若干具体分类。
②一份集中的文本。明确列出对各种具体分类用地进行尺寸划分与开发建设的相关规定，任何土地所有者只需要在区界地图上找到自己用地的位置与相应的分类代码，就可以对照说明文本查阅到该用地的相关建设规定。

芝加哥规划委员会公开听证会审议内容：为使规划项目审批工作规范化、高效化、快捷化，针对需要提报规划委员会的项目，芝加哥房屋和经济发展部编制了内容详尽的指引手册，分门别类明确了规划项目的申报流程和所需提供的资料，项目类型包括居住开发项目、商业开发项目、工业项目、湖滨保护区项目、公共土地销售项目和社区更新等。在召开规划委员会之前，申请单位需要根据要求最后提交一个完整的规划资料包，规定的信息必须包含在最终提交资料包之中（表3-3）。房屋和经济发展部行政长官需要准备提报给规划委员会的审批意见报告。规划委员会在会议召开后需要编制提交给市议会区划、地标和建筑标准委员会的审批意见报告。

表3-3 提报规划委员会审议项目资料包

| 表格 | 文档 | 图纸 |
| --- | --- | --- |
| 项目申请表<br>技术经济指标表 | 规划条例规定情况<br>规划发展报告<br>经济分析报告<br>规划项目演示文件（Power-point格式）<br>芝加哥残疾人办公室的初步批准文件<br>参加规划委员会通知的副本 | 航拍地图<br>现状土地利用图<br>规划用地边界图<br>用地调整图<br>区域规划图<br>总平面规划图<br>景观规划图<br>立面规划图<br>绿色屋顶规划图<br>芝加哥交通局盖章的总平面图<br>芝加哥消防局盖章的总平面图<br>标准尺寸（24in×36in，即约61cm×91cm）的总平面图、景观规划图和竖向高程图 |

资料来源：《芝加哥规划委员会制度探析及对我国的启示》，李绍岩

（2）以导则优化设计审查

设计审查程序是城市设计导则发挥行政效能的关键步骤，美国许多城市往往在方案预审的阶段介入相关设计审查程序。同时，在设计审查中，评审的意见不能单单只有批判的成分，更重要的是要提出建设性的建议，从而使得设计师能尽快地调整设计思路。这就要求规划控制的设计导则必须清晰和准确，以避免对那些常见的简单申请进行系统的复杂审查。在接受申诉之后，审查程序按照严格的时间表形成书面报告，举行听证会（在较为复杂的发展项目中）和开展诉讼程序，并根据案情的大小和复杂情况在11至17周内形成决议。

### 3.2.2 芝加哥区划条例

《芝加哥区划条例》（以下简称《区划条例》）最初由芝加哥城市议会于1923年2月5日正式通过。经过近80年的发展，当初制定的区划条例已经完全不能满足城市发展的需要。于是在2000年，芝加哥成立了区划改革委员会，其被授命对区划条例进行首次全面地重写。最终，城市议会于2002年5月26日通过了最新的区划条例提案。该提案于2002年8月1日起生效。

1. 《芝加哥区划条例》框架

《芝加哥区划条例》内容包括：第1章总则（Introductory Provisions）、第2章居住区（Residential Districts）、第3章商业办公区（Business and Commercial Districts）、第4章市中心区（Downtown Districts）、第5章工业区（Manufacturing Districts）、第6章特别意图区（Special Purpose Districts）、第7章叠加区（Overlay Districts）、第8章整体开发（Planned Developments）、第9章用途规则（Use Regulations）、第10章停车和装卸

(Parking and Loading)、第 11 章景观设计和遮挡（Landscaping and Screening）、第 12 章标牌（Signs）、第 13 章审查和批准流程（Review and Approval Procedures）、第 14 章管理（Administration）、第 15 章抵触（Nonconformities）、第 16 章执行和处罚（Enforcement and Penalties）、第 17 章术语和测量（Terminology and Measurements）。

区划条例包括两种类型：功能性区划（Use Zoning）和条件性区划（Area Zoning）。功能性区划指将城市划分为不同的区域，各区域内有各自允许的土地使用类型；条件性区划则规定地块的尺寸、建筑高度和退缩红线距离等。上述 17 章规则按照内容可分为四个部分。

第 1 章属于总则。总则是对区划条例进行总体介绍，主要包括两个方面内容：首先是对区划条例的概述，包括条例的名称、生效日期、授权机构、适用范围、目的和意图、组成部分等。其次是说明区划条例的基本使用方式，包括不同规则重叠时的适用原则，各规则间的相对独立性原则、与上版区划条例规则间的过渡原则等。

第 2～5 章属于基本用途分区规则，第 6～7 章属于特别分区规则。区划条例中共包括 2 个基本用途分区、17 个次区和 56 个小区，分别介绍了居住区、商业办公区、市中心区和工业区，每章主要包括地区描述、用途规则、建设强度和密度规则、其他规则四个方面内容。

第 8～12 章属于专项规则，内容涉及整体开发、土地用途、停车和装卸场地、景观设计和遮挡、标牌等。第 13～17 章属于管理规则。

区划（Zoning）是刚性规划的典型。由于规划不可预见未来发生的一切，有些地段的综合开发时机尚未成熟，因此芝加哥区划保持了一定的弹性，包括修订（Amendments）、变量和变化（Variances）、特别许可（Special Permits）、浮动区域（Floating Zones）、复合功能区域（Cluster Zoning）、用地类别的调整（Class）、成片开发地块（Planned Unit Development，PUDs）、开发权转让（Transfer of Development Rights，TDRs），修改和调整区划需经过区划局及规划委员会例行的严格的审查和批准手续[①]。

2.《芝加哥区划条例》的中心区区划条例介绍

《芝加哥区划条例》中的中心区区划条例介绍主要包括以下这些控制内容，这些内容针对市中心区的发展建设要求，通过分区控制的方式，对各类型分区进行：

区划描述（District Descriptions）、准许的用途（Allowed Uses）、购物中心（Strip Centers）、体积和密度的标准（Bulk and Density Standards）、人行道（Pedestrian Streets）、机动车道（Mobility Streets）、车道和通车（Driveways and Vehicle Access）、停车（Parking）、规划内发展（Planned Developments）、容积率奖励（Floor Area Bonuses）。

下面以区划描述、准许的用途、体积和密度的标准、人行道为例说明具体控制情况。

---

① 吴之凌，胡晓玲．芝加哥城市规划与管理机制研究［J］．城市规划，2009（8）：70-75．

(1) 区划描述

区划区域包括市中心核心区（DC）、混合区（DX）、居住区（DR）、服务区（DS）四类（图3-6）。

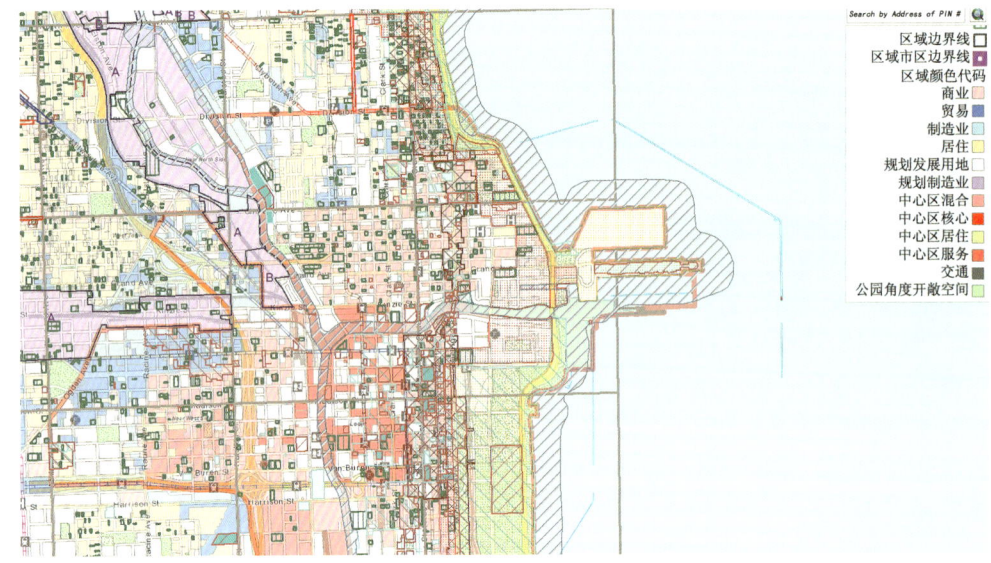

图3-6 芝加哥中心区区划指引图

（资料来源：City of Chicago，https：//gisapps.cityofchicago.org/ZoningMapWeb/? liab＝1&config＝zoning）

①市中心核心区（DC）

区划法规为了促进办公室和就业增长，支持市中心区域发展成为商务、通信、办公、政府、零售、文化、教育、游客住宿和娱乐中心。DC区也提供多用途开发和住宅开发。

②市中心混合区（DX）

为了适应办公室、商业、公共、制度和住宅发展，推进垂直混合项目的建设，提高城市活力。

③市中心居住区（DR）

允许住宅开发和底层商业与住宅混合建筑开发建设。

④市中心服务区（DS）

区域内主要为商业和服务业使用，满足市区和周边社区的商业需要和居民的生活需求，区域内规定允许小型办公、商业服务、公共使用、运输和通讯服务和工业用途。

(2) 准许的用途

准许的用途表格中，对上述各类型分区内可以进行的建设项目类型进行了规定。其中包括准许使用（P）、特殊情况下准许使用（S）、计划的发展中准许使用（PD）及禁止使用（N）（图3-7）。

| 使用人群 | | 分区区域 | | | | 使用标准 | 停车标准 |
|---|---|---|---|---|---|---|---|
| | 使用类别 | DC | DX | DR | DS | | |
| | | 精确使用类型 | | | | | |
| P＝准许使用 <br> S＝特殊情况下准许使用 <br> PD＝计划的发展中准许使用 <br> －＝禁止使用 ||||||||
| 居住 ||||||||
| A　家庭住宅 ||||||||
| 2 | 一楼的艺术工作空间 | － | S | P | － | | ξ17－10－0208 |
| 3 | 一楼以上的住宅单位 | P | P | P | － | | ξ17－10－0208 |
| 4 | 地面的住宅（如下） | | | | | | |
| 5 | 独立式住宅 | － | S | P | － | | ξ17－10－0208 |
| 6 | 老年住宅 | S | S | P | － | | ξ17－10－0207－D |
| 7 | 混合住宅 | S | S | P | － | | ξ17－10－0208 |
| 8 | 单间出租 | S | S | P | － | | ξ17－10－0208 |
| 9 | 联排别墅 | － | S | P | － | ξ17－2－0500 | ξ17－10－0208 |
| 10 | 双平台 | － | S | P | － | | ξ17－10－0208 |

图3-7　准许的用途表格

（资料来源：《芝加哥中心区区划细则》）

（3）人行道

这部分规定旨在保护和提高行人街道的品质，建设芝加哥公认最好的步行商业区。条例的目的是确保市中心步行街道行人的安全与舒适，促进经济活力和保持积极的风貌。

此标准适用于面对行人街道的建筑物的外墙。临步行街的整个建筑立面，必须紧靠人行道或位于人行道上1.52米距离内。面对街道的门面必须至少60％建筑立面设立1.21～3.05米的非反射窗户，展示室内商业空间或产品。任何窗口或产品的展示窗口底部要求不得高于相邻的人行道1.37米。产品展示窗口必须有一个最低1.22米的照明高度。

对接行人街道的建筑必须有一个临街的主门，也可以设在面临步行街建筑角落，禁止作为任何户外车辆停放或货物的存储使用，以及汽车销售和服务、加油站、汽车清洗等功能使用。

任何街道停车位必须封闭或位于主体建筑后方的通行道等步行街不可见的区域，车辆必须从一个小径进入行人街道。不允许有连接人行道和街道的斜坡。

3. "规划内发展"(PD)

区划法的主要功能是用地控制,其理论基础是"功能分区",即每个地块中只有一种主导功能和相对固定的技术指标。为了保护城市的长期利益,同时又加强区划实施的灵活性,应对大规模的综合性开发,芝加哥从 1957 年版区划中开始实施"规划内发展"(PD)。具体做法是划定"规划内发展区",各种区划指标在区内可以互借,最后以整片地区的综合值,而不是以每一地块的指标来控制。对于规划内发展项目,规划部门要求开发商提交相当详细的设计文件,包括地形图(标明用地界限、产权)、用地现状、用地规划、原区划法规地图、总平面、建筑物平面及用途、面积明细、新项目的交通(包括停车)影响评价、日照通风影响评价、经济(就业机会和税收)影响评价、基础设施影响评价、环境质量影响评价等。

4. 区划奖励制度

区划作为"保障公众健康、安全和福利"的手段,同时也是保护和管理地价、体现土地市场经济的法律,政府通过规划奖励来引导开发商进行公益性投资。

1957 年版区划条例中采用的区划奖励制度规定:在高密度商业和办公区,后退建筑红线 6 米以上或者为城市提供公共开放空间的项目可在最高容积率的基础上进行奖励,同时对以其他形式投资社会公益事业的亦可获得相应奖励。这样,在最高容积率为 16 的城市中心区,通过建筑退界和其他形式的公益性投资等,西尔斯大厦的最终容积率高达 36,建筑高度为 442 米,成为芝加哥的第一高度建筑。一个完善的奖励系统对建设公共设施和提高环境质量非常有效,但对它的影响需要定期地进行审慎评估。

因为容积率奖励政策归根结底是通过放宽对区划的限制来赢得开发商对公共事业的投资,它使得开发强度超越已有区划制定的容积率水平,因此在操作过程中往往带有很大的风险。为避免因此带来的负面效应,2004 年版区划法加大了设计审查的力度,限制以"奖励"为名的过度开发。

## 3.3 芝加哥 CBD 城市设计导控重点要素解读

### 3.3.1 芝加哥滨湖地带——整体保护及开发

1970 年,芝加哥区划法增加了一个新的条例——《密歇根湖以及芝加哥湖滨地区保护条例》(*Lake Michigan and Chicago Lakefront Protection Ordinance*)。该条例于 1972 年随芝加哥规划局推出的《芝加哥湖滨地区规划》一起进行了修订。

如图 3-8 所示,芝加哥划中划定了湖滨区范围,确定了湖滨发展的意图、目的、规划建设、边界及相关部门的职责和批准建设的流程。其中的目的包括特别限制和监管密歇根湖和芝加哥湖畔保护地区所有开发建设,确保湖畔公园和湖本身只致力于公共目的,以确保和扩大的完整性湖畔公园的数量和质量;同时促进和提供沿着海岸线进行的运动,改善进入湖畔的公共交通等。

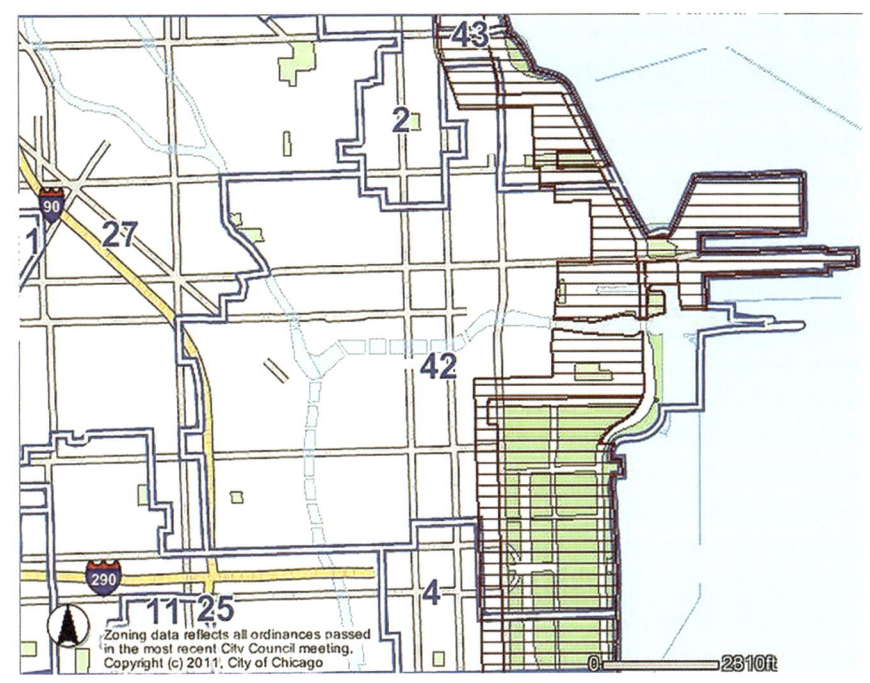

图 3-8　密歇根湖以及芝加哥湖滨地区保护范围及建设情况
（资料来源：City of Chicago）

1999 年政府推出了《芝加哥河滨走廊发展规划》和《芝加哥河滨走廊设计大纲和标准》，适用于芝加哥河两岸 30 米范围内的开发建设确定其新的发展目标。范围以内的所有发展规划都必须送市规划局审查。

### 3.3.2　芝加哥"壮丽一英里"天际线

1. 天际线主轮廓层次丰富

总体上，从密歇根湖到内陆，建筑高度采用"低—高—低"的组合模式。微观来看，芝加哥的天际线具有一种舒展的空间尺度和变化有序的剖面梯度。从南至北依次为威利斯大厦、AON 大厦、特朗普国际酒店大厦和汉考克大厦。四栋建筑是芝加哥高度排名前四的建筑，均匀分布，成为天际线的至高点。

滨水区建筑高度不宜过高，留足了城市与天然湖面的过渡带。核心区建筑慢慢隆起，并达到至高点，形成天际线的主要轮廓。再往内陆，逐渐降低，充分与内陆建筑进行对接，形成天际线的基座（图 3-9）。

东西方向上，以格兰特公园和浩瀚的密歇根湖为前景，由东向西渐次升高，至南芝加哥河岸区域达到高潮。当然这种高度的分布并非是线性的，比如北密歇根大街沿线也有一定的超高层建筑，但总体上还是形成了一种层层递进的天际线景观，使得芝加哥的天际线具有丰富的层次，是一条具有多向维度、多要素复合的城市天际线。

图 3-9 芝加哥 CBD 地区城市天际线

2. 观赏距离的有效性

根据视距分析，当视距大于物体高度的 3 倍时，就能较好地看清整个物体。观赏芝加哥天际线时，这样的视线区域极其广阔，除了滨水区有较多的超高层建筑外，其余区域很少分布高层，这为视线的可达性提供了保障，保证了观赏距离的有效性（图 3-10）。

图 3-10 卢普区对岸天际线

（资料来源：全景图片，http://www.quanjing.com/share/top-632377.html）

### 3.3.3 芝加哥中心区——高强度交通系统建设

1. 11 条市郊铁路线路 + 4 个起点站打造 10 分钟步行通勤

市郊铁路是联络中心区与城市外围发展区和卫星城的一种轨道交通方式，芝加哥共有 11 条市郊铁路线路，均以中心区作为始发点，方便 6 个郊区县居民直接进入中心区。4 个起点站均匀分布在东南西北 4 个角，其中最大的联合站（Union Station）是市郊铁路和美国客运铁路（Amtrak）的共用站。市郊铁路每天为中心区运送乘客量达 13 万人次，大部分乘客出市郊铁路站后可步行到达上班地点，时间一般不会超过 10 分钟（图 3-11）。

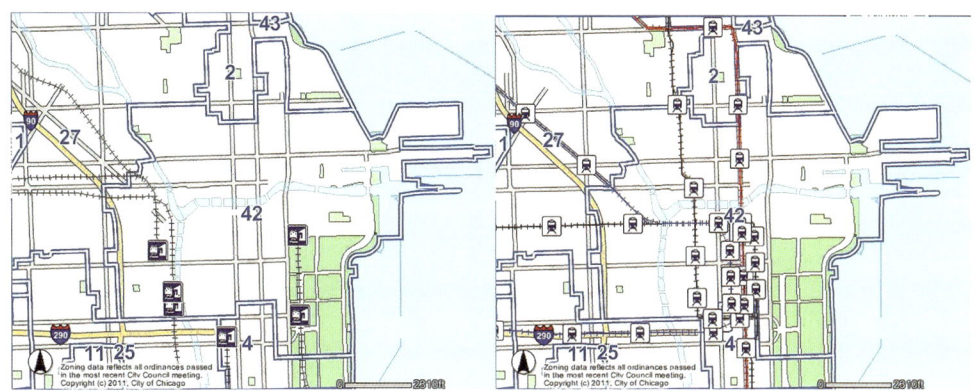

图 3 – 11　卢普区市郊铁路与地铁站分布情况示意图
(资料来源：City of Chicago)

## 2. 24 小时运行的 7 条轨道线路构成"中"字形网络，串联交通枢纽及重要区域

芝加哥共有 8 条轨道交通线路（图 3 – 12），其中 7 条线路在中心区构成"中"字

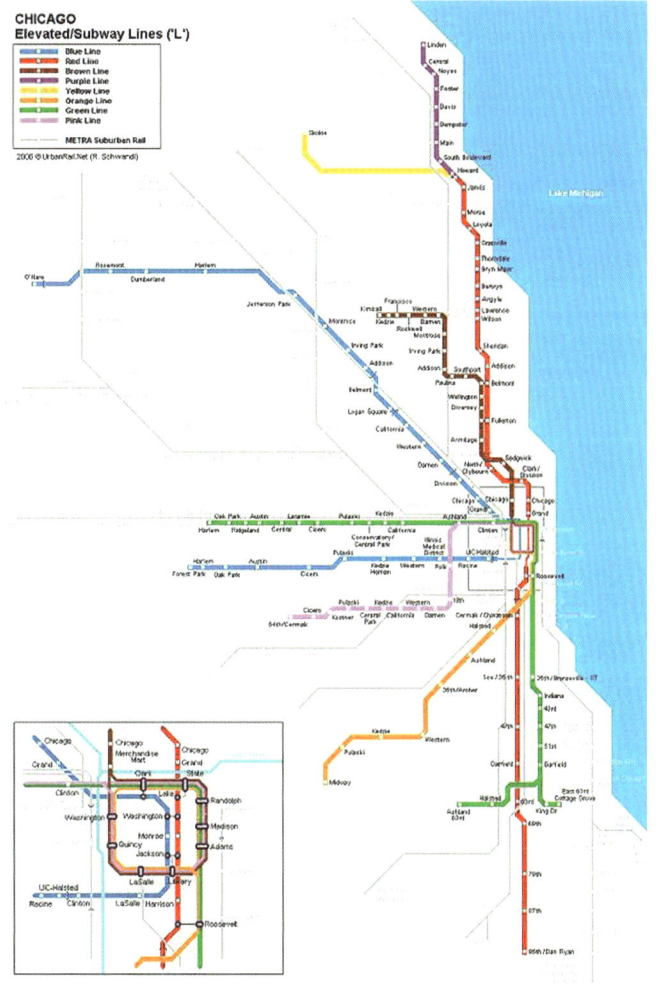

图 3 – 12　芝加哥轨道交通线路图
(资料来源：City of Chicago)

形网络（图3-13）。2条骨架线（蓝线和红线）为地铁线路，24小时不间断运行，串联中心区、北密歇根大街商业区、临湖经济走廊及奥黑尔国际机场。5条辅助线路联系中心区与主要发展轴线，分别从不同方向进入中心区，共用一套高架系统，线路之间平面交叉，设有信号控制。

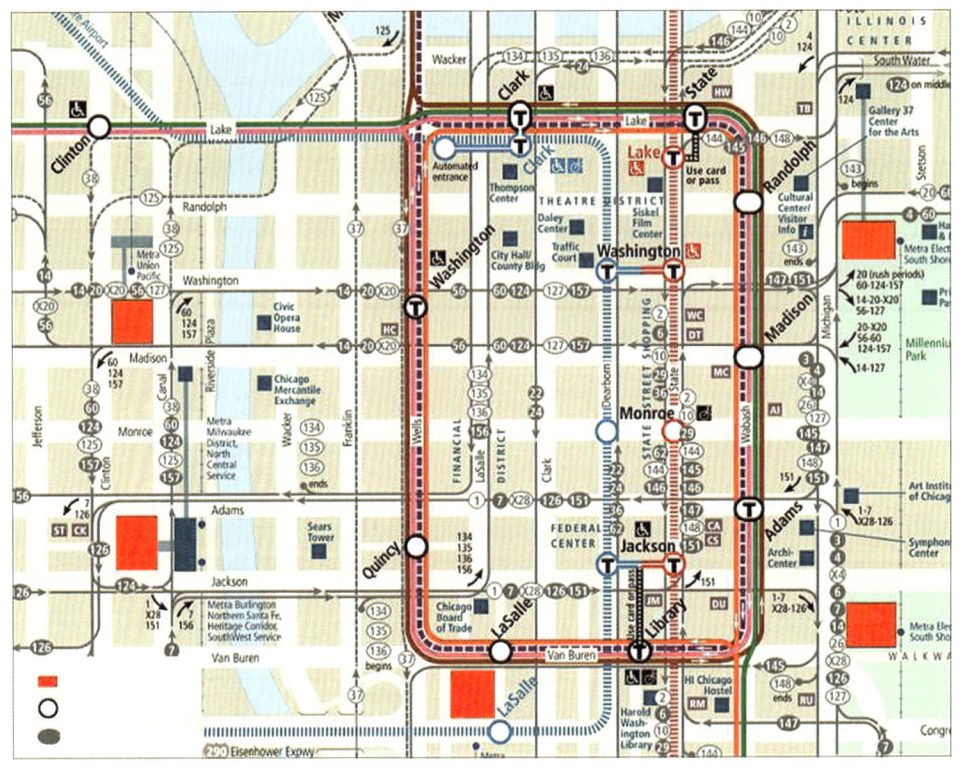

图3-13　卢普区"中"字形网络轨道交通线路

（资料来源：www.cityofchicago.org）

3. 5分钟可达公交车站，道路面积率达33%

芝加哥中心区拥有"一环、四横、四纵"的地面路网骨架系统稠密的支路网系统，是交叉口最小间距仅60米，最大也不超过150米的单向通行系统，以简化交通组织，提高路网整体运行效率。中心区路网密度为20.8 km/km$^2$，道路面积率达33%，在中心区内布设了40条公交线路，形成以密歇根大街为主轴的"三纵三横"公交线网骨架，基本保证从中心区任何一点步行至公交车站时间不超过5分钟。

为了分流地面交通，构建立体化通道，芝加哥中心区修建了15条地下道路，构成了四通八达的地下交通网络。地下道路主体部分位于芝加哥河两侧，为双向4车道，两侧各另设2条辅道，用于主要建筑地下车库车流的进出、等候和交织。

### 3.3.4　芝加哥街区尺度——典型的城市格网系统

芝加哥的城市布局是一种典型的城市格网系统，以一平方英里（2.59平方千米）

为土地划分的单位，每个单位又划分为若干街区，每个街区约 108 米×96 米。如图 3 - 14 所示，在约 1 平方千米的用地范围内，芝加哥 CBD 的建筑基底面积（黑色色块区域）达到约 57 万平方米，建筑密度高达 53.08%，间以 20～25 米的道路。这种城市肌理从 1833 年延续至今。这在一定程度上控制了建筑的基底面积，保证高层建筑尺度相差不会过大（吴永才，2014）。在鼓励各具特色的同时，芝加哥也对高层建筑进行总体规划，许多超高层建筑一座独占一个街区，有足够大的空间施展，不至于彼此靠得太近造成视觉干扰，留足与密歇根湖的对话廊道。

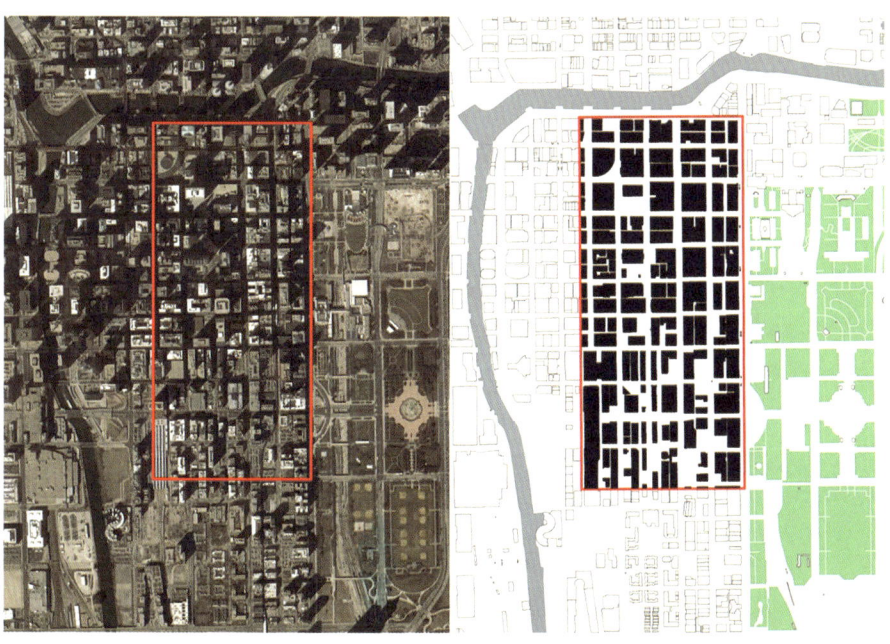

图 3 - 14　芝加哥 CBD 的鸟瞰与建筑密度示意组图

### 3.3.5 芝加哥对地标实行统一管理

芝加哥地标委员会（Commision on Chicago Landmarks），根据城市条例设立于1968年，委员由市长任命，现有委员9名。负责向城市议会建议哪些建筑、场地、构筑物或整个区域被指定为芝加哥城市地标（图3-15），并因此纳入法定保护程序。委员会设在区划局。

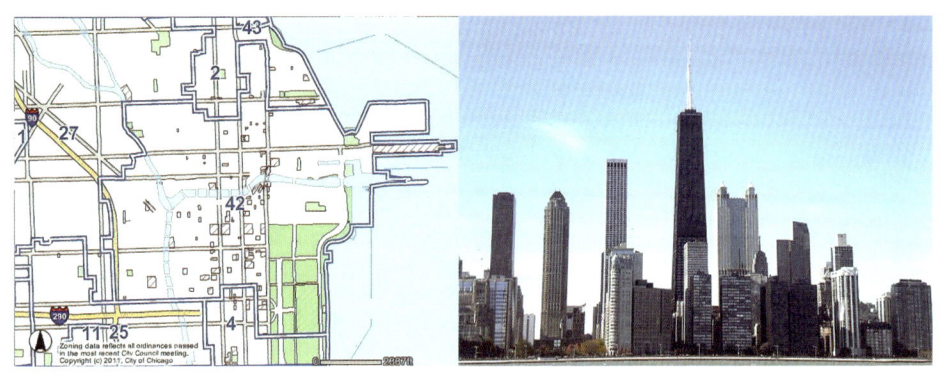

图3-15 芝加哥卢普区地标

（资料来源：左图源自 City of Chicago 网站，右图源自百度贴吧）

由于中心区都是以金融办公为主，对建筑的尺度要求比较相似。统一的功能要求铸就了富有节奏和韵律的建筑尺度。芝加哥学派以高层、铁框架、横向大窗、简单的立面为特点，使得大量的建筑在立面上得到统一。在建筑形式上，以三段式为主，在接近路上行人视野的下部强调豪华庄重，建筑中部以简洁明快为主，顶部则力求精致有特色。

依靠中部和顶部勾勒出令人赏心悦目的城市轮廓，是典型的以"芝加哥窗"为主的网络式立面，反映了形式追随结构功能的特点。这样保证了统一布局，使得各种高层建筑错落有致，既不重复单调也不显得杂乱。

在建筑色彩和用材上，不追求夸张的颜色，以浅灰色为主。早期强调石材等厚重感很强的用材，随着技术的发展，用材逐渐多样，在原本单调的用材中点缀轻巧明快的玻璃材料，形成强烈的虚实对比。建筑也因玻璃幕墙的局部点缀，更显生气与活力。

### 3.3.6 芝加哥完整街道设计指引——区分建造形式和功能

2013年，芝加哥交通运输部发布《芝加哥完整街道》，在2006年颁布的芝加哥完整街道政策的基础上，给出了芝加哥完整街道的实施步骤、标准和预期效果等。该文件指出，芝加哥的交通运输规划应满足所有类型道路使用者的出行需求。其中，"所有类型道路使用者"包含行人、骑行者、公共交通出行者、私家车出行者等，并且涵盖了所有年龄范围和不同的残疾程度（图3-16）。

芝加哥交通运输部在"混合型"建造模式下的决策树如图3-17所示，并列出了6种道路形式的设计道路宽度、目标速度、日交通量与横断面示意。

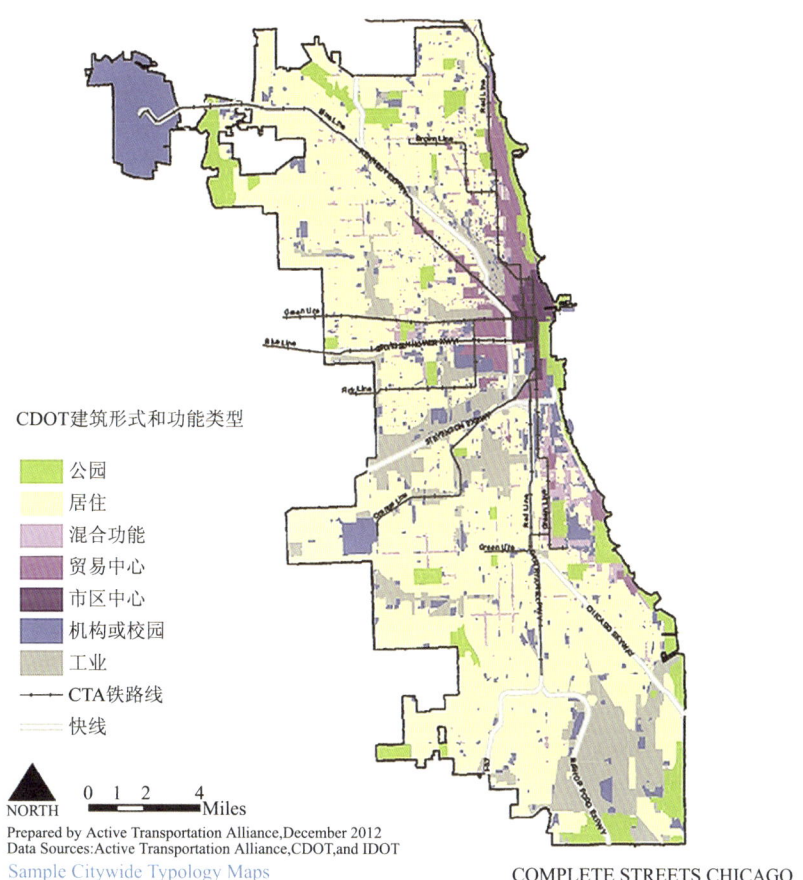

图 3-16 芝加哥交通运输部发布《芝加哥完整街道》
(资料来源:《芝加哥完整街道》)

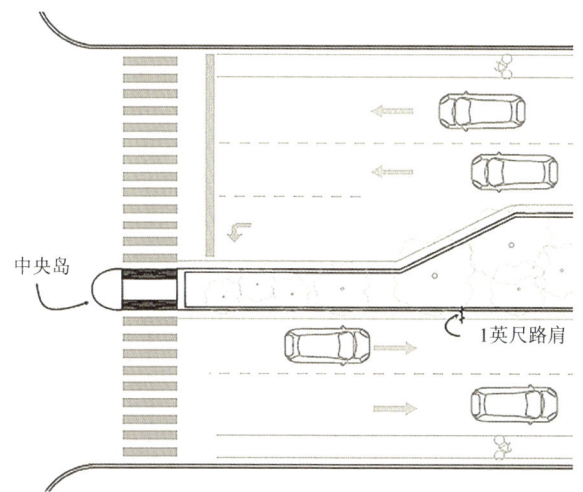

图 3-17 存在人行横道的中央岛设置转向车道的解决方案
(资料来源:《"完整街道"设计准则——以芝加哥为例》)

此外，芝加哥还通过拓宽人行道、改善步行环境、增添无障碍设施、建设滨河步行道、修建跨河步行桥梁等综合措施，提高中心区步行系统的舒适度，使系统更加人性化；利用人行地道和人行天桥，将人行道、地铁站、轻轨站、市郊铁路站、地下停车场和公共建筑连为一体，形成连续、全天候、立体化的步行区域（图3-18）。

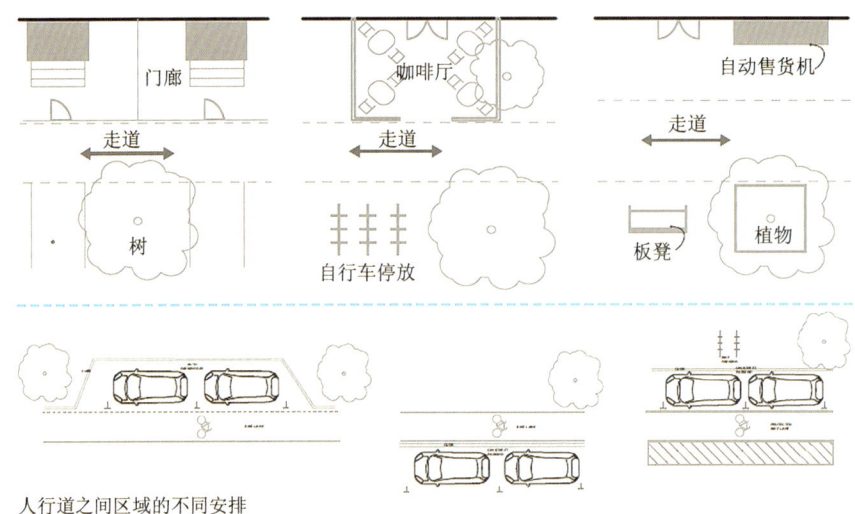

图3-18　行人区域三部分空间及自行车道与路内停车相对位置示意图
（资料来源：《芝加哥完整街道》）

## 3.4　规划引领芝加哥中心区域发展

### 3.4.1　1909年芝加哥总体规划——中心区的概念首次提出

1909年出台的《芝加哥规划》被誉为美国历史上的第一个现代城市总体规划（图3-19），也是芝加哥历史上影响最深远、实施力度最强的一部规划，百年后芝加哥的城市格局仍能看到1909年规划的痕迹。

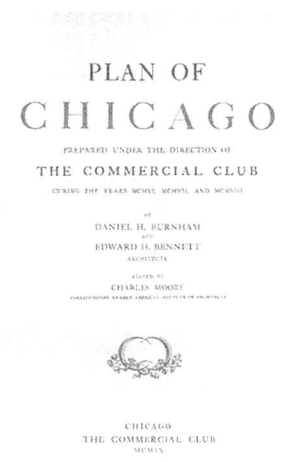

图 3-19　1909 年芝加哥总体规划

（资料来源：百度图片）

规划将中央商务区（规划中称之为"城市心脏"）定义为西起霍尔斯特德街（Halsted）、北临芝加哥河东至密歇根大街、南抵 12 街约 4 平方千米的区域，很快向周边扩展成约 30 平方千米（南北长 4.5 千米，东西宽 6.4 千米）的区域。商务区遍布办公、商店、银行、旅馆、剧院、铁路终端站等公共设施，每天将有数十万的人流穿梭于这个狭小的区域。规划认为当时商务区中最突出的问题是各类交通流混杂制约了城市商务功能的进一步提升。解决商务区交通问题应从密歇根大街入手。大街西侧是鳞次栉比的商店、剧院、旅馆和音乐厅，东侧是舒展的格兰特公园。由于它兼具交通和旅游观光的性质，规划提出拓宽和向北延伸密歇根大街，横断面上考虑步行、观光、过境三类不同的交通流，自伦道夫街（Randolph Street）大街向北延伸跨越芝加哥河时，进行街面抬高处理，以减少东西向交通流干扰。在《芝加哥规划》中体现规划师伯莱姆"宏伟、震撼力"的莫过于他为芝加哥精心设计的贯穿东西、长达 12 千米的国会大道（Congress）景观轴线，轴线正中是以巴洛克式的市政厅为主宰的建筑群。围绕着市政厅建筑群除了南北向的霍尔斯特德街和东西向的国会大道两条干道外，另外增加六条放射性轴线。东向轴线延伸至湖滨的格兰特公园，公园内布置约翰·克里勒图书馆、艺术协会和菲尔德自然历史博物馆等文化艺术设施（图 3-20）。

图 3-20　1909 年芝加哥总体规划

（资料来源：Bing 图片，http://s3.amazonaws.com/architecture-org/files/modules/wide_sml_1909-plan-of-chicago-west-view.jpg）

### 3.4.2　1958 年芝加哥中心区发展规划——主要关注中心商务区和湖滨地区的再开发与复兴

第二次世界大战后，芝加哥的物质环境问题非常突出，卢普南部（Near South Side）曾经是城市最高端的社区，随着中产阶级的迁出，该区成为最差的贫民区。除了许多社区需要更新之外，芝加哥的黑人聚集区也迅速扩大。战后的经济增长促使大量来自南方的黑人到主要工业城市寻找就业机会，人口膨胀带来住房短缺问题，结果造成芝加哥传统的南部黑人居住区过度拥挤并向西南方向蔓延，加剧了该社区衰败。

伴随着居住和商业的郊区化的是工业郊区化，这种趋势在二战前就已经显现，在战后更加明显。由于中心区土地价格上涨和货运方式从铁路到公路的转变，不仅新的企业选择在郊区落户，城里需要扩建或更新的企业也搬到郊区，到了 1965 年，超过一半的工业分布在芝加哥市区之外。

为了引导芝加哥城市复兴，1958 年，城市规划局提出《芝加哥中心区发展规划》，主要的开发建议包括：

①在城市的中心区和周边改善一系列公共和私人设施，挽留卢普区的大公司和大的零售商；

②清理卢普区南部一些空置的铁路货场，为在南边建立伊利诺伊大学新校区提供空间；

③提高中心区的可达性，建议建设连接中心商务区和郊区的快速路网络，在卢普边缘地区建设新的停车设施；

④在卢普南部和北部立即建设 50 000 套中等收入家庭住房，由政府集中整理土地，私人合作开发。

1958 年的发展规划实际上是一个项目导向型的开发研究,主要关注中心商务区和湖滨地区的再开发,通过 20 世纪 60 年代兴建联邦法院、会展中心、伊利诺伊大学新校区、湖滨新公园等政府投资的大型公共建设项目和基础设施建设来带动中心区的私人投资开发。中心商务区西边数平方千米范围被规划为轻工业和商业用途,卢普南部的所有工业区,包括传统的印刷工业区,被规划改造为住宅和未来的伊利诺伊大学校园。①

### 3.4.3　1973 年芝加哥 21 世纪规划——试图通过城市设施的改善复兴中心区

1973 年,CCAC 和 SOM 公司合作,编制了非官方的《芝加哥 21 世纪规划》(*Chicago 21 Plan*),总体上坚持了 1970 年报告中的观点和建议:

①正在上升的中央商务区是全市经济发展的关键,物质环境的恶化、老化的工业经济和卢普地区的居住问题是需要克服的主要障碍,再次强调用一个稳定的中产阶级居住区取代工业建筑和贫民居住区来围绕城市商务核心。

②最重要的建议是在中心商务区南边建设"城中新城",即在一块 2.43 平方千米的土地上建设容纳 12 万中等收入居民的"迪尔伯恩小区"(Dearborn Park)。在卢普南部进行新的居住开发有两个目的,一是在中央商务区和低收入社区之间创造一个有效的边界,二是有利于靠近中心区的地方进一步转型为中高收入居住社区。

③对芝加哥河沿岸地区进行再开发,作为步行通道和住宅用途,在密歇根湖滨建设新的公园绿地。②

《芝加哥 21 世纪规划》重点分析了由卢普地区与相邻居住区组成的中心社区,整合了当时提出的各种建议,包括在国家大街(State St.)建设地铁线,建造新的公共图书馆和社区大学,建设连接奥海尔机场的快速地铁,在大的办公楼和百货商店之间增加空中和地下人行通道,加强对历史建筑的保护,开发河滨公园和居住区,在废弃的铁路货场建设大规模的居住区。

### 3.4.4　1983 年芝加哥中心区规划——以刺激经济增长为重点

20 世纪 80 年代早期,中心区面临着新的冲击,经历了一些重大事件。郊区购物模式的盛行和激烈的竞争使中心区传统的零售百货店生存艰难,面临倒闭的危机。此外,联邦政府同意芝加哥申办 1992 年世界博览会,需要确定场馆选址和规划方案,而上次制定的中心区发展规划已经过了 10 年,需要重新制定发展战略。芝加哥规划委员会汇集了各团体的代表,在 1983 年提出了《芝加哥中心区规划》,对当前的紧急需求和转型的趋势作出回应,以指导未来发展和历史保护。通过在中心区继续改善现代服务业和传统服务业来加强土地使用和管理,通过加强主要活动场所之间的交通联系等举措来刺激城市中心经济增长。在政府的种种努力下,中心区人口开始增长,经济不断上升,到 20 世纪 90 年代,芝加哥从制造业向现代服务业的经济结构转型基本完成,多元化经济

---

①②　黄玮. 空间转型和经济转型——二战后芝加哥中心区再开发[J]. 国际城市规划,2006,21(4):53-60.

结构形成。

1983年《芝加哥中心区规划》的主要建议是：

提出四个发展目标：①刺激城市中心经济增长，在中心区将继续增加金融、法律等现代服务业和零售、贸易等传统服务业；②提供高质量的城市环境，在新建设的同时注重历史建筑的再使用和修复，以及街道和室外环境的改善；③加强土地使用和管理，鼓励居住、商业、办公的混合使用；④加强主要活动场所之间的交通联系，通过空中、地面和地下的人行通道，连接金融办公区、商业走廊、居住和零售建筑。

建议美化主要街道的景观。通过统一商业街的建筑立面，增加街道绿化、铺地、灯光照明、喷泉、街道家具等城市设计手法来提升街道的吸引力，增加步行活动区，完善湖滨地区作为城市文化娱乐旅游中心的规划和开发。

在卢普南部，围绕麦考米克会展中心的扩建，形成完整的会览区。建议将位于湖滨的美格斯机场改建为公园作为世界博览会的选址，并与博物馆区、展览区连成一体。规划还建议兴建一条人工水道连接密歇根湖和芝加哥河南支流，沿河建设绿地和休闲设施，带动周边的居住开发，但是这个想法最终因为芝加哥申办世界博览会失败而没有实施。

### 3.4.5　2003年芝加哥中心区规划——提高中心区和芝加哥都市区竞争力

面对全球化的浪潮和世界经济融合的趋势，芝加哥规划委员会和私人团体、非政府组织、设计机构合作，于2003年3月公布了新的《芝加哥中心区规划》，其主题是"为21世纪的中心城市做准备"。规划分析认为芝加哥中心区的转型在未来几十年会继续发展，中心区趋向多元化和各种用途、活动的混合。这种多元性加上美国内陆中心的地理区位，提高了芝加哥中心区在国内和国际市场的竞争力（图3-21）。

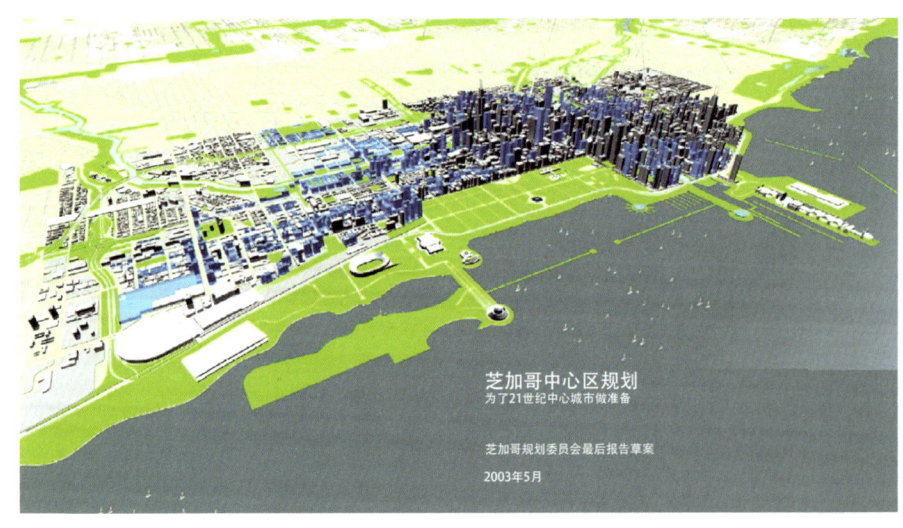

图3-21　2003年芝加哥中心区规划
（资料来源：*The Chicago Central Area Plan*）

规划首先对在过去 20 年中芝加哥城市中心区的开发进行了回顾及发展预测。这个预测围绕着未来多元化的商业办公、零售、会展、教育、文化设施和居住建筑开发总量，分成"基本增长"和"乐观增长"两种模式。预测增加最快的是商业办公和零售建筑，反映出芝加哥作为全国和区域服务业中心的地位，并根据预测提出土地、空间布局的安排。

在中心区的土地利用中，新的办公、商业和住宅开发日益活跃，推动中心区不断向外扩展。其中办公增长最快，需求量最大，其次是零售和居住。居住人口和游客的增加带来零售业的增长，新增加的商业零售空间的 45% 分布在北密歇根大街（North Michigan Avenue）周围，集中了高档零售商店、旅馆和住宅，购物者大部分是国际游客。国家大街是传统的商业中心，购物者多是中心区的白领和本地居民。新建零售商店的增加反映出芝加哥商业服务业日益国际化的发展趋势。以上各类土地的未来增长主要来自位于卢普东、南和西北的铁路栈场和工业基地的转换，空间的增长将来自对许多老建筑和历史建筑的恢复和再利用。

### 3.4.6 2009 年芝加哥中心区行动计划（CAAP）——维持并扩大中心区的角色地位的可持续发展

很多城市的 CBD 都试图维持并扩大中心区的角色地位，但 CAAP 体现可持续发展，从经济增长、居住、环境、公共空间、交通、投资、区域发展等方面，提出紧凑型的增长，以公共交通为导向进行设计和坚持精明增长的原则。行动计划包括以下内容：

①维持芝加哥的地位，成为区域经济引擎；
②支持高密度住宅的增长来提升城市活力和利用城市基础设施；
③实行尖端的环保举措和绿色建筑技术；
④提高公园、走廊和滨水区环境品质，吸引更多的居民、工人、学生和游客；
⑤通过奥黑尔和中途机场更好地连接到世界以及区域铁路网；
⑥通过高效的货运配送加强芝加哥与北美经济的联系；
⑦投资于交通，以支持由计划所设想的增长；
⑧增加城市/州/联邦资本投资计划辅以私人参与；
⑨将区域交通规划以及州和联邦首都计划纳入中心区行动计划。

行动计划继续实施对环境负责的做法，维持芝加哥作为可持续城市设计的领导者的角色。可持续土地利用与经济发展将促进高效的基础设施的增长，节约能源，降低原材料消耗，减少对环境的负面影响（如空气污染或雨水径流），减少汽车出行，鼓励使用替代运输方式。其关键政策包括鼓励符合绿色标准的房屋建筑和社区的发展，设计和安装可持续的基础设施，以及沿着高使用率的城市走廊和交通线路的集约发展，提倡使用公共交通，设计适宜步行的、混合使用的环境。

行动计划确定扩大开放的空间，所有发展部门比如住宅、零售、酒店、机构和办公室，将受益于高品质的街道、海滨、公园等项目。增强千禧公园和格兰特公园，拓展港口以及河滨系统将让更多地区的居民和游客欣赏芝加哥河和密歇根湖。

该行动计划确定了具体的交通需求和项目，增强现有的系统优先级。信号升级、乘客信息系统建立、车站的现代化、CTA 公交系统和梅特拉线延伸、联运（列车总线）

设备和专用运输方式是推荐的重点项目。

CAAP中首先肯定了未来的人口增长，并进行量化研究，提出进一步开发写字楼，拓展交通，发展多中心模式。同时，支持高密度住宅的增长，并提升城市活力和充分利用城市基础设施，保护环境，发展公共空间，增强城市吸引力。在这9大目标中，主要资金用在了完善交通和发展公共空间，可见基础设施从某种程度上说是发展的牵引带。

### 3.4.7 2011年芝加哥中心区脱碳计划——降低碳排放同时提高城市环境下的整体生活质量

除了可以预测到的灾难以外，很多现有的城市建设模式都将对环境造成一定的影响。如果说全球气候变化影响局部地区环境危机，那么碳排放是更本质、更持久的环境问题根源所在。长远脱碳规划对每一个运转中的城市都应该是一个不容回避的问题。

芝加哥中心区脱碳计划是从能源和碳排放角度来保持城市中心的经济和文化活力。城市和城市生活的持续发展，是人口"持续增长，但不会发生全球变暖对地球环境造成负面影响"这一长期理念的核心。脱碳计划提出了一系列降低碳排放的方法，其中包括对现有建筑存量和城市肌理的积极改造。

1. 规划背景

卢普区占城市1%的用地，却贡献了10%的碳排放率。卢普区90%的建筑都是在1975年以前建造的，大部分的设备和系统都已经老化，而新建筑只占1%。

2. 规划目标

规划提出降低碳排放目标：
①2010年，30%新建筑实现0排放；
②到2020年，商业建筑碳排放量减少30%；
③2030年，100%建筑实现0排放。

降低碳排放的方法有很多，也有很多城市承诺要降低碳和其他温室气体的排放量。其中一些计划着重于能源生产，还有一些强调降低运输系统的碳排放，另外一些计划将重点放在固体垃圾的回收上。这个计划对城市环境下的所有碳源特性进行了详细审查，其目标并不仅仅是达到基于假设计算得出的降低量。

3. 规划理念

规划目的是降低市中心碳排放对环境造成的影响，并提高城市环境下的整体生活质量。芝加哥中心区脱碳计划是从能源和碳排放角度，来保持城市中心的经济和文化活力。脱碳计划提出了一系列降低碳排放的方法，其中包括对现有建筑存量和城市肌理的积极改造。计划主要从九大层面——建筑、都市景观、交通、智慧基础设施、水资源、能源、废物利用、社区管理、融资来共同促进零碳规划的实施。

4. 规划实施进展

AS+GG（Adrian Smith+Gordon Gill）事务所完成了芝加哥市区环线卢普地区综合性"脱碳"规划的一期工程。该计划的主要内容包括：连接Pedway地下系统，使得环线区域在极端天气状况下也适合步行；创建绿色走廊和Monroe街的地下联运轴线，方便居民、通勤者和游客；循环利用环线中的地下隧道，构成气动的废物处理系统；将芝加哥现有的河畔步行道和自行车道延伸开来，增加环线地区的机动性；为学校印制城市设计和"脱碳"方面的手册（图 3-22）。随着一期工程的结束，二期工程将实现能源和碳排放减少的目标，从大学、医疗机构、城镇、州一直推广到全世界。Gordon Gill 表示，破旧的房屋经过改造后，不仅节省了资金，还使新建建筑对城市生态系统的影响降至最低。这种新的经济形态将改善能源和碳排放，并提高卢普区域的生活品质。

图 3-22　芝加哥中心区脱碳计划组图

（资料来源：《芝加哥中心区脱碳计划》）

## 3.5　智慧出行——多样化公共交通与综合交通中心

芝加哥市现有公共交通网和高速公路网都是以城市中心为圆心的放射形网络。中心区大量的活动需要高效的交通系统支持。根据调查，目前在芝加哥中心区上班的员工 53% 使用公共交通（包括巴士、轻轨、地铁），超过 39% 的人开车，7% 步行或利用其他交通方式（表 3-4）。

表 3-4　芝加哥多样化公共交通

| 公共交通类别 | 概况 | 备注说明 |
| --- | --- | --- |
| 8 条轨道交通线路 | 2 条骨架线 24 小时不间断运行，串联中心区、北密歇根大街商业区、临湖经济走廊及奥黑尔国际机场 | 其他 5 条辅助线路联系中心区与主要发展轴线，分别从不同方向进入中心区 |
| 11 条市郊铁路线路 | 均以中心区作为始发点，方便 6 个郊区县居民直接进入中心区 | 市郊铁路每天为中心区运送乘客达 13 万人次，大部分乘客出市郊铁路站后可步行到达上班地点，时间一般不会超过 10 分钟 |
| 40 条公交线路 | 形成以密歇根大街为主轴的"三纵三横"公交线网骨架，基本保证从中心区任何一点步行至公交车站时间不超过 5 分钟 | |
| 规划 4 条 BRT 线路 | 近 2 英里（3.22 千米）的快速公交专用道，围绕中心区构建 BRT 系统，由 4 条线路组成 | 包括沿中心区中轴线新建一条地下 3 层立体公共交通通道，连接市郊铁路总站 |

续表 3-4

| 公共交通类别 | 概况 | 备注说明 |
| --- | --- | --- |
| 4 种颜色的免费旅游巴士 | 每年旅游旺季（9—12 月）的周末，在城市中心区开通红、绿、蓝、黄 4 种颜色的免费旅游巴士 | 运行时间为 10：00—18：00，发车频率为 20～30 分/班。各种颜色代表不同主题的线路，如红色代表购物线路，绿色代表观光线路 |
| 中心区自行车道路 | 芝加哥已有近 172 千米的自行车道、12 千米的自行车/机动车共用车道、80 千米以自行车为主的多功能道路、1 万个自行车停车支架 | 《芝加哥 2015 年自行车专项规划》中提出，在 8 千米出行距离范围内自行车出行比例要达到 5% |

卢普是芝加哥最方便到达和停车最贵的地方，在 2003 年 3 月公布的《芝加哥中心区规划》（*The Chicago Central Area Plan*）中提出，未来 20 年中心区工作出行将增 20%～41%，现有的道路系统已经成熟，交通量的大量增长主要通过大运量的公共交通解决。预测到 2020 年，58% 的员工使用公共交通上班，公交成为进入中心区的第一选择。未来将增加中心区地上和地下的公交专用道，在交通流量大的线路上使用快速公交巴士（Bus Rapid Transit，BRT），如果未来交通流量的增长超过了其容量，BRT 可以转换为轻轨。对现有巴士车站进行人性化的改进，提供预付费系统、残疾人设施、灯光加热器、线路图和巴士到达信息。轨道交通将增加新的环线，提高中心区边缘的可达性，对现有地铁线路进行延伸和改造。

卢普西部将新建一个交通中心，和现有的联合车站统一为一个多种模式的公共交通中心，可以方便地换乘（见图 3-23）。提高主要办公区、商业街和旅游景点之间的交

图 3-23　芝加哥综合交通中心设计剖面图
（资料来源：http：//www.som.com/projects/chicago_central_area_plan）

通循环，通过增加街道层面的零售商店以及增加绿化、步行道，在芝加哥河上新建步行专用桥，减少中心区停车位等措施，提高步行环境的质量，鼓励人们使用公共交通和步行，鼓励使用自行车和水上出租等其他交通方式，减少对小汽车的依赖。

# 第4章　新加坡滨海湾

## 4.1　新加坡滨海湾空间发展演变

新加坡 CBD 的发展历经五个阶段，从典型殖民地二元空间结构到富有空间活力的亚洲金融服务业中心。

### 4.1.1　第一阶段（1945—1959 年）：城市更新的前奏

1945—1959 年，殖民地的二元经济特征导致城市空间的无序发展，矛盾积累迫使政府重新摆正规划位置。

1965 年独立之前，新加坡一直是英国的殖民地和其远东战略性转口贸易中心。其经济高度依赖进出口贸易及其相关服务业，具有殖民地典型的二元经济特征：银行、保险、航运、仓储等服务业由英国和本地华人企业提供，发展相对较好的进出口及其相关服务业与为新加坡和马来西亚市场生产的小规模消费品制造业同时并存。殖民地时期新加坡的中心区邻近主岛南部的海港，同样具有典型的殖民地城市二元化结构：高密度的破败的住宅与少数的现代商业和金融企业共同拥挤在狭小的区域中。1947 年，新加坡 93.8 万人口中有 70 万人生活在约 81 平方千米的 38 440 座建筑内，没有供水、排水和其他任何基本卫生设备的私搭乱建的住宅广泛存在（HDB，1963）。到 1959 年自治时，仍有约 40% 的人居住在棚户区，失业率高达 13.2%。

随着冷战开始和 20 世纪 40 年代后期英国的工党上台执政，殖民地人民的福利获得了稍多一点的关注。英国为锻炼规划师，将从国内到海外殖民地的领土变为试验新规划理念的试验田，新加坡中心区的过度拥挤因此得到关注，需要进行全岛范围的规划以便系统地开发和扩大中心区。在这样的背景下，本地又没有规划机构，殖民地政府于是依据 1952 年 1 月通过的新加坡发展条例，要求能力有限的改良信托局（SIT）成立初级岛屿规划队来实施诊断调查，以制定总体规划和指导未来的开发方针。

根据宗主国的规划方针，新加坡制定并执行了首次计划，该版规划将新加坡定位为一个由乡村包围的中等城市，一条限制性绿化带环绕着最具活力的中心区，在概念上把岛屿的大部分保留为农村，同时因为造价的考虑和担心引发交通拥堵而否决了所有的高层建筑。

### 4.1.2　第二阶段（1960—1970 年）：城市更新开始

1960—1970 年，新移民与公共安全危机促进新加坡规划机构的设置与完善，战后重建促使规划快速修改和发展，此阶段为 CBD 形成的铺垫阶段。

1960 年，新加坡自治政府设立了建屋发展局（HDB）以取代改良信托局（SIT），政府成为最主要的公房开发商。为制定中长期的规划政策，1960 年总理办公署设立了规划局以统管全岛的规划事务。殖民地政府的新加坡发展条例被取代,规划局全部承担了新加坡改良信托局以前拥有的规划职能。HDB 第一项任务就是中心区的一系列更新和实施安置计划。更新和安置计划包括清除贫民窟,这不仅由于其建筑结构的恶化致使其易于发生火灾,具有健康威胁以及其他如环境污染等外在的负面性,更重要的是,更现代化的、密度更高的、租金更高的楼房随着土地的升值而出现,证明了低密度的街店屋和贫民窟被取代的合理性。其推动者包括新加坡的政府企业、本地私人开发商和国际投资者。同时,在中心区,政府集中力量加强商业活动来改造大规模的低技能劳动密集型产业。

自从作为 HDB 一部分的城市更新机构(URD)于 1964 年成立以来,土地征购成了城市变革的促进剂和催化剂。这个机构在 1966 年随着前殖民地政府土地征购法案的修订升级为在征购私有土地方面更有权力的城市更新处。比 1961 年修订租金控制法案更进一步,新加坡在 1969 年采用了一部新的房产控制法案(特别法案)。新法案允许地主在国家开发部指定的区域中止租赁、收回房产。然而作为对这一刺激性政策的回报,地主必须报批其土地二次开发的规划。租金管制的解除刺激了中心区的商业利益化,也为一个新的阶段,一个在联合国专家组帮助下制定的、更具雄心的概念规划发展阶段拉开了序幕。

1967 年的 9 月,新加坡政府与联合国签署了《实施计划》,以制定一个综合的、广泛长远的全岛范围内的概念规划。在"国家和城市规划项目"中,派驻的联合国专家组将和来自 HDB 规划处和公用工程处的本地同行一起工作。

1969 年"国家和城市规划项目"制定出了一个"环形概念规划",利用新市镇以及其他区域,例如西部的裕廊工业区(Jurong)之间密集的交通线网络,在功能上联接全岛。环形空间的发展战略为 CDB 的形成提供了充裕的空间条件,在此基础上,1971 年编制了以环形模式来分散人口分布的概念规划,对新加坡的土地开发产生了深远的影响(图 4 – 1)。

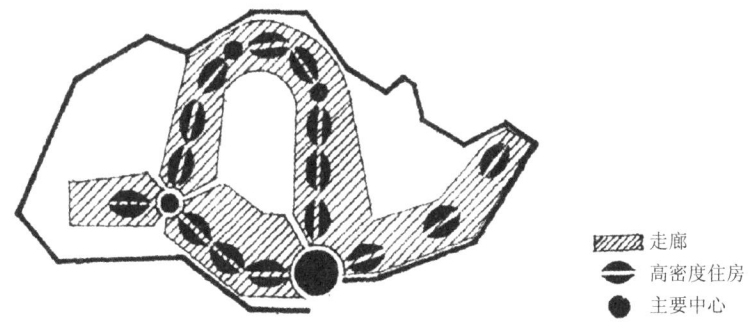

图 4 – 1　1971 年批准的新加坡概念规划
(资料来源:《城市转型中新加坡 CBD 的演化及其启示》,楚天骄)

### 4.1.3　第三阶段(1971—1990 年):CBD 形成阶段

1971—1990 年,现代服务产业的确定与转型,带来总部经济、金融证券等产业的集聚,中心区由混杂着贫民窟的狭小空间发展到初步形成的地区金融枢纽(图 4-2)。

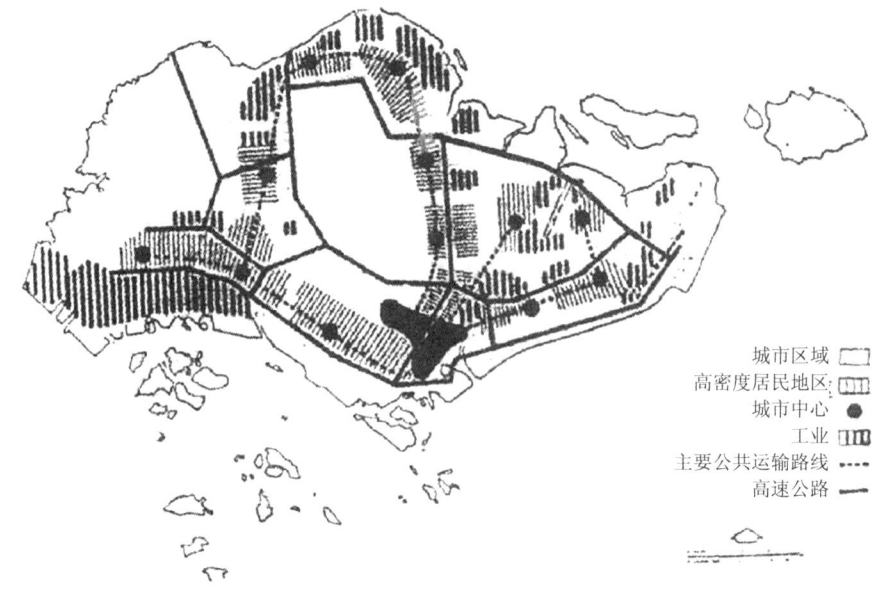

图 4-2 1981 年新加坡概念规划
(资料来源:《城市转型中新加坡 CBD 的演化及其启示》,楚天骄)

伴随着 20 世纪 60 年代和 70 年代大规模的城市更新,中心区人口锐减。中心区原有的工业和仓储业迁往裕廊工业区和其他邻近新市镇的轻工业区,同时,针对当时工业制成品出口竞争力下降的态势,新加坡提出在发展资本、技术密集型出口工业的同时,优先发展有增长潜力的服务业,较快地建成东南亚和亚太地区的区域性服务中心。现代服务业的增加使新加坡经济发展保持了高度的连续性,同时也构建了新加坡与海外市场相互交流渗透的平台。越来越多的跨国银行、投资公司以及贸易公司在新加坡设立地区总部,这些高附加值的商业和金融业则不断地向中心区集中,沿着水岸和珊顿道(Shenton Way)快速发展,形成金融中心,由于它带状发展的地形类似鞋子形状而被称为"金鞋子"(Golden Shoe)。许多以新加坡作为总部的跨国公司、本地或国际的大型银行、证券公司、法律事务所、会计与管理顾问公司,包括全球第四大外汇交易市场,都位于这个金融中心。

在 1983 年年底,新加坡市区重建局(URA)按照土地招标程序卖出了滨海城的 17 公顷土地以建设一个大规模的酒店、购物综合中心和会务设施。到 1984 年,中心区已经演变得和 20 世纪 60 年代截然不同,面貌已焕然一新,成为"拥有现代化商务广场的购物场所"。

CBD 的快速发展也带来了一些问题。首先,分散的新镇空间布局和高度集中的市中心区,导致产业功能与生活功能完全分离,从空间上隔离了人们的工作、生活和休闲。职住分离现象使 CBD 在非工作时段变得死气沉沉,如同一个被遗弃了的城市角落(杨沛儒,2005)。其次,城市的历史文化风貌遭到严重破坏。1989 年新加坡通过了新的《规划法令》,制定了规范保护区的立法框架,对中心区的历史遗迹和历史建筑进行保护和修复，其中包括"唐人街"的华人区、"小印度"的印度裔区、"甘榜格南"的马来人区，翡翠山地带、新加坡河区以及1989年划定的遗迹链，总面积达260万平方米，占中心区面积的4%。

经过40年的建设，新加坡中心区从一个遍布贫民窟的二元地带发展成为现代西方式的商务区，建设了大量的地标建筑，如渣打银行大楼、华联银行大楼、金融大厦、新加坡货币基金总部大厦、莱福仕城、滨海城等，其中乌节路成了主要的旅游和购物区。

### 4.1.4 第四阶段（1990—2000年）：CBD的空间扩张和功能提升阶段

伴随地区金融枢纽和国际商务总部的形成，新加坡开始对中心区进行内容添补与内涵提升，并对规划机构进行较大手笔的改革和提效，规划法规得以系统地完善。

1989年9月新加坡市区重建局（URA）与国家发展部（MND）的规划部门、研究统计中心合并成为新的URA——一个法定的国家规划及保护机构。新的机构以一种更有效的方式进行全岛的综合和整体规划。它的职责是加强新加坡作为一个世界城市的形象，并且是按照以下目标综合修订了1971年的概念规划：

①通过征地来增加土地储备；
②提供更多种的房屋以满足人口的巨大需求；
③向区域中心分散商业活动；
④提供更多的房屋，特别是在中心区，提供高质量的房屋；
⑤在居住区提供更多的学校和娱乐设施；
⑥升级公园、绿地和水景，以提高休闲区的质量。

以政策性和概念性为特征的概念规划的修订，随着把对开发指导规划（DGP）的研究作为一个地方规划的工具而兴起。开发指导规划将新加坡分为5个规划区域，每区都会有一个明确的合乎概念规划原则的土地使用和密度控制的标记。例如，依据国家中心分散化政策，以合乎次序分级的最优组合原则分配的住房区、公用区和休闲区，以及力求达到有效的地方级交通网和商业设施的土地平衡使用方针（Prasad，1998）。

新加坡内阁在1991年批准了修订后的概念规划。从此，环境和经济可持续发展概念渗入城市开发的更深入的阶段，城市开发的阶段目标是使CBD成为亚洲富有活力的、重要的金融中枢以及一个有吸引力的高质量生活地区（图4-3）。

到20世纪90年代，新加坡已经是继伦敦、纽约和东京之后全球第四大外汇市场城市，现在更是全球重要的国际金融中心之一，每年交易的亚洲货币超过5000亿美元（Lee，2000）。然而，攀高的运营成本、有限的土地资源和为建立自己的跨国公司以便满足在全球市场竞争的需求，都迫使新加坡向一个新的发展阶段前进。这一阶段以区域化为特征，以向亚洲特定国家输出投资和先进管理经验为驱动。在国内，进一步强调了在当前知识经济时代强化新加坡至少要作为地区金融中枢和国际商业总部的地位。

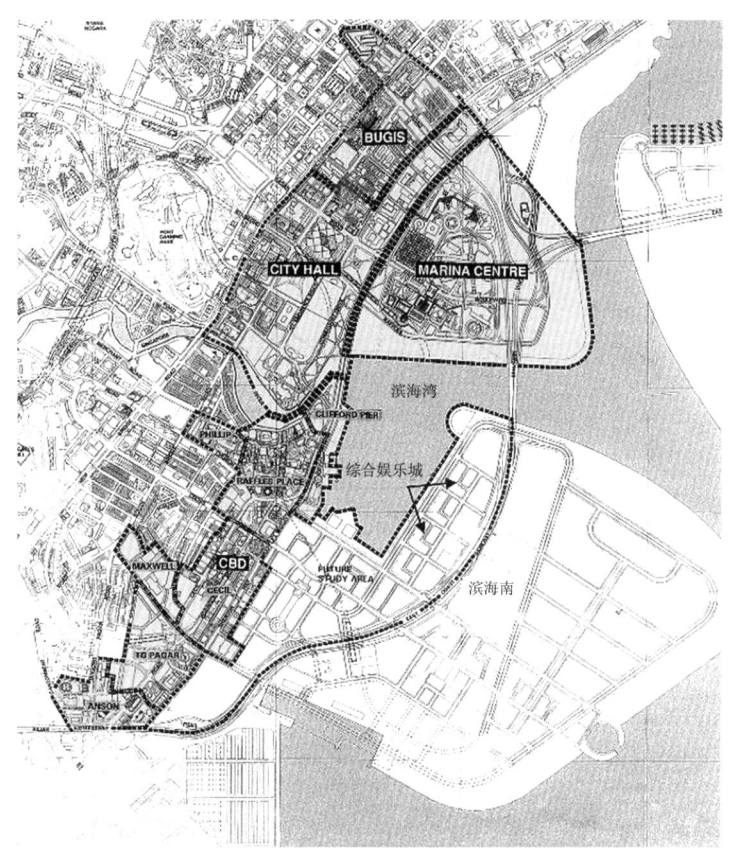

图 4-3  1995 年的新加坡 CBD
（资料来源：《城市转型中新加坡 CBD 的演化及其启示》，楚天骄）

CBD 金融业务的增长要求 CBD 所在中心区的空间转型与之相匹配。按照 1991 年批准的概念规划，新加坡市区重建局（URA）于 1996 年提出了一个新都心规划（New Downtown Plan），将 CBD 从"金鞋子"地区扩展到位于它南部的新填海区——占地 360 万平方米的滨海南（Marian South）。新的城市核心区的发展目标是：第一，满足未来商业用地发展的需要；第二，创造一个功能上与现有 CBD 相连、有活力的娱乐及文化中心；第三，提供相当数量的高质量住宅以支撑丰富动态的夜生活。新 CBD 地区的建设被划分为三个阶段：第一个阶段到 2000 年，开发重点是绿地、交通基础设施和围绕滨海湾（Marina Bay）地铁站的宾馆（图 4-4）；第二个阶段到 2020 年，完成沿主林荫大道的建筑以及滨海湾东部的宾馆和高密度住宅开发（图 4-5）；第三个阶段是到 x 年，当新加坡人口达 440 万人时，基本完成包括商业、宾馆、居住、政府部门、文化和娱乐活动在内的全部规划。新的城市中心的商业建筑面积将从 210 万平方米增加到 610 万平方米，新增加的面积中有 280 万平方米位于滨海南，此外，滨海南还将提供 2.6 万套高质量住宅。URA 将新的城市中心描述为一个"具备有效的交通网络和全天候的步行联系，让工作、生活、休闲真正结合的区域"。与过去以办公为导向的珊顿道中央商务区比较，新都心规划有两点重要差异：首先，通过均匀分布在滨水区、城市中心区和周围城市公园附近的高质量住宅,使居住区邻近工作场所和休闲空间,提供了一种整合生活、工作与休闲娱乐的混合发展模式,将过去只有白天用来办公的单调功能空间变成全天候的城市生活空间;其次,在基础设施规划和建设中大量应用新科技,包括地区性空调系统、高速电梯、智慧型建筑和共同沟等。

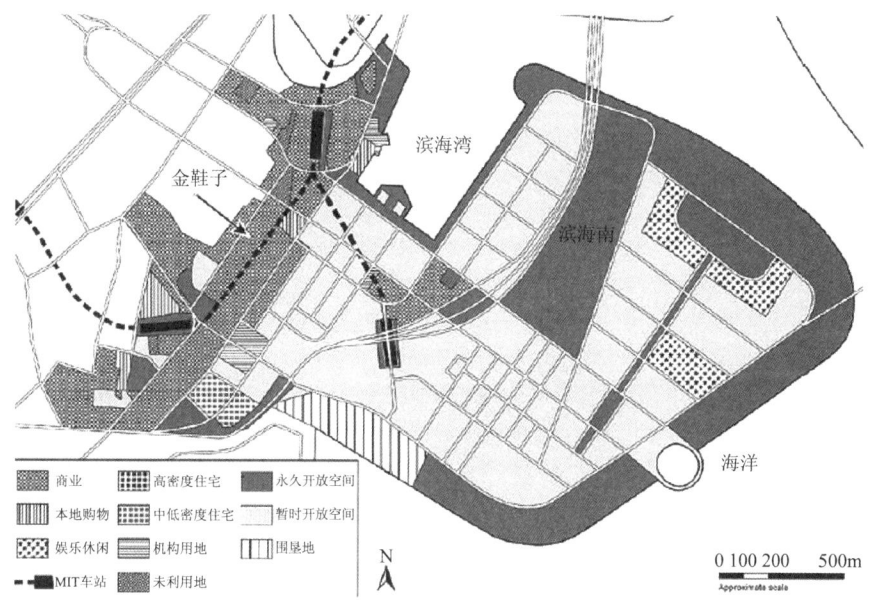

图 4-4 CBD 分区规划(2000 年)

(资料来源:《城市转型中新加坡 CBD 的演化及其启示》,楚天骄)

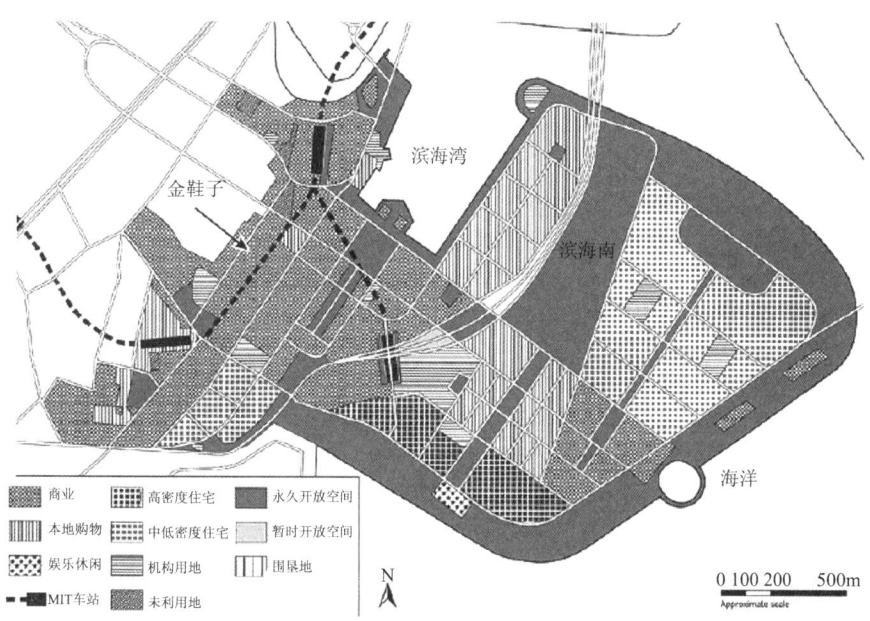

图 4-5 CBD 分区规划(2020 年)

(资料来源:《城市转型中新加坡 CBD 的演化及其启示》,楚天骄)

### 4.1.5  第五阶段（2000年至今）：CBD的功能融合和功能提升阶段

21世纪以来，新加坡着力于CBD地区多元化空间的打造，赋予中心区旅游业功能，并提升服务产业、娱乐产业等的比重，营造一个全天候活力、多效能运转的亚洲级旅游和全球金融服务中心。

（1）21世纪，新加坡已成为具有全球化和多元化特征的亚洲服务中心

新加坡致力于发展成一个全球城市，因此，提供金融服务和法律、信息等高端专业服务对于提高新加坡的国际竞争力非常重要。20世纪80年代以来，服务业在新加坡经济中的重要性越来越显著。2001年，服务业产值占该国GDP的67%，吸纳劳动力人数占全国就业总数的74%。但是，1996—2001年间服务业产值虽然继续增长，但年均增长率仅为5.1%，比20世纪80年代后期增速放慢了近50%。随着制造业从亚洲其他地区向中国的转移，新加坡意识到，尽管其在知识密集、高端制造业方面还具有相对优势，但仍有必要加快经济多元化步伐，并把服务业发展作为增长引擎。因此提升服务业对于新加坡建设全球性CBD具有必要性。

（2）新加坡一直致力于多元融合、面向世界的全球性CBD的建设

2003年，为了落实提升现有的中心服务业和开发新的高增长服务业的要求，新加坡经济检讨委员会（Economic Review Committee）推出了新的土地利用规划和城市中心区设计，在现有CBD的基础上，开发新的商务金融区（BFC）和观光商务区，从而形成一个整合金融服务业、高端专业化服务和商务旅游的新CBD，提供全天候服务。新CBD的亮点在于滨海湾综合娱乐区的开发和博彩业的开放。21世纪初，新加坡通过对旅游市场细分，发现应把高端休闲消费者作为现有CBD服务的重要对象，因此，2004年3月政府决定在滨海南建设一个综合娱乐区。2005年4月18日，时任新加坡总理李显龙正式宣布，开放附设赌场的综合娱乐区，并将发出两张赌场牌照，滨海湾和圣淘沙两个大型综合娱乐区内都可以设立赌场。这一决定，结束了新加坡多年来的赌场争议。2006年5月，来自美国的博彩公司拉斯维加斯金沙中标滨海湾综合娱乐城建设项目。

按照新加坡旅游局（STB）的要求，拉斯维加斯金沙设计了一个宏大而复杂的开发计划，并投资57亿美元。2010年4月落成开业的滨海湾综合娱乐城占地20.6万平方米，是一座集酒店、餐饮、会议、娱乐、休闲和赌场为一体的大型综合娱乐城，高达55层的顶楼还有全球最高的空中花园及全球最大的室外无边游泳池。目前，滨海湾金沙酒店已成为新加坡CBD的新地标建筑。建设滨海湾综合娱乐城是新加坡向亚洲的旅游和金融服务中心转型的一个重要措施。

为配合全球商务中心职能的实现，新加坡还推出了一系列扶植政策和措施。首先，STB推出了一项20亿美元的发展基金，用以资助国际组织在新加坡建立区域办公室和竞赛组织者前来举办大型赛事。同时，在海湾规划了水上运动场地，同新加坡河、加冷河湾、滨海湾共同构成"大滨海湾"，为举办大型的国际比赛和活动"提供一个更大的舞台"（图4-6）。

图 4-6 新加坡 CBD 的建设现状图

(资料来源：https：//en. wikipedia. org/wiki/Merlion#/media/File：1_merlion_night_2012_city_skuline. jpg)

## 4.2 新加坡的城市设计导控

新加坡城市建设成效显著，40多年的时间就建成"花园城市"，同样也用了40多年的时间，实现了CBD的发展转型，其中的核心经验是政府高效务实的管理。政府通过规划编制与实施计划的推行，实现规划、建设和管理三者有机结合。新加坡政府在城市化推进CBD发展中发挥了重要的作用。

### 4.2.1 规划发展历史

1. 1960—1990 年，政府完善规划机构，主导 CBD 建设

1967年，新加坡政府在城市化发展过程中拟定的首个概念计划中就清楚地表明了中央商务区将扮演的角色。政府提供重建蓝图、清除贫民窟、发展基础设施并强调公私部门的合作。1989年，新加坡原规划部门合并成为新的市区重建局（URA）——一个法定的国家规划及保护机构。新的机构以一种更有效的方式对CBD进行规划和管理，它的职责是加强新加坡作为一个世界城市的形象。

2. 1990—2000 年，政府修编规划，保障 CBD 的可持续发展与活力

1991年新加坡政府根据城市化发展的要求，修订了概念蓝图，提出了建设多功能区的CBD的规划。修订的概念规划强调环境和经济可持续发展，致力于把CBD打造为亚洲富有活力的、重要的金融中枢以及一个有吸引力的高质量生活地区。在城市及CBD发挥集聚效应和扩散效应的过程中，政府扮演着重要的角色。城市化中的众要素，

如人才的集聚、知识的集聚、交通的发展、基础设施的建设等，在政府指导下重新组合焕发出新的魅力和活力。

3. 2000年至今，政府推出新的城市中心区规划，致力于CBD能级提升

2003年，为了落实提升现有的中心服务业，新加坡经济检讨委员会（ERC）推出了新的土地利用规划和城市中心区设计，在现有CBD的基础上，开发新的商务金融区（BFC）和观光商务区，从而形成一个整合金融服务业、高端专业化服务和商务旅游的新CBD，提供全天候服务。新加坡政府还推出了一系列扶植政策和措施。2005年4月18日，时任新加坡总理李显龙正式宣布，开放附设赌场的综合娱乐区。

新加坡政府干预贯穿了CBD的形成和发展的始终，政府成立专门的部门负责推进CBD发展，政府的正确规划和管理影响着城市化和CBD的发展。

新加坡CBD位于新加坡河南岸，占地面积大约为82万平方米，拥有全岛最密集的写字楼群，面积超过500万平方米，聚集了大量的金融保险业、房地产和商务服务行业的企业。

新加坡是亚洲的主要金融中心之一，拥有超过650家著名的国际金融机构，全国金融和保险业的年运行收入超过150亿美元；而房地产和商务服务业的运行收入超过200亿美元。

新加坡CBD从20世纪60年代开始开发，在80年代以前主要建设写字楼，大部分集中在莱佛士坊和珊顿道、罗敏申路、丝丝大街以及安顺路和丹戎巴葛路；80年代以后其边缘地带开始被用于建设零售、会议、展览等用途，共建造了3家酒店、滨海中心、新加坡国际会议中心和会展中心等设施，CBD区域内的零售设施非常有限，仅仅是作为办公设施的补充，住宅也非常少。

市区重建局（URA）主导了新加坡CBD的整体规划和发展，主要采取了以下措施来推进CBD的开发：

①土地整合，国家取得土地后出让给私人发展商开发，以法律手段保证房地产市场的自由公平竞争；

②进行了区域的长期规划以及详细的地区性规划，对如何实现这些开发进行协调和指导，避免采取一套标准的设计准则，因此CBD内的具体建筑设计多姿多态，充分保留了城市的多样性特征；

③注重组织有效的交通系统，主要措施有建设地铁系统，改善道路和基础设施，限制进入区域内的汽车数量，强制建设停车场，实行拥车配额制等；

④采取奖励措施鼓励开发商投资建设；

⑤制定严格的环境保护措施。

### 4.2.2 新加坡城市设计体系

1. 新加坡市区重建局（URA）职能介绍

新加坡市区重建局（Urban Redevelopment Authority）是统一负责管理新加坡城市规

划与建设管理的机构。其中设有具体负责城市设计编制的部门——旧屋保留与城市设计署。该机构与负责各片区规划的物质规划署并列，共同由一位总规划师兼副总执行官领导。而其他的部门，如开发控制署（负责私人开发的规划管理）、发展协调署（负责公共开发的协调）则由另一位副总执行官领导。两大部门及土地管理署（负责售地计划）统一听命于总执行官及其上的重建局董事会（URA Board），规划与设计、编制与管理在机构设置上的统一，保证了城市设计的编制及实施能与规划体系协调和衔接。

重建局董事会是在总执行官之上由专业人士、资深公务员、杰出商人等组成的法定委员会。委员会负责任命总执行官和指导市区重建局的工作，其成员由国家发展部长任命。在其下统一的规划主管部门框架内，设有多个提供技术咨询的顾问委员会，其中设计顾问委员会（Design Advisory Committee）和设计导则豁免委员会（Design Guidelines Waiver Committee）都与城市设计工作密切相关。设计顾问委员会对于重建局所作的城市设计及导则进行评估和建议，设计导则豁免委员会对于要求免除重建局所制定的相关城市设计导则或开发控制条款的申请作出考虑并给出建议。委员会人员都由专业人士组成，其主席常常是重建局董事会的成员。通过市区重建局这一统一的城市规划与城市设计平台和城市设计专门委员会的设立，并在其中安排熟悉规划体系的专业人士，保证了各委员会对城市设计工作的指导统一在完整的规划行政体系之下（图4-7）。

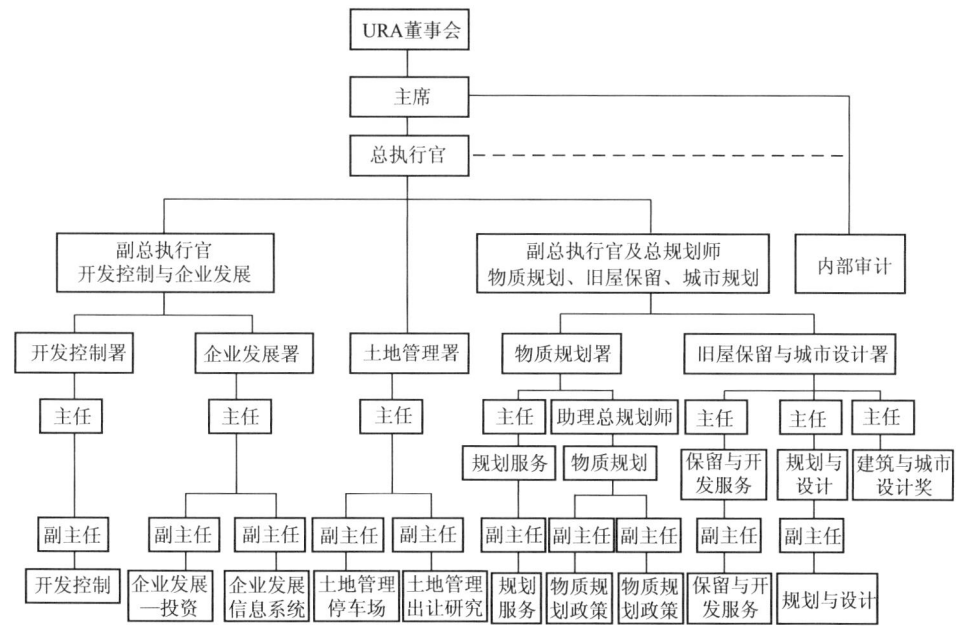

图4-7 市区重建局（URA）组织结构

（资料来源：《城市设计与规划体系的整合运作——新加坡实践与借鉴》，陈晓东）

2. 新加坡城市规划职能

重建局将工作职能定义为两部分：规划职能和促进职能。城市设计工作不仅体现在概念规划、总体规划和城市设计及保护性规划的规划职能中，属于开发控制管理通则的市中心城市设计导则还应融入开发控制中发挥促进职能。

新加坡总体规划在规划层面上对应着我国控制性详细规划，落实概念性规划，完成土地利用。城市设计导则与总体规划良好衔接，使开发控制与设计控制融为一体。从新加坡规划体系与我国城市设计体系的对照关系可以看出新加坡城市规划和城市设计紧密融合，城市设计形式多样，不仅有方案型城市设计，还有多种类型的策略型城市设计。城市设计导则作为技术管理规定，更是纳入了土地出让条件。而我国各阶段的城市设计以方案型城市设计为主，策略性城市设计较少。

(1) 融入概念规划中的城市设计

新加坡的概念规划制定之初就融入了城市设计的思想。1971年，新加坡第一份概念规划对城市总体结构进行了构想，"综合考虑了物质规划及社会学、交通、土地经济及城市设计各范畴的问题"。根据这一总体结构建设的城市被称为"环形城市"（Ring City），其中渗透着城市设计关注公共空间和场所建构的思想方法。由此，若干"新镇"环绕着城市中心地带的蓄水池和绿地呈组团式布置，形成以中心城市公共空间地带为"肺"的环形城市结构。制定规划的联合国专家在报告中还特别提到，对城市中心的开放空间不能仅仅采用法定控制的方式，而要进一步为每一亩开放空间制定详细的城市设计。

在1971年后的数次概念规划修编中，城市设计的内容都被整合到其中，其方式主要是从城市宏观目标角度为城市建成环境的发展指出政策性方向，并推荐有益的参考性城市设计解决方案。如新加坡概念规划（2001年）在城市发展目标中把强调城市特征作为新的关注点，即"在新加坡的发展中保持物质景观环境的特点"。为达到这一目标，规划从历史遗产保护、新镇特征（包括尺度、自然要素和地标）、镇中心选址等方面作出了政策性的指引，并要求在每一份发展指导图中作出具体的特征指引规划。而在有关住宅建设的策略中，新加坡概念规划（2001年）提出引入"试验设计"，增加住宅形式的多样性，采用"中央公园"式的住宅区城市设计模式，活跃市中心生活。这些城市设计的参考手法为城市开发中的具体设计制定了航标。总的来说，概念规划层次的城市设计更多的是在理念和方法上融入规划文件，以对下一层次的规划设计进行策略性的指导。

(2) 融入总体规划中的城市设计

与概念规划相比，总体规划阶段的城市设计内容更加具体。总体规划的成果内容分为两大部分：①传统区划的控制元素，包括用地和容积率等；②特殊及详细控制规划，一般由公园水体规划、住宅规划、建筑高度规划、激发活动使用规划、街区、城市设计区、保护区和保护建筑规划组成。有关城市设计的内容被融入这些规划中。其中，公园水体规划对主要的开放空间、公共空间、人行步道等作出规定；街区规划对特定的城市发展区块的布局和形态作出指导，并把这些指导列入相应的开发控制指标中；城市设计区规划是在各规划分区中指定应按照城市设计导则进行开发控制的地块，通过这些城市设计导则保证具体的设计与城市的长远规划目标相一致，并保证新开发与建成环境的统一。这些城市设计导则由市区重建局制定后作为政府文件发布，分区域编入开发控制手册当中。从城市场所创造的角度看，导则对一些公共空间界面的功能安排作出规定，要求这些界面的建筑一层（有时是地下层）要具有支持场所创造的能够激发人们活动的功能，如商店、餐饮等。这样的区域通常包括了城市中心的重要步行街，而这些区域会在公园水体规划中标出。高度控制对于那些需要从城市设计等特殊要求的角度进行控制的区域进行划定，而未划定的一般性区域则根据通行规则进行控制。

3. 编制工作方法

在新加坡的规划体系中，城市设计与城市规划工作方式表现为统一体系内的同步协调。在概念规划阶段，城市设计作为思想方法融入总体的规划战略中。在总体规划阶段，其制定程序大致分为 8 个步骤，即调查与资料收集—资料分析—轮廓性规划方案—公开展示和对话—编制规划草案—法定公示—编制最终规划—批准发布。在第 5 个步骤中，根据各个政府部门及公开展示的意见和建议，市区重建局（或为私人机构）将进行综合性的规划调整，将轮廓方案发展为规划草案。在这个阶段将开始三维规划方案的编制，加入城市设计的内容，如三维空间、高度控制、步行体系、开放空间等。这中间不仅包括了城市设计区的划定，也包含了重点地块的详细城市设计。通过这一完整的规划编制程序，城市设计与规划内容得以同步协调。

4. 导则运行机制

在新加坡，城市设计主要通过 4 个渠道实现：①通过融入概念规划贯彻政府的城市空间方针政策；②通过融入总体规划取得相应的法定地位，如城市设计区、高度控制、开放空间等；③通过政府文件成为行政管理依据，主要包括城市设计导则；④通过政府售地计划，将城市设计要求融入《竞标技术条款及相关主管部门和公共设施执照持有人条款与要求》。在上面 4 种方式中，融入总体规划的城市设计内容是核心，它为后两种方式提供了法理基础和内容框架（图 4-8）。

法定与协调：新加坡城市设计导则纳入开发控制的规定中，是设计控制的法定依据。导则执行修订总体规划、进行设计控制、核准开发申请等功能。开发控制指标随着总体规划每 5 年修编一次，为了灵活应对两次总规之间开发控制指标的变化，重建局以设计导则作为法定协调方式。例如，为了提高乌节路等地区的旅游住宿接待容量，重建局制定了针

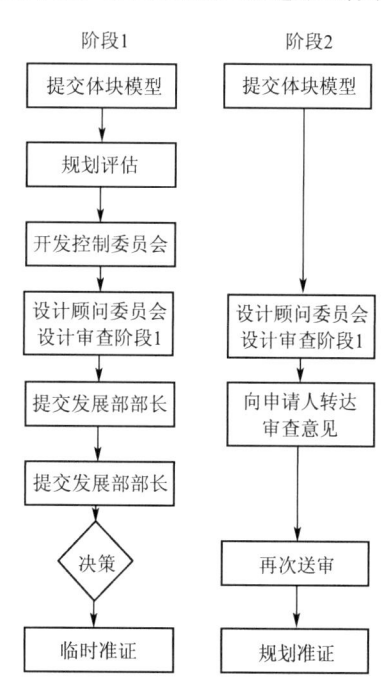

图 4-8 新加坡设计审查程序（2000 年以前）
（资料来源：《城市设计与规划体系的整合运作——新加坡实践与借鉴》，陈晓东）

对性导则修订土地功能，规定相关居住用地转酒店用地，提高相应容积率。城市设计导则除修订开发控制，进行设计控制之外，还核准开发申请，执行开发管理。重建局在专项导则后都附有相关开发申请的要求、程序和材料。开发行为满足其相关规定，才能获得开发许可。

奖励机制：新加坡城市设计在法定机制的基础上，设有多种经济奖励机制作为实施机制。重建局通过奖励建筑面积（GFA）和现金激励两种有效方式激励开发商在艺术装置、建筑照明、高层建筑绿化景观补偿和建筑间地下连廊四个方面进行更多创新，并详细规定了奖励建筑面积的管理办法。在奖励机制下，开发商承担关联的开发义务。例如通过奖励乌节路的商业开发，要求获益的开发商承担地下连廊的开发义务。

公众参与：导则运行离不开公众的社会支持和与开发商的有效沟通。导则以咨询公文和展览的形式收取广泛的公众意见和支持，再与开发商充分沟通开发意图。这一切要建立在导则基础研究翔实、公共教育充分、表达简明易于沟通的基础之上。

## 4.3 新加坡滨海湾城市设计导控重点要素解读

### 4.3.1 新加坡滨海湾建筑密度

如图 4-9 所示，在约 1 平方千米的用地范围内，新加坡 CBD 的建筑基底面积（黑色色块区域）达到约 33 万平方米，建筑密度 30.58%。但新加坡 CBD 目前仍有大片预留用地尚未开发，且该研究范围内包含水域面积。扣除水域面积之后，可以得出目前新加坡 CBD 的实际建筑密度为 45.58%。

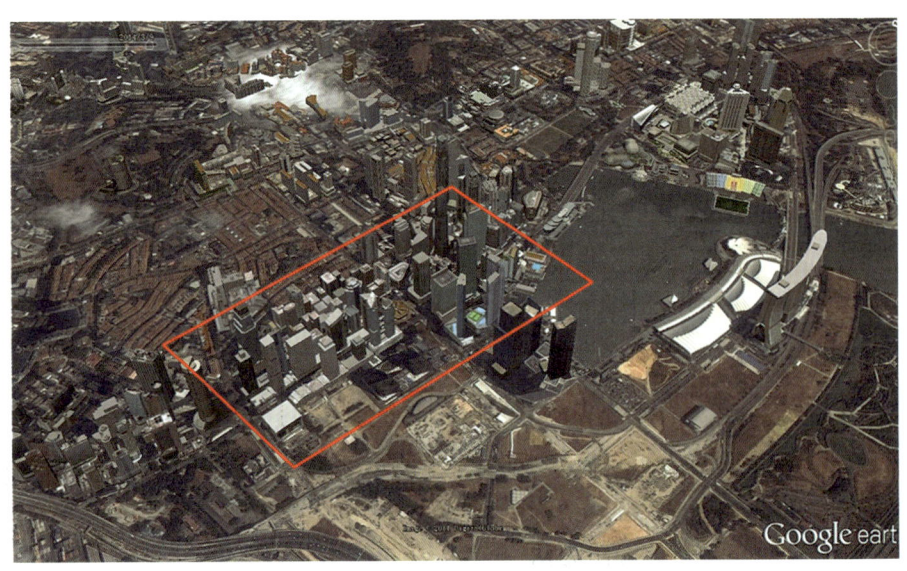

(a)

(b)

图 4-9　新加坡 CBD 的鸟瞰与建筑密度示意组图

## 4.3.2　新加坡中心区地下步行网络设计——精细化指引

新加坡中心区的城市政策指引集中反映了 2001 版战略规划对城市建设的价值取向，即要建设"有活力、有特色、令人愉快"的城市。为了实现以上目标，针对新加坡中心区制定了包括"地下空间网络""放宽住宅建设高度""屋顶机电设备的遮蔽""停车公园""照明与艺术装饰奖励""广告牌设计指引"等在内的一系列城市设计政策指引。为了将设计政策指引更好地转化为城市设计控制的条款与要求，设计导则成为开发控制手册之外的另一个重要的设计控制工具。以中心区地下步行网络为例，中心区设计导则制定了地下步行系统与快速公交系统（RTS）衔接的设计准则，详细规定了联系快速公交系统的地下步行道的定义、规模以及图则控制范例等，其精细程度可以直接指导开发项目进行地下步行道的选址和建设（表 4-1、图 4-10、图 4-11）。

表 4-1　地下步行系统与快速公交系统（RTS）的衔接的设计准则

| 序号 | 参数 | 地下步行衔接 |
|---|---|---|
| 1 | 定义 | 地下步行系统是连接各快速交通系统站点之间的联系通道，地下通道必须形成完整的公共循环系统 |
| 2 | 地点 | 通过地下步行系统联系已建的或将建的 RTS 系统之间的联系 |
| 3 | 用途 | 除了作为通道，地下步行系统还可以有其他活动作用，例如可以沿着两侧做零售店、餐馆等 |

续表 4 – 1

| 序号 | 参数 | 地下步行衔接 |
|---|---|---|
| 4 | 规模 | 满足作为步行通道的要求：①道路单侧使用，宽度为 6～7 米；②道路双侧使用，宽度为 7 米。<br>除此以外，步行道的高度不低于 4 米。<br>如果与其他功能混合使用，其他用地的宽度不超过 14 米 |
| 5 | 建筑面积鼓励政策 | 因为其作为公共用途，因此可以从地块的总建筑面积中减掉，在符合相关标准的前提下，将这部分建筑面积转化为商业楼的总建筑面积，从而鼓励开发商对公共步行通道的建设 |

资料来源：新加坡重建局

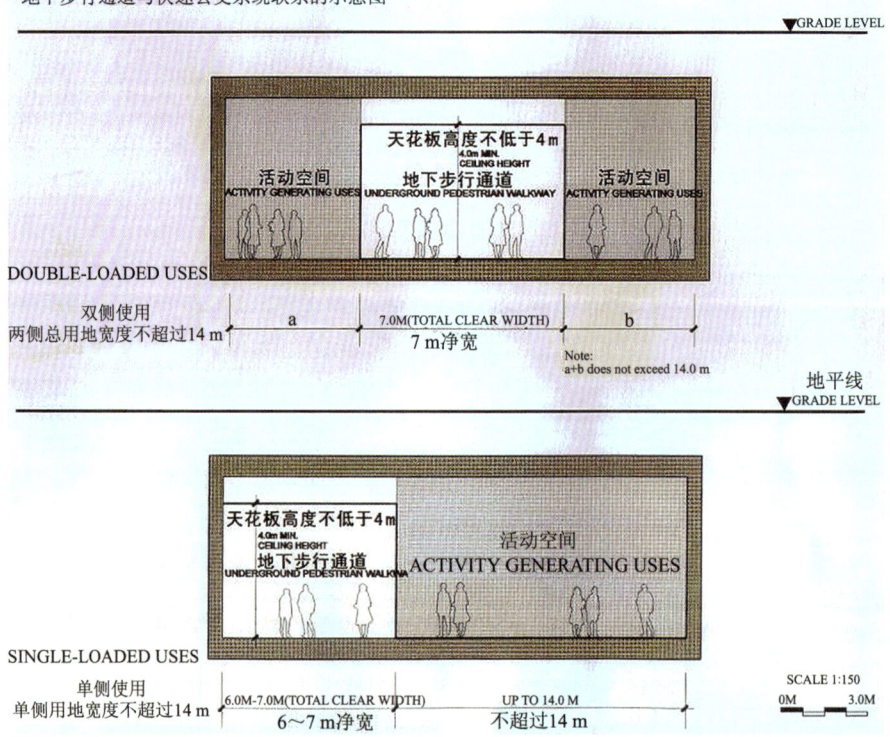

图 4 – 10　新加坡中心区地下步行通道设计指引
（资料来源：新加坡市区重建局网站）

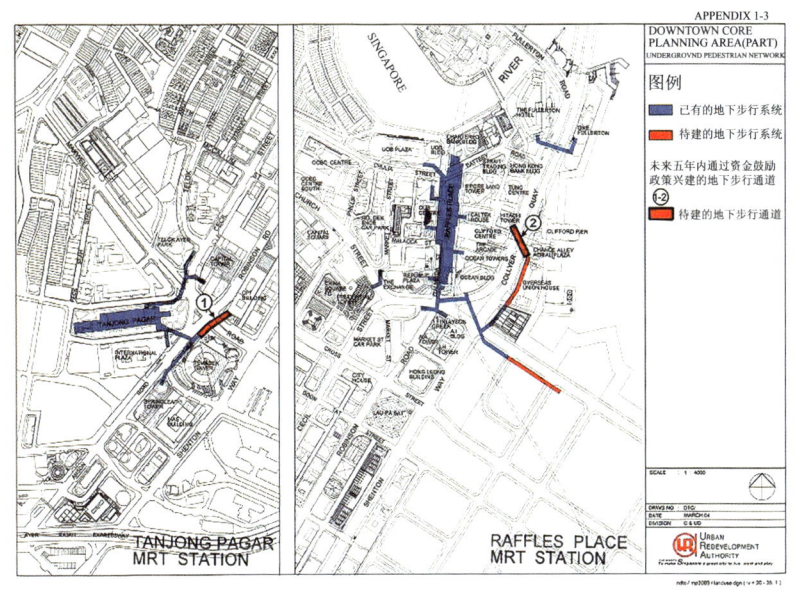

图 4-11　新加坡中心区地下步行通道控制图则
（资料来源：新加坡市区重建局网站）

### 4.3.3　新加坡绿地绿化控制城市设计导则

除却保护自然环境特色外，城市设计导则对于城市内的人工自然环境要素也会进行控制指引。包括对绿地的布局和风格、植物的选材和配置，例如绿地的比例、乔灌木的搭配、树型特征、花卉的花期，以及雕塑、碑塔、柱廊、喷泉、水池等的位置与设计要求和建议，均可纳入城市设计导则之中，从而使绿化和建筑小品成为组成城市环境与特色的三维空间的有效内容（图 4-12、图 4-13）。

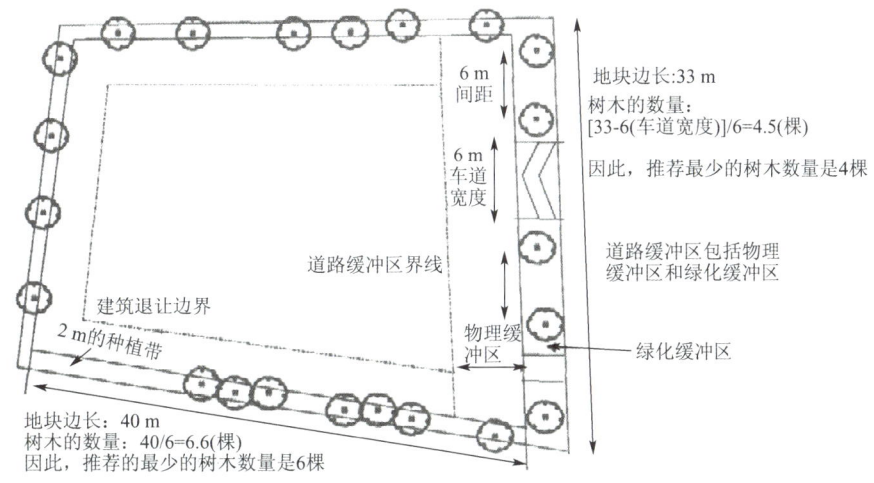

图 4-12　新加坡城市设计导则：种植带平面示意图
（资料来源：《新加坡绿地绿化的规划控制与引导研究》，张志君、袁媛）

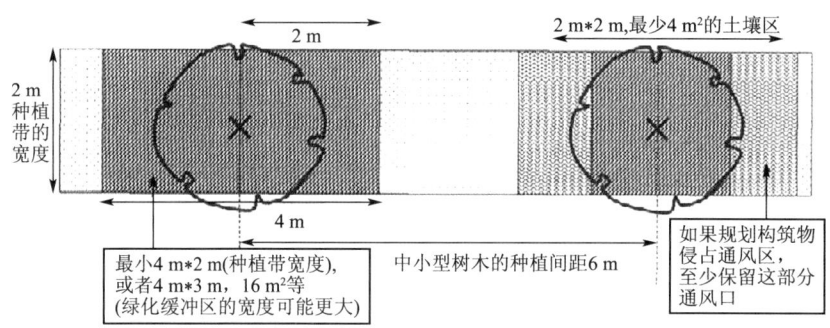

图 4-13 新加坡城市设计导则：种植带种植示意图
(资料来源：《新加坡绿地绿化的规划控制与引导研究》，张志君、袁媛)

新加坡推进"花园城市"建设，《开发控制手册》结合地块的实际开发情况，进行绿地绿化控制，规定绿化带的大小、植物的种类和各种绿化的地点，体现为强制性的指标控制，以达到地块基本的绿化效果。《开发控制手册》还规定超过 1.5 米宽的走道需种树；新填土地在未开辟道路及盖房屋之前，要培植树苗和草皮；高架桥、路桥、停车场、围墙和挡土墙等需布置绿化带，并规定树种和攀藤植物类型，甚至提出道路旁不雅建筑需种植高大的树木以"遮丑"。[①]

### 4.3.4 新加坡商业服务类项目设计控制要素统计

表 4-2  2000 年后商业服务类项目强制性设计控制要素统计

| 控制类别 | | 控制要素 | 控制类别 | | 控制要素 |
|---|---|---|---|---|---|
| 建筑 | 1 | 体量 | 屋顶景观 | 12 | 形式 |
| | 2 | 天际线 | | 13 | 后勤区/遮蔽 |
| | 3 | 建筑形式 | | 14 | 遮蔽要求 |
| | 4 | 建筑高度（层高） | 步行网络 | 15 | 地下步行街（网络） |
| | 5 | 建筑地坪标高 | | 16 | 出入口 |
| | 6 | 地下层标高/地下开发 | | 17 | 天窗结构 |
| 街道景观 | 7 | 建筑边界（界面/立面） | | 18 | 与地铁站的联系 |
| | 8 | 公共广场、街 | | 19 | 与未来或下阶段开发的联系 |
| | 9 | 共同边界 | | 20 | 有盖步行道 |
| | 10 | 建筑后退 | | 21 | 开放步行道 |
| | 11 | 开放景观步道 | | 22 | 二层自动步道 |
| | | | | 23 | 二层穿越地块的步行联系通道 |

---

① 张志君，袁媛. 新加坡绿地绿化的规划控制与引导研究 [J]. 域外规划，2013（2）：113.

续表 4-2

| 控制类别 | | 控制要素 | 控制类别 | | 控制要素 |
|---|---|---|---|---|---|
| 步行网络 | 24 | 高层（二层）步行联系通道 | 公共空间 | 36 | 首层公共活动空间 |
| | 25 | 有盖步行联系道 | | 37 | 地下层公共广场 |
| | 26 | 人行节点 | | 38 | 公共开放空间 |
| | 27 | 首层或二层的使用功能 | 树木和景观 | 39 | 树木保留 |
| | 26 | 室外功能 | | 40 | 树木种植 |
| | 29 | 地下展功能 | | 41 | 铺装 |
| | 30 | 滨水散步道 | | 42 | 视线走廊 |
| 车行系统 | 31 | 车行出入和下车点 | | 43 | 景观广场 |
| | 32 | 后勤区 | 其他 | 44 | 夜景亮化 |
| | 33 | 停车 | | 45 | （灯光）标志 |
| | 34 | 道路预留 | 程序要求 | 46 | 设计咨询委员会 |
| | 35 | 汽车站遮蔽设施、出租车招停站 | | 47 | 双信封投标 |

表 4-3 2000 年后商业服务类项目引导性设计控制要素统计

| 控制类别 | | 控制要素 |
|---|---|---|
| 建筑 | 1 | 建筑形式强调 |
| | 2 | 特征 |
| | 3 | 热带气候条件 |
| 街道景观 | 4 | 转角变化 |
| 屋顶景观 | 5 | 屋顶花园/空中花园 |
| 步行网络 | 6 | 形式和天际线 |
| | 7 | 与地铁站的联系 |
| | 6 | 有盖步行道 |
| | 9 | 高层（二层）步行联系通道 |
| | 10 | 首层和二层使用功能 |
| | 11 | 室外使用功能 |
| 车行系统 | 12 | 后勤区 |
| 公共空间 | 13 | 提供公共空间 |
| 树木和景观 | 14 | 树木保留 |
| | 15 | 绿化开放空间 |
| 其他 | 16 | 夜景亮化 |
| | 17 | （灯光）标志 |
| | 18 | 公共艺术 |

## 4.4 政府推动新加坡 CBD 发展的举措

### 4.4.1 新加坡建设环滨海湾世界一流商业区

1991 年新加坡概念规划提出建设环滨海湾世界一流商业区，城市中心区面积遂扩展至约 16.5 平方千米，乌节路、小印度、新加坡河西段等地区纳入其内。至此，城市中心区涵盖了零售购物、历史文化、行政商务、金融会展、休闲娱乐等多种功能单元，这些功能单元通过步行交通网络、新加坡河、商业街区等串联，形成多条商业走廊，使城市商业中心区成为活力多元的中央活动区（CAZ）。2003 年，推出的新的土地利用规划和城市中心区设计制定了一系列扶植政策和措施来落实提升现有的中心服务业。

### 4.4.2 新加坡吸引外资策略

为了对信誉度高的国际银行到 CBD 设立分行产生更强的吸引力，新加坡政府还采取了一系列的特殊激励政策。新加坡 CBD 还在亚洲国家中率先颁布了《鼓励跨国公司在新加坡设立地区总部的暂行办法和优惠政策》，该政策实行后，短短几年就有 250 家跨国公司在此设立了亚洲或南亚地区总部。

### 4.4.3 新加坡 CBD 公共交通发展

在五大 CBD 地区中，新加坡最早在规划上实现了公交引导发展。2008 年，新加坡的公交出行率就已高达 59%，高于世界上绝大多数国家。

2008 年新加坡推出的交通总体规划中，核心思想是使公交成为人们出行的首选，其中很重要的一部分就是开建新的地铁线路并扩建现有线路。另外，还通过"强制为公交让路计划"，给予它们更多的道路、信号优先权，以提高公交车速，使运营更加通畅。2013 年新加坡公共交通发展规划纲要（到 2030 年）旨在构建一个相互沟通、相互联系的城市交通系统，提出进一步发展公共交通系统，增加公共交通体系的容量，也将提升公交系统的服务水平、有盖走道、交通信号和自行车道等设施的便利程度，也增加最后一千米连接的便利程度（图 4 – 14）。

根据 2013 年新加坡公共交通发展规划纲要（到 2030 年），计划在 2020 年将当地居民在高峰时段选择公共交通出行的比例提高到 70%，并在 2030 年进一步提升至 75%。未来新加坡将建设为世界上公交密度最高的地区。

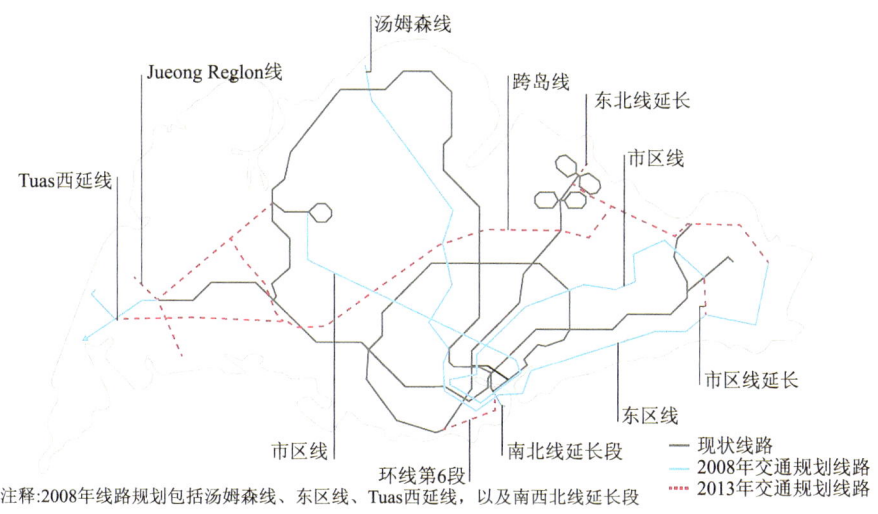

图 4-14 2013 年新加坡公共交通发展规划纲要
（资料来源：《2013 年新加坡公共交通发展规划纲要》）

1. 增加 CBD 地铁可达性

新加坡 CBD 是轨道交通最密集的区域，共有 30 个地铁换乘站，实现五分钟的步行路程。此外，新加坡还规划有涵盖 10 个地区的 CBD 直通车，只在工作日开通，设有少数换乘站，并实现与公交、轻轨、铁路的良好对接，进一步缩减 CBD 通勤时间。直通车第一条专线于 2013 年从 Jurong East 开始，到 2014 年陆续开通建设，早晚各两班车来回 CBD。

2. 加强办公建筑和公共场所与交通站点的衔接

新加坡规划当局要求建在 CBD 内的大楼必须建有顶棚的人行道供行人及通勤者使用，这些有盖的露天走道，无论在地上或者地下都非常方便，能够让行人免受日晒雨淋。丹戎巴葛和莱佛士坊的两个地铁站在 20 世纪 60 年代末建成，并为将来可能的办公建筑和公共场所预留有多个通达的地下连接通道，莱佛士坊站这样的接口有 19 处。

### 4.4.4 智慧参与——融入生活的城市管理

公众参与的理念不仅仅体现在具体城市规划与设计项目中，还更广泛地融入城市管理，通过规划设计改变人们的生活理念和方式。新加坡政府建立了一套完整的城市管理方法体系，同时还经常性、阶段性地开展城市管理宣传教育、评比活动和全国运动，作为城市管理的辅助手段，以推动城市管理工作向纵深开展[①]。

1. 常年开放的公共展览

新加坡很重视教育窗口、基地的构建。新加坡设有很多公共展览馆，如城市规划展览馆、警察文物馆（PHC）、民防发展事迹陈列室等。新加坡一些市政设施、环保工程

---

① http：//news.cntv.cn/2013/02/19/ARTI1361263572551371.shtml

也是对公众开放的,如垃圾焚烧厂、新生水展览馆(图 4-15)等。通过寓教于乐、生动形象的多媒体展示和计算机交互式视频设备,让公众更了解新加坡。据介绍,新加坡政府把新生水厂、垃圾岛等环保工程作为环保教育基地,要求所有机构组织员工,所有学校组织学生进行参观,接受教育。

图 4-15　新加坡新生水展览馆

(资料来源:http://www.mook.com.tw/scenery.php? op=sceneryinfo&sceneryid=45152&photo_id=1)

2. 公众教育与全民运动

新加坡政府认为法制化的管理只能"治标",要真正"治本"需要从根本上减少城市环境的破坏行为,这就要依赖于广泛的宣传教育。因此,政府不断以各种形式对居民进行城市管理方面的宣传教育,使他们从思想上认识到遵守各项法律规章、维护城市环境的重要性。每周一、周四是法定的宣传教育日,报纸、电视台都要组织专题的环境教育活动。同时,在每项城市管理法规颁布的初期,政府也利用媒体进行广泛宣传;宣传期过后再进入执行阶段。

3. 良性互动的"3P"模式

新加坡特别重视社会公众参与环境管理,最有特色的是"3P"模式,即"people(市民)、private(企业)、public(政府)",通过公众教育、社会志愿者、全国性清洁运动、绿色团体等方式加强与市民沟通对话,适时检讨、修正政策法规,确保政策法规的适用性、可操作性和人本性。利用传媒开展宣传工作,制作公益广告、"绿色侦探"等电视节目宣传环境卫生知识。发动教育更多的市民、企业及全社会投入到建设环境、爱护环境之中。

## 4.5　新加坡滨海湾可持续发展理念与策略

### 4.5.1　提升开发空间环境品质——新加坡 Marina One 混合建造项目

Marina One 是新加坡中心商业区内的一个混合建造项目,项目旨在成为新加坡房产建设的标志。其建设理念是定义豪华都市生活新标准，为可持续建设和设计提供一个国际基准（图4-16）。

图4-16 新加坡 Marina One 混合建造项目区位
（资料来源：http：//www.marinaoneresidences.net/p/location_7.html）

设计的基础在于对新加坡公共区域如何利用的理解。人们往往认为这里的天气太炎热、潮湿因而不能有效地利用户外空间。但是在打破空调房和户外阴影空间的界限之后，设计者通过植物的种植、微风和水流声的创造仍然能为人们提供可居住的环境。有了一个积极的态度，人们便能改善体验效果并通过这项工程更好地利用公共空间。

Marina One 在将软质景观融入建筑建造的案例中是一流的。其中名为"绿谷"的高层公共花园位于四栋高楼大厦之间（图4-17）。它将人造景观和建筑无缝地连接了起来，把景观融入四座塔楼建筑当中，错落有致（图4-18）：

①绿色空间区域位于中心塔的位置，与一层的商场相连，被称为"绿谷"的中央区域是最大的区域，垂直的水柱从塔楼的顶端流到里面的水池；

②高于水池依次建设阶梯式台地供观赏表演；

③上楼后，人们能看到繁茂的林区，这些被称为"云花园"；

④在塔楼的顶部，有绿色屏障和屋顶花园，这个屋顶花园唤起了人们对山的想象。

图4-17　新加坡Marina One混合建造项目中心花园效果图

（资料来源：http：//static1.businessinsider.com/image/563b840bdd0895ec6b8b45f3-1684-941/231mss_n4.jpg）

图4-18　新加坡Marina One混合建造项目分析与示意图

（资料来源：http：//architizer.com/projects/marina-one；http：//worldlandscapearchitect.com/wp-content/uploads/2014/11/Picture5-565x501.jpg；http：//www.9views.com/uploadfile/2016/0108/20160108045236932.jpg）

### 4.5.2 对太阳能岛屿能源的开发与利用——新加坡可持续水上美食街

由 SPARK Architects 设计的新加坡可持续水上美食街，利用兰花状太阳能装置，提供吃饭、社交的场所（图 4-19）。这个自供自给的太阳能装置寓意凝聚新加坡这个岛国的海港，重新解读传统街市文化与当地的美食文化。项目促进了新加坡政府对水库周边太阳能岛屿能源的开发与利用。

图 4-19 新加坡可持续水上美食街效果图

（资料来源：http：//wwportal.com/data/uploads/2014/08/Singapur-plavuchij-ry-nok8.jpg）

新加坡历来与水关系紧密，然而近数十年的城市飞速发展，很大程度上切断了这种联系，许多海岸线上的乡土建筑就此消失。为了表现这个城市的文化与历史遗产，该设计利用了可移动、可重构的装置重新诠释了逐渐消失的"小贩街市文化"，每个装置可提供烹饪摊位（内置排气管、水管、燃气管道、电线、废物回收和水回收设施），以及餐桌座椅。而上方形成防护式的"树冠"，"树冠"内置了光伏电池发电①（图 4-20）。

---

① http：//bbs.zhulong.com/101010-group-3000036/detail19193086.

图4-20　新加坡可持续水上美食街各个角度效果图

（资料来源：http：//www.archinfo.it/the-solar-orchid-per-un-commercio-ambulante-innovativo/）

### 4.5.3　绿色建筑——新加坡莱佛士坊二号大楼

SAA事务所与Tange Associates设计了新加坡中央商务区的One Raffles Place二号楼，这是一幢建筑面积为43 889平方米的商业大厦，获得了新加坡住建局"绿色记号"（Green Mark）白金奖。这是新加坡可持续性设计当中的最高奖。自设计方案确定以来，这栋大楼就获奖无数，以其独特的美感，具有开拓性的设计理念，潮流位置所在，节能环保的性能征服了挑剔的专家和普通大众，成为该区域全新的地标性建筑。二号楼作为目前的新加坡著名地标建筑，不仅改变了新加坡的天际线，还为用户创造了宜人的工作环境[1]。

二号楼采用降低整体能源消耗、高效利用水资源等策略，利用了很多绿色建材，配备了节能照明设施、光电板、高效中央空调和运动传感器等，具体措施如下：

①采用高效节能建筑的智能组合管理系统；安装太阳能收集电池，利用太阳能供电；装饰双面低反光玻璃幕墙，配置整体遮阳板，减少炫光和高温现象。

②高效利用水资源，采用雨水收集、回收新生水和装置节水洁具及配件等方式来实现节水效率。

③采用高效的中央空调系统，调速新鲜空气和提供高质量的过滤空气给办公室。

④大量使用环保建筑产品和材料，建筑内外使用低VOC涂料和建造绿色的墙。

⑤运用运动传感器，使用人类运动检测设备调速照明来减少不必要的能源浪费。

同时，二号大楼造型现代，延续了旁边一号大楼时尚的特色，表面采用优雅光滑的玻璃幕墙结构，同时又具有其新特色。大厅主入口处有瀑布似的装饰，陶瓷板上有日本艺术家Hiroshi Senju画的瀑布，水流从垂直的陶瓷板上流下，营造出清新宁静的氛围。

---

① http：//bbs.zhulong.com/101010.group-3000036/detail19166183

由于立面采用 LED 照明系统,这座商务大厦在夜晚闪闪发亮(图 4-21)。

图 4-21 新加坡莱佛士坊二号大楼立面效果图

(资料来源:http://www.archdaily.com/275514/one-raffles-place-tower-2-tange-associates/505d690f28ba0d271500034a-one-raffles-place-tower-2-tange-associates-photo)

建设局局长姜锦贤博士说:"除了建筑设施,我们希望建筑业主、设施经理、租户和用户在这场绿色建筑运动中扮演更大角色。实现绿色和可持续的建筑环境,需要各方协作,从决策者、发展商到最后的使用者,整个价值链上的每个环节都得努力。"

### 4.5.4 绿色建筑——新加坡皮克林宾乐雅酒店

新加坡皮克林宾乐雅酒店(Parkroyal on Pickering Singapore)位于中心商业区,是新加坡 WOHA 建筑事务所的杰作,负责景观设计的为 Tierra 事务所。皮克林宾乐雅酒店采用花园酒店理念,贯彻节能措施,已获新加坡绿色建筑最高荣誉 BCA 绿色建筑白金奖,因其为首间使用太阳能供电的酒店,而获得太阳能先锋奖。

以下内容摘自项目译介①：

酒店楼高 16 层，12 层高的塔楼坐落在 5 层高的裙楼楼顶上，塔楼每隔三层悬挑一座空中花园，裙楼被波状预制混凝土包围，WOHA 称之为地形建筑、会呼吸的建筑。

建筑流动的几何体给人一种高耸入云之感，塔楼每隔三层客房就有悬挑的空中花园，上面种满了热带植物，它已成为城市绿地的一部分，与邻近公园融为一体。酒店拥有自我遮阳功能，悬挑而出的空中花园和相邻的三座酒店客房大楼都能起到遮阳的作用，客房楼层立面采用低辐射玻璃。酒店顶楼的屋顶花园可将全城风光一览无余，独家兰花贵宾会所位处该层，并配有私人会议空间、图书馆和专用的贵宾会所门房。酒店五层设有可俯瞰城市的无边界泳池、设备先进的健身中心、特色的鸟笼休息凉亭及长达 300 米的花园走道（图 4-22、图 4-23）。

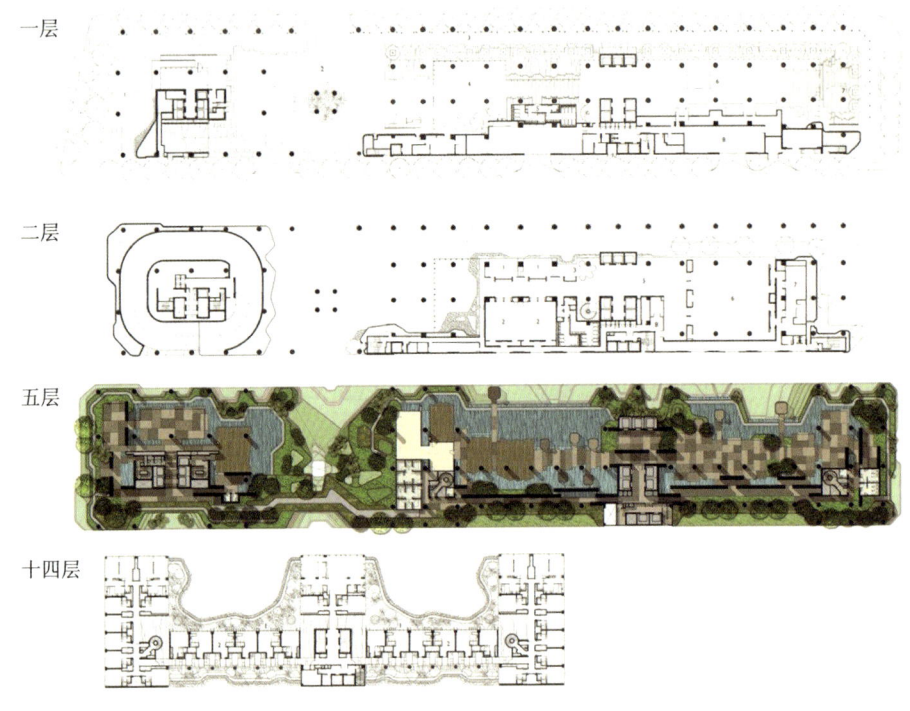

图 4-22　新加坡皮克林宾乐雅酒店平面分析图
（资料来源：http：//www.materials.cn/shequ/item-1694.html）

这座"花园酒店"拥有面积 1.5 万平方米、楼高四层的繁茂园林、瀑布和花墙，是酒店总占地面积的两倍以上。除了多种姿态各异的植物群将酒店院落装点得格外美丽，皮克林宾乐雅酒店还是新加坡首家使用太阳能电池供电的零耗能酒店，也采用综合性节能节水措施，例如使用光线、雨水和动作感应器，以及集雨和 NEWater（循环系再用水）。从设计到装潢，不难发现其多以天然素材如黑木材、石砾、玻璃等搭配为设计

---

① http：//t.zhulong.com/u9372898/worksdetail4486669.html

概念，并用上从内透射的日光营造大自然的和谐感。

图 4-23　新加坡皮克林宾乐雅酒店建成效果图
（资料来源：http：//www.materials.cn/shequ/item-1694.html）

# 第5章 香港中环

## 5.1 香港区域环境保护与严谨的土地开发

### 5.1.1 早期城市建设

香港开埠前,港岛居民多聚居在背山面海的港岛南端的赤柱一带,1841年开埠后,赤柱发展成为人口最稠密的港岛中心①。

19世纪中叶,英国殖民者为了方便维持殖民统治,在自然与交通条件相对良好的中环地区建立了维多利亚城,香港城市发展中心转移到与九龙半岛隔海相望的港岛北岸,产业结构的主要特点是以转口贸易为主,其他产业基本上围绕对外贸易而运转。

经过100多年转口港经济时期的建设,香港城市形成了集中于维多利亚港南北两岸,长约17千米的带状布局,城市形态表现为东西走向"带形"的典型山地城市结构。在这100多年当中,第三产业是香港的主要行业,1950年,香港的制造业、建筑业加上水电煤气供应,即传统的第二产业,只占本地生产总值的16.8%(图5-1)。

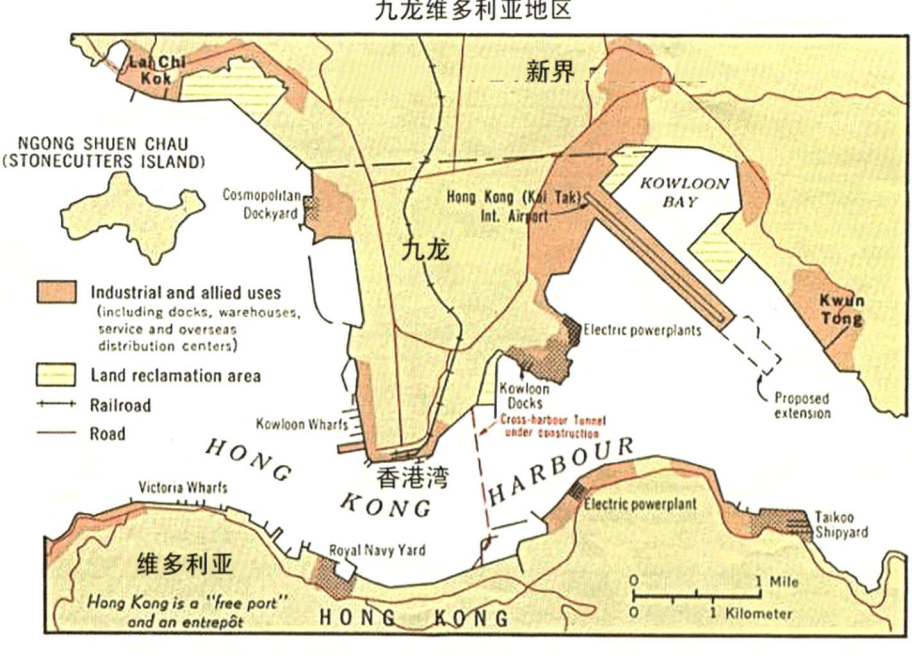

图 5-1 早期工业发展地图

(资料来源:http://www.dianliwenmi.com/postimg_4663742.html)

---

① 石崧. 香港的城市规划与发展 [J]. 上海城市规划,2012(4):113-120.

## 5.1.2 "高强度、高密度"发展模式

香港地区地域狭小，地形崎岖，可利用地少，人口众多，用地紧张。香港采用了"兼顾充分发挥土地经济效益和注重自然环境的保护和培育"密度管制思想，城市发展选择"高强度、高密度"的发展模式①。

1. 单中心层式空间结构

1971年后，香港城市发展开始由港九都市区向广阔的新界地区扩展，城市结构形态也由以维多利亚港为核心的同心带形结构向以港九都市区为中心的"集中紧凑，相对松散"的组团结构演化。至2007年底，香港的建设用地总量为259平方千米，城镇建设用地主要集中在维多利亚港南北两侧的香港岛北岸、九龙半岛及其附近的新界南岸。

通过对香港经济用途楼宇和各行业办公区域分布、香港工作人口的居住和工作地区分布等的实证分析得出，香港产业呈现单中心空间集聚特征，工作人口分布表现为层式聚居特征②。在以都会区为主体、包括9个新市镇的多中心物理空间格局基础上，香港形成的是产业和人口的单中心层式空间结构③。

2. 二元结构发展

香港的CBD主体是由港岛的中环金融商务区和九龙尖沙咀的商业贸易区两部分组合而成，二者被维多利亚湾隔开，共同构成了香港的CBD系统④。香港的城市形态布局走过了从集中到分散的发展之路，城市形态布局由散点分布到集中带形分布，最终形成了多中心、组团式的布局结构。

3. 中环CBD密度集聚

100多年来，香港的都市用地基本上来自于两个方面，即沿着山坡拓展和移山填海。

香港岛发展初期，土地实行拍卖政策，地块路网划分较密⑤。在城市发展过程中，城市原有的道路空间形态得到延续，形成了较高密度的城市路网体系，是中环城市空间的高度可达性的基础。1927年后，港岛由于产权的私有，大片街区同时合并整体重建较为罕见，新建的高楼建筑基本按原来多层城市住宅基底面积重建，老建筑本身尺度较小，因此中环地区呈密集的城市空间形态。

随着20世纪70年代以后信息服务业的崛起，土地资源越来越紧张。市民的步行空间受到极大程度的挤压。城市步行体系寻求向地下与空中的立体发展。由于地形条件的限制，港岛北面的城市空间只能沿带形发展，城市同时向山上发展与填海造地。与此同时，建筑空间与城市公共空间的界限已越来越模糊，中环的集中发展由原来某一中心区

---

① 侯丽，栾峰. 香港的城市规划体系 [J]. 城市规划，2000（5）：47-50，54-64.
② 陶伟，李丽梅. 香港城市游憩商业区空间结构演变模式 [J]. 城市规划，2005（6）：69-75.
③ 马莉莉. 香港世界城市空间结构研究 [J]. 未来与发展，2011（12）：60-65.
④ 韩可胜. CBD的经济结构与政府管理模式研究 [D]. 上海：华东师范大学，2008.
⑤ 翟海林. 港岛城市剖面 [J]. 时代建筑，2010（2）：38-43.

域的聚集逐步转变为城市空间节点上的聚集，产生了诸如太古广场、乐富中心、香港 IFC 等建筑综合体。

## 5.2 香港的城市设计导控

### 5.2.1 香港城市规划体系与管理体制

1. "三层次、五阶段"城市规划体系

香港的城市规划体系可以概括为"三层次、五阶段"（图 5-2）。"三层次"是指规划的三种空间尺度，由大到小分别为"全港发展策略""次区域发展策略"和"地区图则"，《香港规划标准与准则》是指引城市规划密度管制的技术标准，用于指导规划体系的各个层面。"五阶段"是对应"三层次"的规划成果编制阶段，香港的城市设计控制主要是在后两个层次进行。

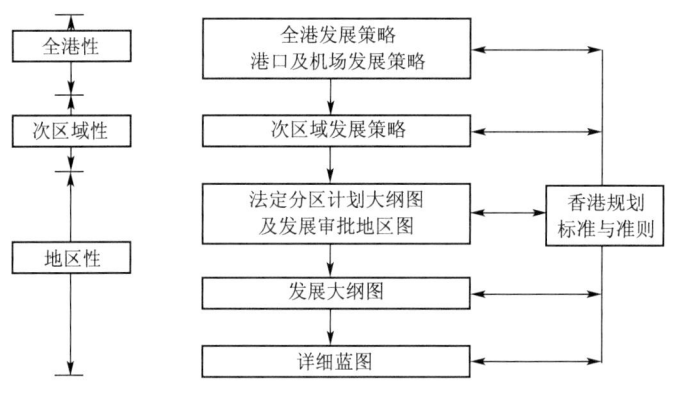

图 5-2 香港规划体系
（资料来源：《香港的城市规划体系》，侯丽、峦峰）

1）全港发展策略——指导策略性发展方向及目标

全港发展策略制定长远规划大纲，并贯彻政府的土地用途、交通基础设施及环境方面的政策，是次区域及地区规划的依据。政府应用《香港规划标准与准则》，根据长远的推算，预测各种土地用途的总土地需求量和其分布原则。全港发展策略的研究不是法定层次的。《香港 2030 远景发展与策略》中建议采取集中发展的模式，引导中环（港岛）区域高密度建设。

2）次区域发展策略——条例指导 + 影响因素修正

次区域发展策略根据全港发展策略所指定的大纲而拟订，是具体的规划原则，相当于上海的分区规划。次区域发展策略将全港发展目标定在五个次区域，即都会区、新界东北、新界西北、新界东南及新界西南。

次区域发展策略主要内容包括对人口规模预测进行修正，利用准则估计次区域的总的土地用途需求及在不同地区的分布模式，根据实际情况对标准准则密度内容进行检讨，核实因城市设计、历史街区保护、安全控制等因素对建筑高度和开发强度有特殊要求的地区。每份次区域发展策略都附一系列的图则及发展纲领，以便指导更详细的地区规划和工程计划的制定和实施。

次区域发展策略的特色之一是香港的容积率指标并不是通过对未来全市建筑总量的预测来进行片区分配的，而是在维持城市环境、市容景观、基础设施配套和安全的基础上，可以接受的容积率的最大值。不过，如果发展容量受到很大限制（例如运输或基础设施方面的限制，或基于环境、地形或土力状况的限制），或须符合特别的设计规限，则在适当及可行的情况下，或会订定较低的容积率。

香港密度分区制度主要建立在现状地形特征上，凸显集约利用土地、保护自然环境的特点（图5-3）。总体看来，香港港岛及九龙（即都会区）的整体发展密度为全港最高，城市空间呈密集发展状态，高层及超高层楼宇十分集中。中环CBD属于香港岛住宅用地中容积率最高的区域（表5-1）。

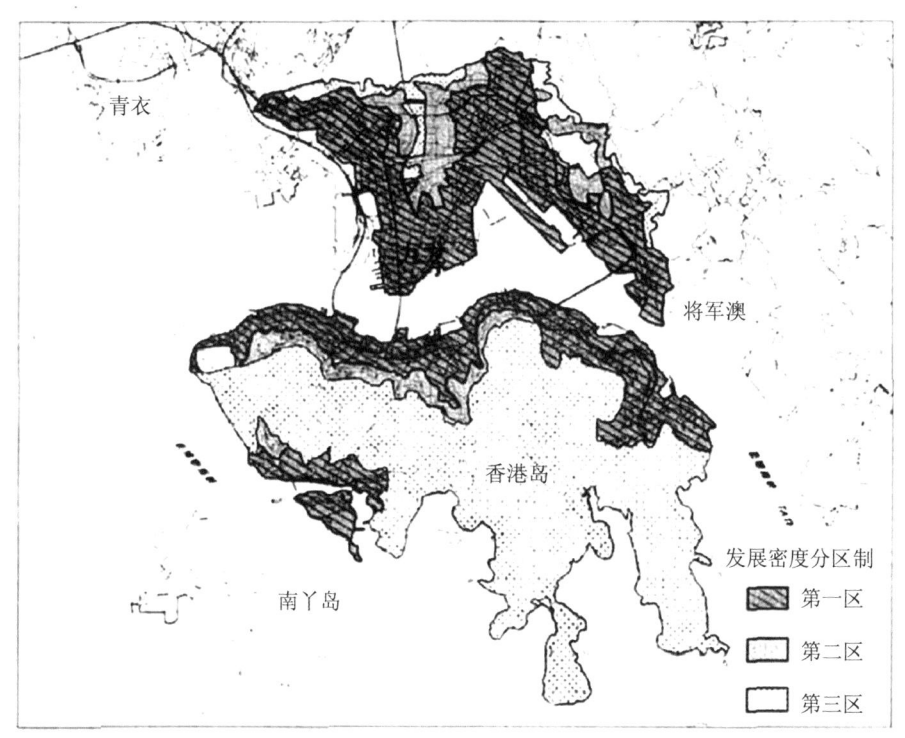

图5-3　香港都会发展密度分区制
（资料来源：《香港密度管制经验及反思》，刘冰冰、杨晓春、朱震龙）

外围新市镇同样遵循高密度发展的总体思路，目的不仅仅是容纳更多人口和促使基建设施的高效率利用，还更有助于保护郊区的自然环境。

表 5-1　都会地区密度控制

| 发展密度区 | 地区类别 | 地点 | 最高住用容积率 |
|---|---|---|---|
| 住宅发展密度第 1 区 | 现有发展区 | 香港岛 | 8/9/10 倍 |
| | | 九龙及新九龙 | 7.5 倍 |
| | | 荃湾、葵涌及青衣 | 8 倍 |
| | 新发展区及综合发展区 | | 6.5 倍 |
| 住宅发展密度第 2 区 | | | 5 倍 |
| 住宅发展密度第 3 区 | | | 3 倍 |

资料来源：《香港规划标准与准则》

密度 1 区上的香港岛是单纯依靠《建筑物条例》下的《建筑物（规划）规例》进行城市密度管制。考虑不同基地的交通可达性不同，香港的土地开发强度还考虑基地位置的影响。基地位置分为三类：

甲类基地：指紧连 1 条不少于 2.5 米阔的街道或多于 1 条该类街道的非街角基地。

乙类基地：指紧连 2 条不少于 2.5 米阔的街道的街角基地。

丙类基地：指紧连 3 条不少于 2.5 米阔的街道的街角基地。

香港主要从用地分类、基地位置、建筑高度三方面对土地的开发强度进行控制。建筑高度主要影响基地的最大建筑面积，在最高容积率不变的情况下，随着建筑高度的提高，基地的最大建筑面积逐渐减少（表 5-2）。

表 5-2　建筑密度、容积率与建筑高度关系

| 建筑物高度（米） | 住宅建筑 | | | | | | 非住宅建筑 | | | | | |
|---|---|---|---|---|---|---|---|---|---|---|---|---|
| | 建筑密度 | | | 容积率 | | | 建筑密度 | | | 容积率 | | |
| | 甲 | 乙 | 丙 | 甲 | 乙 | 丙 | 甲 | 乙 | 丙 | 甲 | 乙 | 丙 |
| 不超过 15 米 | 66.6 | 75.0 | 80.0 | 3.3 | 3.75 | 4.0 | 100.0 | 100.0 | 100.0 | 5.0 | 5.0 | 5.0 |
| 15 米以上但不超过 18 米 | 60.0 | 67.0 | 72.0 | 3.6 | 4.00 | 4.3 | 97.5 | 97.5 | 97.5 | 5.8 | 5.8 | 5.8 |
| 18 米以上但不超过 21 米 | 56.0 | 62.0 | 67.0 | 3.9 | 4.30 | 4.7 | 95.0 | 95.0 | 95.0 | 6.7 | 6.7 | 6.7 |
| 21 米以上但不超过 24 米 | 52.0 | 58.0 | 63.0 | 4.2 | 4.60 | 5.0 | 92.0 | 92.0 | 92.0 | 7.4 | 7.4 | 7.4 |
| 24 米以上但不超过 27 米 | 49.0 | 55.0 | 59.0 | 4.4 | 4.90 | 5.3 | 89.0 | 90.0 | 90.0 | 8.0 | 8.1 | 8.1 |
| 27 米以上但不超过 30 米 | 46.0 | 52.0 | 55.0 | 4.6 | 5.20 | 5.5 | 85.0 | 87.0 | 88.0 | 8.5 | 8.7 | 8.8 |

续表 5-2

| 建筑物高度（米） | 住宅建筑 | | | | | | 非住宅建筑 | | | | | |
|---|---|---|---|---|---|---|---|---|---|---|---|---|
| | 建筑密度 | | | 容积率 | | | 建筑密度 | | | 容积率 | | |
| | 甲 | 乙 | 丙 | 甲 | 乙 | 丙 | 甲 | 乙 | 丙 | 甲 | 乙 | 丙 |
| 30米以上但不超过36米 | 42.0 | 47.5 | 50.0 | 5.0 | 5.70 | 6.0 | 80.0 | 82.5 | 85.0 | 9.5 | 9.9 | 10.2 |
| 36米以上但不超过43米 | 39.0 | 44.0 | 47.0 | 5.4 | 6.10 | 6.5 | 75.0 | 77.5 | 80.0 | 10.5 | 10.8 | 11.2 |
| 43米以上但不超过49米 | 37.0 | 41.0 | 44.0 | 5.9 | 6.50 | 7.0 | 69.0 | 72.5 | 75.0 | 11.0 | 11.6 | 12.0 |
| 49米以上但不超过55米 | 35.0 | 39.0 | 42.0 | 6.3 | 7.00 | 7.5 | 64.0 | 67.5 | 70.0 | 11.5 | 12.1 | 12.6 |
| 55米以上但不超过61米 | 34.0 | 38.0 | 41.0 | 6.8 | 7.60 | 8.0 | 60.0 | 62.5 | 65.0 | 12.2 | 12.5 | 13.0 |
| 61米以上 | 33.33 | 37.5 | 40.0 | 8.0 | 9.00 | 10.0 | 60.0 | 62.5 | 65.0 | 15.0 | 15.0 | 15.0 |

资料来源：《香港土地开发强度规划控制的方法及其借鉴》，顾翠红

3) 地区图则——法定规划，指导具体地块建设

地区图则是详细的土地用途图则，其中的应用准则对各种土地用途和设施选址提出建议，将全港及次区域层面所制定的规划原则在地区层面予以落实。地区图则可以分为法定图则和政府内部图则，法定图则是政府批地的依据，对土地用途的规定是通过划定一系列的土地用途地带来实现的，而这些用途地带的划分则依据以规划管理单元为核心的直接面向规划管理实际需要，体现了效率、弹性和公平的原则。

（1）法定图则

①分区计划大纲图

分区计划大纲图明确规划分区内拟议的 12 类土地用途和主要道路系统。分区计划大纲图附有注释，列出分区内通常准许的用途，以及其他须取得规划委员会许可的用途。《香港中环扩展区分区计划大纲》（*Draft Central District（Extension）Outline Zoning Plan*）主要包括四个方面：修正案、注释、土地利用明细表、详细说明。

分区计划大纲图显示区域内允许的发展类型。申请到的规划许可中的条款，规定了土地利用的范围，这样的规定方式更灵活，可以满足不断变化的需求。

分区计划大纲图涵盖了规划方案区域 26.70 万平方米中 23.11 万平方米的土地，以香港会议展览中心（会展中心）为界向东延伸至哈科特港公路走廊南部、中部康诺特广场和香港机场铁路车站，北延伸到海滨。

其中土地利用明细表中规定了各种土地性质下土地利用详细许可，以商业用地为例，如表 5-3 所示。

表5-3　商业用地土地利用明细表

| 商业用地 ||
| --- | --- |
| 列1 | 列2 |
| 准许用途 | 可能允许或需向城市规划委员会申请的用途 |
| 救护站 | 广播、电视或电影制片厂 |
| 餐厅 | 商业更衣室/按摩机构 |
| 教育机构 | 政府垃圾收集站 |
| 展览或会议大厅 | 轨道交通铁路 |
| 政府使用（不指定的其他地方） | 通风竖井和/或其他高出地面结构（汽油加油站除外） |
| 酒店 | 住宅 |
| 信息技术和电信行业机构使用（不指定的其他地方） | |
| 图书馆 | |
| 博彩中心办公室 | |
| 娱乐休闲场所、体育或文化私人俱乐部 | |
| 诊所 | |
| 公共厕所 | |
| 公共交通总站或停靠站 | |
| 公用事业设施装置 | |
| 公共汽车公园（不含集装箱车） | |
| 收集可回收中心 | |
| 学校 | |
| 宗教机构 | |
| 商店和服务社会福利设施培训中心 | |
| 私人项目设施装置 | |
| 批发贸易 | |

资料来源：《香港中环扩展区分区计划大纲》

此外，分区计划大纲图还包括规划意愿及限制内容。

规划意愿：该区域的主要目的是为商业发展，其中允许的用途包括办公室、商店、娱乐场所、餐厅和酒店、领土业务、商业或金融中心、区域或地区购物中心。

商业限制：指定的"商业"区域，在没有新发展，或添加、修改、重建现有的建筑的情况下，应当保证总的开发或重建的最大建筑高度不得超过水平基准面131米。基于个案的优化开发或再开发建议，对于建筑物的高度限制，城市规划委员在推进正常程序中可以考虑将《城市规划条例》相应规定适当放松。

分区计划大纲图显示土地利用分区和主要公路网络，以便在开发、重建区域内的规划方案能够由法定规划控制。一个小规模的计划和土地利用区之间的运输联盟和边界区域可能会在详细规划过程中有较小的调整。

例如在中环—湾仔绕道在内重要的交通基础设施用地面积内，提出北港岛线、机场铁路的隧道以及文化和政府机构或社区（GIC）用地设施，或者急需的开放空间和一些商业的发展的要求。由于该区域涵盖维多利亚港的海滨，任何土地开发的调整和建议，应根据具体需求，按照《港口保护条例》中的规定进行调整，维多利亚港董事会持有最终解释权（具体参法例第531章）。

维多利亚港的海滨设计应在城市设计框架指导内进行。填海区的城市设计框架应展示出连贯和清晰的土地利用结构、城市形态和开放空间。独特的中环滨水区的开发，旨在独特的发展机遇下优化重组现有码头，并创建一个世界级滨水地区，不能轻易将其纳入现有的城市地区。框架的目标是建立一个真正象征着香港的精神、令人难忘的城市核心。主要包括城市滨水区、设计走廊、综合发展区、建筑高度、人行规划和城市设计概念。

②发展审批地区图

发展审批地区图主要为非城市地区制定的过渡性图则，控制某些区域如农田和保护区的违章建设，违者会遭到规划署的检控。有效期3年，期间可由分区计划大纲图取代。

（2）内部图则（非法定图则）

发展大纲图作为内部图则，是根据上层次规划而制定的，更详尽地显示发展的内容（图5-4）。比如，法定分区计划大纲图只划定"政府、团体或社区用途"地段，而内部图则会标明作为学校、诊所、市场、社区中心用地等具体用途，比如详细蓝图：绘图比例较大，可达1:500至1:2000，主要用作发展工程施工时的参考图则，包括道路红线及宽度、建筑物界限和方位等。详细蓝图分为两种，一种是小区规划蓝图，是城市区域的蓝图；还有一种是乡村屋宇的蓝图。

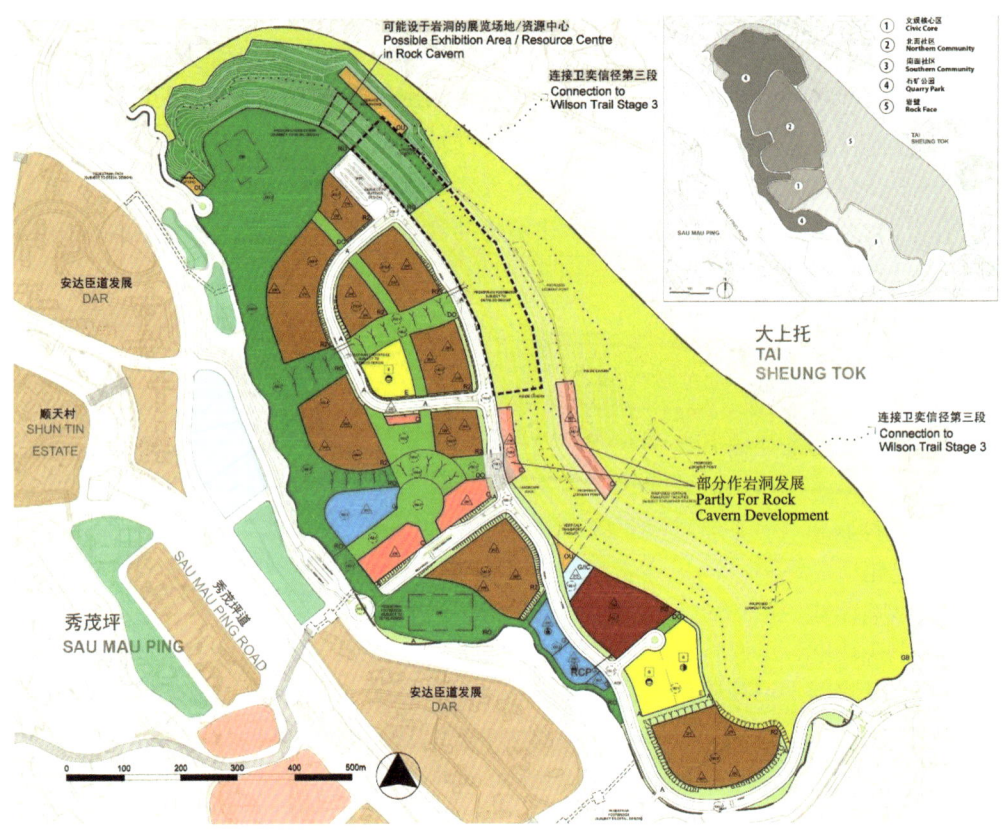

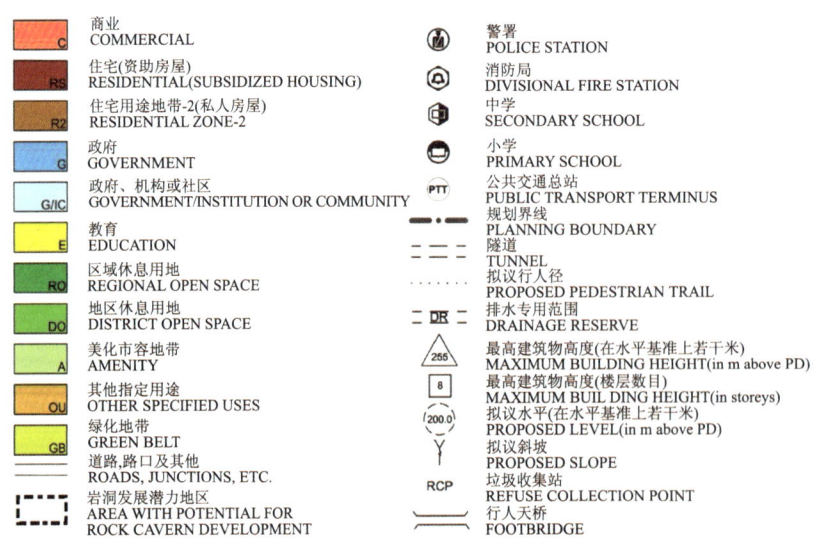

图 5-4 安达臣道石矿场建议发展大纲图

（资料来源：香港规划署，http：//www.pland.gov.hk/pland_en/p_study/prog_s/AndersonRoadQuarry/sc/planning-concepts.html）

2. 城市规划设计重视环境影响评估

高密度城市必然有高密度的楼房与高密度的人口，高密度生活的"成本"是比较难以优化的自然环境，难以获得好的阳光和自然的空气流通。为了保证人们居住在舒适的环境里，许多城市制定了一系列标准与环境评估方法来引导城市开发建设。纳入建成环境微气候及行人环境等课题的研究成果是香港城市设计控制的一大亮点。

（1）整体层面规划建设引入环境影响评价

环境评价的目的，在于预测工程项目或发展计划可能对环境造成的各种不良影响，使决策者可以及早计划和采取一定的对策，以避免、减轻或控制这些不良影响。《环境影响评估的技术备忘录》是环境影响评估法律保障体系中不可缺少的部分之一，政府在发出所有有关环境影响评估研究概要、批准环境影响报告、发出环境许可证时，将会以技术备忘录为指引。技术备忘录除了规定工程项目简介、环评研究概要、环境评估影响报告、环境许可证的签发、环境的监察与审核等内容以外，还规定了环境影响评估的技术指引，规定了政府的一般评估取向及方法。在环境保护署的主持下，香港先后制定了《水污染控制法》《水法》《空气污染控制法》《垃圾控制法》《噪音控制条例》等法规，并制定相应的环境控制标准和环境保护目标。

环境影响评估的一般评估方法包括定性的环境描述和尽可能定量的环境预测和环境评价。其中在环境预测和环境评价中主要涉及下列技术指标：①空气质量评估；②噪音等级评估；③水污染评估；④废物处理评估；⑤生态影响评估；⑥渔业影响评估；⑦景观和视觉影响评估；⑧对文化遗产地点影响的评估等。

（2）空气流通评估（AVA）与《香港规划标准与指南》

自2003年香港发生"非典"事件以来，香港社区提出改善城市生活环境质量的要求。空气流通评估（AVA）是香港政府2006年颁布的一种设计方法，旨在处理香港不尽如人意的步行条件。AVA方法中提出，如果一个场地存在自然风，在步行水平上，出现1.5米/秒以上风速的概率是一项实用的"标准"，因而建议城市结构尽可能地具有渗透性和多孔性（吴恩融，2014）。

鉴于香港人口密度大、气候湿热的特点，香港将促进可持续发展的城市规划和设计作为全港发展的重要策略，在此背景下香港全城清洁策划小组在2003年8月提出建议，为改善城市楼宇布局，要求规划署研究把空气流通评估列为所有大型发展或重建项目及未来规划的一个考虑因素。规划署于2005年完成了《空气流通评估方法可行性研究》，并根据研究成果制定了一套意向指引及有关进行空气流通评估的纲领。根据研究成果形成的空气流通意向指引，作为《城市设计指引》的重要内容纳入了《香港规划标准与准则》。同时，为在规划和设计过程中提供辅助，以改善城市结构的通风情况，香港编制了《就香港发展项目进行空气流通评估技术指南》，鼓励采用风洞进行空气流通评估，从而就不同设计方案对空气流通的影响作出比较，辨明潜在的问题，最终改善设计。《香港规划标准与准则》中对"通风走廊和空气通道""开放空间的连接""滨水场地"等区域提出了设计指引。

3. 城市设计导控与指引实施机制

香港城市设计指引可以通过现有的法定方式和行政机制实施。

（1）法定方式

①根据《城市规划条例》所拟备的《分区计划大纲图》的"注释"制定规范，规

管建筑物的高度、上盖面积和容积率等。

②规定在《分区计划大纲图》中的"综合发展区"地带进行发展时须提交总纲发展蓝图，以规管建筑物的布局和设计。

③引用《建筑物条例》管制个别建筑物的设计。

④根据《古物及古迹条例》规管历史文物。

（2）行政机制

①在拟备发展用地的地契条款时，纳入有关城市设计的因素，例如"设计、分布和高度"条文。地契条款可列明建筑物的设计和分布、高度、屋宇类别的限制、环境美化项目及总纲发展蓝图等的要求。

②对地区或地方层面的新大型发展项目或重建项目进行城市设计研究，继而制定更详细的指引。中环地区城市设计正是在指引的基础上开展新海滨城市研究，进而制定出更详细的指引。

### 5.2.2 《香港规划标准与准则》

1. 《香港规划标准与准则》框架

香港采取法定图则加技术标准的管理模式：《香港规划标准与准则》是技术政策文件，列明各类土地用途在设施配置方面的标准。香港在技术标准里面把各方面的内容都研究得非常深入，而且每年进行多次修订，不断根据新的动态更新。

《香港规划标准与准则》包括12章：第1章绪论，第2章住宅发展密度，第3章社区设施，第4章康乐、休憩用地及绿化，第5章工业，第6章零售设施，第7章公用设施，第8章内部运输设施，第9章环境，第10章自然保育及文物保护，第11章城市设计指引，第12章其他规划标准与准则。

《香港规划标准与准则》在实施过程中经过多次修订，从2015年修订内容中可以看出政府更加关注公共基础设施建设（表5-4）。

表5-4 《香港规划标准与准则》主要修订一览表

| 审批日期 | 主题 | 章 | 修订详情 |
| --- | --- | --- | --- |
| 2015年3月 | 公用设施 | 7 | 修订公用设施的引言和更新电力供应、气体供应、无线电通讯及广播服务、供水、渠务设施及公用设施专用范围的规划标准与准则 |
| 2015年10月 | 康乐、休憩用地及绿化 | 4 | 对本章的一般资料进行更新，并且增加指引和优化安排，以便就私人发展项目的公众休憩用地的提供，公营房屋发展在绿化覆盖率方面的要求，以及建筑发展项目的绿化覆盖率作出指引。此外，亦增加若干关于绿化和相关事项的技术通告和指引 |
| 2015年11月 | 绪论 | 1 | 更新规划标准小组委员会秘书的职位名称 |
| 2015年11月 | 城市设计指引 | 11 | 将中环七号码头加入作为瞭望点 |

资料来源：香港规划署，http://www.pland.gov.hk/pland_sc/tech_doc/hkpsg/full/hkpsg_amend.htm

## 2.《城市设计指引》主要内容

为了提升香港作为世界级城市的形象,以及改善建设环境,香港规划署在2003年完成了《香港城市设计指引》,之后在2005年完成了《空气流通评估方法可行性研究》。根据上述两项研究的结果和建议制定的《城市设计指引》最终纳入了《香港规划标准与准则》,成为指导与评核香港城市设计的政策性文件。

(1) 规定城市设计基本要素

《城市设计指引》规定了香港的城市设计基本要素,并将这些要素分为宏观、中观与微观三个层面。宏观层面关注都市形象,包括山脊线、都市模式和外形、功能分区等;中观层面重点考察建筑物和空间,包括建筑物的组合、都市空间和城市广场、建筑风格、地标、休憩用地和公园等;微观层面集中处理使用者与环境的关系,包括街道设施、街景、色彩和材质等(表5-5)。

表5-5 《城市设计指引》规定香港的城市设计基本要素

| 宏观层面<br>都市形象 | 中观层面<br>建筑物和空间 | 微观层面<br>使用者与环境的关系 |
| --- | --- | --- |
| 天然环境<br>轴线规划<br>海港<br>都市模式和外形<br>山脊线<br>门廊<br>基础设施<br>功能分区<br>环境保育<br>土地用途和活动<br>地区特色和市容 | 建筑物的组合<br>聚集程度和高度<br>建筑设计和风格<br>地标<br>都市空间和城市广场<br>休憩用地和公园<br>街道及其模式<br>行人路和行人连接通道<br>观景廊<br>建筑物之间的连接和融合 | 人本比例<br>渐变<br>和谐<br>街景<br>街道设施<br>广告和指示牌<br>用料、色彩和材质 |

(2) 主要城市设计课题

《城市设计指引》(以下简称《指引》)还根据香港自然环境与城市建设的特点,提出了需要重点关注的城市设计主题,包括市区边缘地区和乡郊地区的聚集程度和密度、建筑高度轮廓、海旁用地、公共空间、街景、文化遗产、观景廊以及建筑物的外露支柱等。比如,《指引》指出城市轮廓线由城市天际线、山脊轮廓以及山峰构成。在对天际线的控制方面,《城市设计指引》把香港分为四个片区:港岛与九龙主城区、新建城区、郊野区以及维多利亚湾区。对每个片区的天际线设计都做了不同的要求。同时,对山脊轮廓以及山峰的视廊保护也提出了相应的控制要求,以确保从九龙望向港岛以及从港岛望向九龙分别能看到哪几段山脊线与哪些山峰(图5-5)。

(3) 主要用地设计指引

《指引》还提出了商业、住宅与工业这三种最主要的城市用地类型的相关城市设计指引。

图 5-5 香港《城市设计指引》中对城市天际线的明确控制
（资料来源：香港规划署网站）

①商业地带的城市设计指引包括形象、人流、车流、停车位、空气质量、街景等方面内容，以形象指引为例进行说明，见表 5-6。

表 5-6 商业地带城市设计指引

| 课 题 | 目 标 | 设 计 指 引 |
|---|---|---|
| 形 象 | 为个别地区以至全城设计正面而鲜明的形象 | 中心商业区 |
| | | 提高香港的形象 |
| | | 超级摩天大厦的选址限于少数的地标位置 |
| | | 建筑物的高度可考虑从内陆向海旁渐次递减 |
| | | 为超级摩天大厦的选址制定适当准则 |
| | | 巩固海旁建筑物对城市所起的"窗橱"作用 |
| | | 天台建筑物须顾及对视觉的影响 |
| | | 天台广告牌须顾及对视觉的影响 |
| | | 可把适当地点划为"综合发展区"地带等以控制发展设计 |
| | | 避免发展互不协调的海旁用途 |
| | | 尽量方便人们前往海旁 |
| | | 住宅区内的商业面貌 |
| | | 以商业中心为发展的核心 |
| | | 利用商业中心缔造住宅区的标记和地区特色 |
| | | 为商业中心平台周边的外墙增加趣味 |
| | | 把室内的购物商场与室外的休憩空间贯通 |
| | | 工业区内的商业面貌 |
| | | 商业用途位置作为工业村的焦点 |
| | | 为设施选址时，往返方便和使用率高可视为首要条件 |

②居住空间的城市设计指引包括规模、建筑物高度、建筑外形与聚集程度、大厦或屋宇的分布、行人通道、行车通道、停车设施、休憩用地,以及政府、机构及社区设施等,负面影响应标记。以规模和建筑物高度为例进行说明,见表5-7。

表5-7 居住空间城市设计指引

| 课题 | 目标 | 设计指引 |
| --- | --- | --- |
| 规模 | 发展的大小须相宜 | 鼓励进行综合住宅发展,务求布局和设计可以更加灵活 |
| | | 促使毗连地段的土地拥有人互相合作,协力改善整体的城市景观 |
| 建筑物高度 | 尽量减轻发展高度在视觉上对四周的不良影响 | 建筑物高度须顾及背后的山景,以免破坏景观范围 |
| | | 采用多元化的建筑高度组合达到悦目的视觉效果 |
| | | 可对容积率作出限制以降低建筑物的高度 |
| | | 建筑物可采用梯级式高度或将建筑线后移腾出空间以尽量减轻对毗邻地带发展的负面视觉影响 |
| | | 越靠近海旁、休憩用地和郊区地点的建筑物,高度应该越低 |
| | | 避免建筑物造成"铅笔"效果或兴建与附近环境格格不入的"突兀"建筑物 |

③工业地带的城市设计指引包括环境影响、车流、人流、休憩用地等,以环境影响和车流为例进行说明,见表5-8。

表5-8 工业地带城市设计指引

| 课题 | 目标 | 设计指引 |
| --- | --- | --- |
| 环境影响 | 工业地区的选址以尽量少对四周造成负面影响为佳 | 设立园景美化的缓冲区,减轻工业对邻近地区的负面视觉影响 |
| | | 提供通风廊 |
| | | 为顾及毗连地带的土地用途而设置缓冲区 |
| 车流 | 设计具效率的通道布局,并为工业区缔造正面的形象 | 辟设通道连接道路基础设施 |
| | | 在工业区设立鲜明的入口,以营造正面的形象 |
| | | 设置各自独立的货运专用和管理专用交通通道 |
| | | 避免划设贯穿中心区的道路路线 |
| | | 以园景美化四周道路 |
| | | 规划有效率的通道设计给紧急车辆使用 |
| | | 提供方便使用的公共交通工具 |
| | | 提供足够的停车位 |
| | | 鼓励驾车者不要在路旁停放车辆 |
| | | 在工业区内划设中央停车处作为中心点 |
| | | 栽种植物以遮掩停车处 |

## 5.3 香港 CBD 城市设计导控重点要素解读

### 5.3.1 香港中环开发过程中预留游憩活动空间

《城市设计指引》中包括"海旁用地""开放空间"等的城市设计指引,其中强调"沿海旁应预留用地作文娱、旅游相关、康乐和零售用途,应借多元化的活动和功能,为海滨注入生气,营造享乐气氛""新发展区(例如填海区)可进行园境美化的空间较多,应该预留大量园景用地,以便与休憩用地融合为一个格调一致的休憩用地架构"。2011 年《中环新海滨城市设计研究》中,为了回应公众期望,中环地区降低了五个主要用地的发展密度,增加海滨活动游憩空间(图 5-6)。

Reduction of Development Intensity of Five Key Sites 减低五个主要用地的发展密度

| Site<br>用地 | Original Estimated GFA/m²<br>原本预计的总楼面面积/平方米<br>(A) | Revised GFA/m²<br>现在提议的总楼面面积/平方米<br>(B) | Difference/m²<br>差别/平方米<br>(B-A) |
|---|---|---|---|
| 1 | 92,465# | 35,120 | -57 345 |
| 2 | (117,240@) |  | (-82,120@) |
| 3 | 190,000# | 157,400 | -32,600 |
| 4 | 14,580 | 7,500 | -7,080 |
| 5 | 24,415 | 2,900* | -21,515 |
| Total<br>合共 | 321,460#<br>(346,235@) | 202,920 | -118 540<br>(143,315@) |

图 5-6 中环新海滨城市设计土地现状与规划情况组图
(资料来源:《中环新海滨城市设计研究》)

中环新海滨城市设计注重绿地景观的丰富与连续性,提出通过制定综合的园境策略及绿化网络,能有助于建立一个具有活力及绿化的海滨。如图 5-7 所示,香港滨海湾区域内设计有四季花卉廊道、滨海绿地、异国花园、紫荆花道等不同园境。

《中环新海滨城市设计研究》中提出设计六条景观廊以保证与海港的通透度及视觉联系。此外,确定建筑物的界限以及园景走廊的设计能增强景观廊的效果。建议采取不同的方法,包括建筑物高度向海滨逐渐递减,建筑物后移,以及改变建筑物间距以提高天际线与海滨景致的融合度。建筑物以低至中高层为主,与中区现有的错落有致的天际线互相配合(图 5-8)。

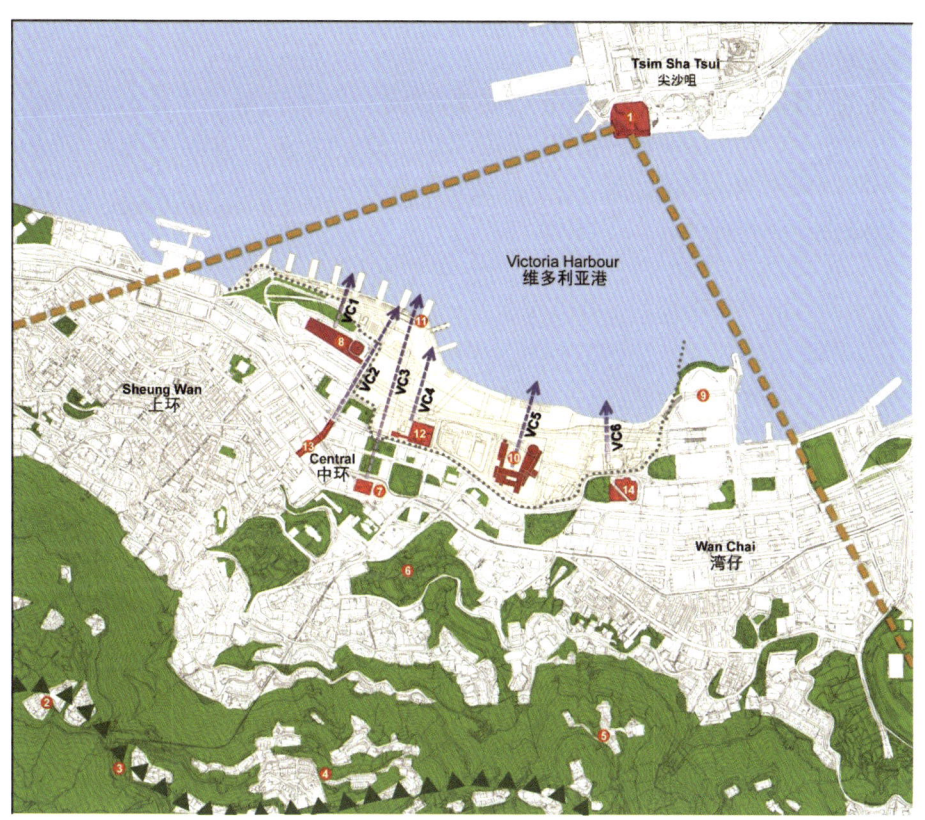

图 5-7　中环新海滨城市设计园境策略及景观廊示意图
（资料来源：《中环新海滨城市设计研究》）

图 5-8　中环新海滨城市设计研究成果之一鸟瞰图
（资料来源：《中环新海滨城市设计研究》）

在文化遗产的设计指引中，提出改作新用途、保护历史文物的环境、协调、保存地方特色及重建历史文化五个方面的指引。《城市设计指引》中鼓励保护文物、建筑和重要文化建筑，加强香港文化和历史延续性。中环新海滨城市设计中保留了场地内历史建筑，通过视线控制等打造区域景观走廊，与周边历史文物创造联系（图 5-9）。

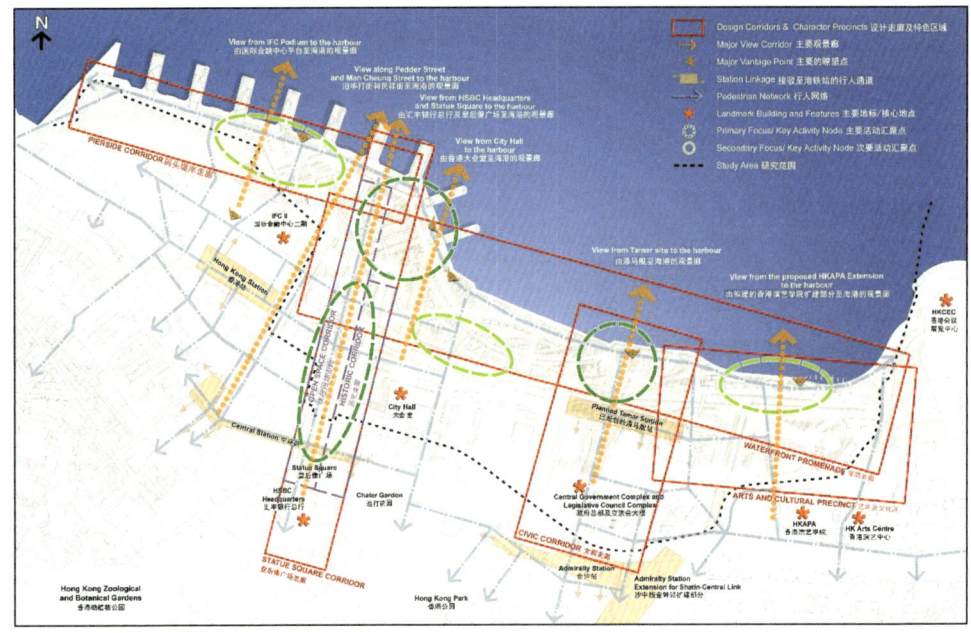

图 5-9 中环新海滨城市设计历史保护与区域景观走廊示意图
(资料来源:《中环新海滨城市设计研究》)

### 5.3.2 香港 CBD 城市天际线

1. 天际线指引

在城市建筑高度和山体关系方面,香港提供了一个优秀的范例。由于地少人多,香港需要在不破坏山体景观的前提下尽可能拔高建筑物的高度。香港采用以山地高度为参照来确定建筑物高度的方法,划定 20% 山景不受建筑物遮挡的地带,但是允许标志性建筑物超过山体高度,形成视觉焦点,使建筑和山体轮廓线错落有致(图 5-10、图 5-11、图 5-12)。

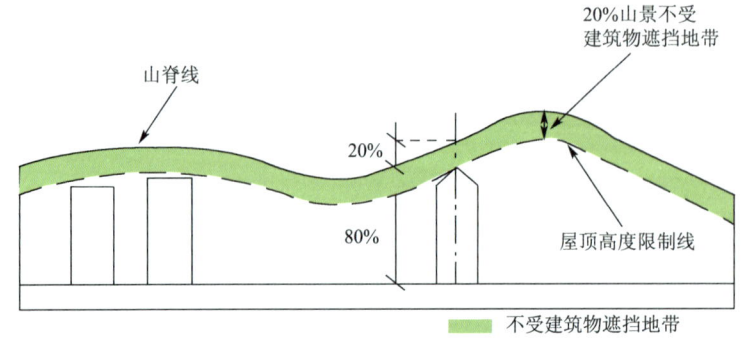

图 5-10 设立不受建筑物遮挡地带以保存山脊线景观
(资料来源:《城市设计指引》)

图 5-11　香港 CBD 城市天际线控制与山脊线
（资料来源：《城市设计指引》）

图 5-12　香港 CBD 城市天际线

（资料来源：http：//www.nipic.com/show/1/62/5f24688aba8fbefa.html）

2.《城市设计指引》修订内容中提出增加新的瞭望点

香港《城市设计指引》提到：香港岛有优美的天然环境，扯旗山巍然耸立，遥望维港和九龙半岛。港岛北岸发展应配合扯旗山和其他山脊线、山峰，以保护从九龙（特别是从西九龙文化艺术区、尖沙咀的文化场馆及启德发展区的海滨长廊）望向的景观。在上述这些瞭望点的观景廊内，应避免无限制高度及破坏"不受建筑物遮挡地带"的发展。对于个别地区的景色，可视乎情况考虑其他合适的瞭望点。

## 5.3.3　香港建筑组合与界面城市设计指引

"空气流通意向指引"分为地区层面和底盘层面，指引建筑物的排列、透风度、高度和外形等要素。例如：在适当的情况下，应采用梯级式的平台设计，将气流从上空引导至地面的行人路（图 5-13）；在面向与风向成直角的主要行人区、街道的一方，平台上的高楼应与平台边缘贴齐，将风引导向下吹至路面（图 5-14）。

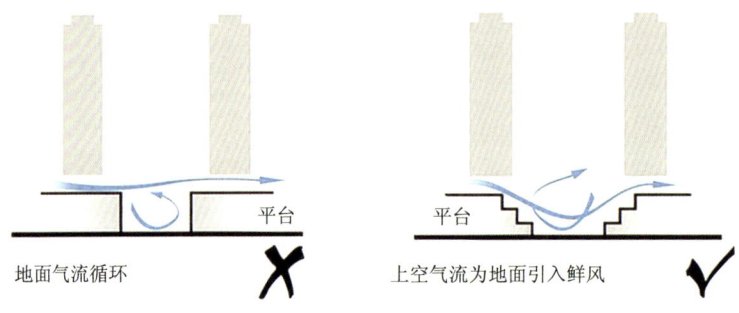

图 5-13　梯级式的平台设计
（资料来源：《城市设计指引》）

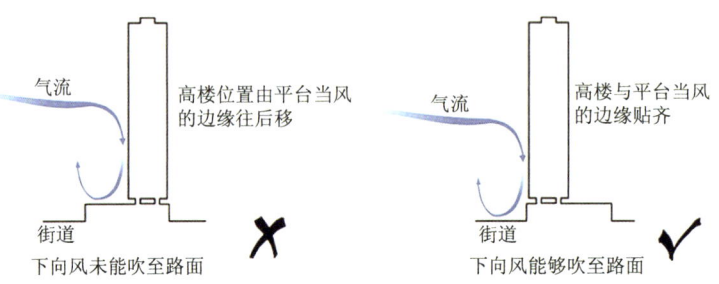

图 5-14　高楼的排列应将风引导向下吹至路面
（资料来源：《城市设计指引》）

### 5.3.4　香港中环行人道路规划——衔接公共交通与开放空间

（1）提供行人优先设施，如步行街、地下或地上合并的道路，在适当情况下鼓励车辆和行人隔离（图 5-15）。

图 5-15　中环新海滨城市设计行人环境指引
（资料来源：《中环新海滨城市设计导则》）

(2) 整合行人通道与开放空间网络。

(3) 引入减少交通流量措施，如减速带、增加出口，以尽量减少车辆和行人之间的冲突。

(4) 提供安全、清洁、方便和有趣的环境，四通八达的交通网络充分考虑到对行人的最小影响，应确保残疾人通行无阻（图5-16）。

(5) 缩减平台的地面上盖范围以腾出更多地面作为休憩用地及进行街头活动。

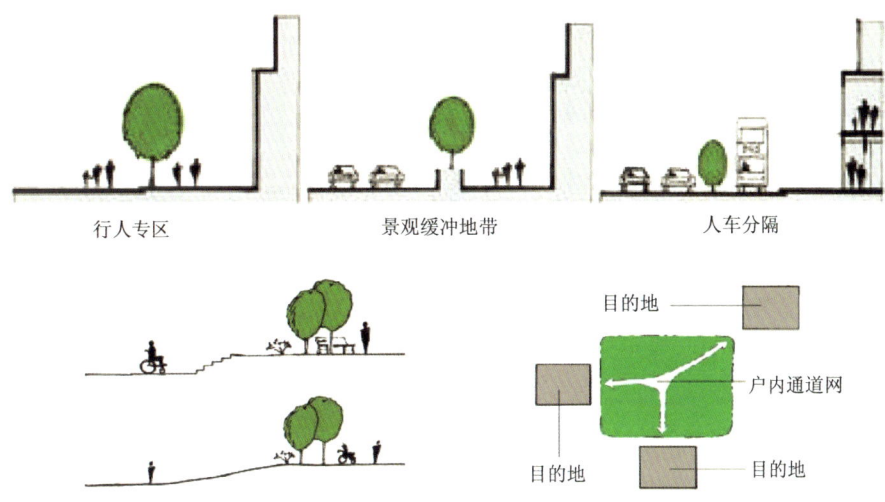

图5-16　安全、清洁和交通方便的行人环境

（资料来源：《中环新海滨城市设计导则》）

## 5.3.5　香港城市街景设计

香港城市应提供高规格的街道装置，以配合该区或邻近发展地带的风格。在商业和旅游区应避免千篇一律的街道装饰。应考虑设置高水平设计的座椅、行人指示牌和旗杆，以建立地方感。至于其他地面上的装置如电话亭、消防栓、邮筒和有盖巴士、电车站，亦应采用优美的设计。应容许在街道上竖立小型地标，例如具有特色的入口、雕塑或园林景色，让驾车人士和行人可以辨别方向。街道装置、过路处、凹凸纹路面铺设、凸字资料板等的设计，须充分顾及残障人士的需要。

应为驾驶者和行人设置清晰和详尽的路牌，方便他们决定其路线。路牌不应胡乱堆放，以避免街景杂乱无章（图5-17）。

图 5-17　高规格的街道装置避免路牌杂乱无章
（资料来源：《城市设计指引》）

如需人车分隔，应注意以下几点：

①行人天桥应尽可能短些，最好与街道成直角。它应能把空间结构加强，而不是将其分开。

②避免兴建单独式的过路行人天桥。应鼓励把天桥的起点和终点直接相连于地面以上的楼层。起点和终点如需设于地面，则应尽量装设升降机和扶手电梯。同时应考虑行人天桥结构的美观。兴建行人天桥时应有适当的协调，以方便行人往来（图5-18）。

③在计划建造行人天桥时，应同时考虑到园林设计。

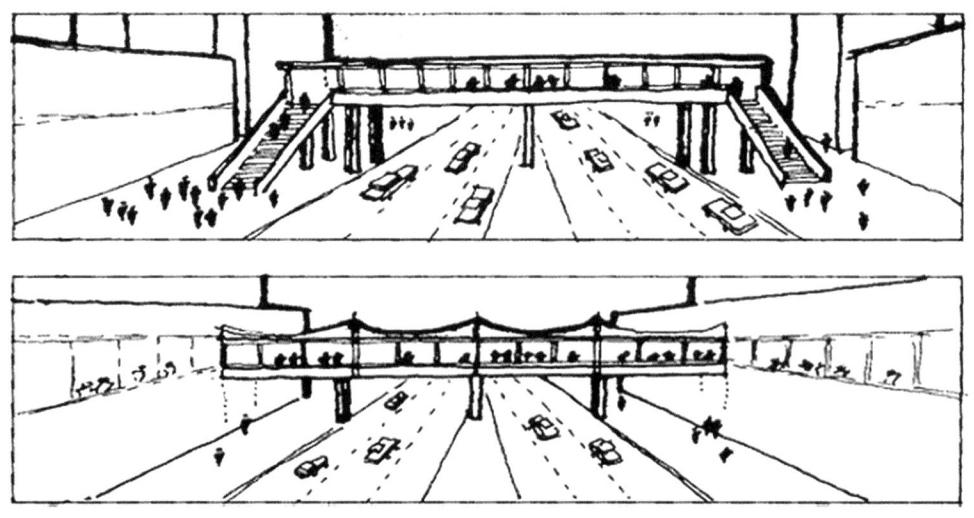

图 5-18　以通道连接商场，胜于兴建单独式的行人天桥
（资料来源：《城市设计指引》）

## 5.3.6 香港城市设计指引

表5-9 香港城市设计指引

| 层次 | | 细则 |
|---|---|---|
| 宏观层面 | 都市形象 | 天然环境 |
| | | 轴线规划 |
| | | 海港 |
| | | 都市模式和外形 |
| | | 山脊线 |
| | | 门廊 |
| | | 基础设施 |
| | | 功能分区 |
| | | 环境保育 |
| | | 土地用途和活动 |
| | | 地区特色和市容 |
| 中观层面 | 建筑物和空间 | 建筑物的组合 |
| | | 聚集程度和高度 |
| | | 建筑设计和风格 |
| | | 地标 |
| | | 都市空间和城市广场 |
| | | 休憩用地和公园 |
| | | 街道及其模式 |
| | | 行人路和行人连接通道 |
| | | 观景廊 |
| | | 建筑物之间的连接和融合 |
| 微观层面 | 使用者与环境的关系 | 人本比例 |
| | | 渐变 |
| | | 和谐 |
| | | 街景 |
| | | 街道设施 |
| | | 广告和指示牌 |
| | | 用料、色彩和材质 |

## 5.4 公众参与城市规划

### 5.4.1 《香港 2030 规划远景与策略》——四个阶段公众咨询的成果

《香港 2030 规划远景与策略》编制过程中，参考了以往"全港发展策略检讨"中提出的六个规划目标，并归纳了策略发展委员会的研究结论及提议，确立"可持续发展"是香港 2030 研究的首要目标。要推动可持续发展，必须平衡经济、社会、环境和资源等方面的需要，并在发展过程中引入社会的参与。基于这个首要目标，通过四个阶段不同内容、不同形式的公众咨询后，最终定出涵盖经济、社会和环境等方面的规划目标和评估准则（图 5-19）。

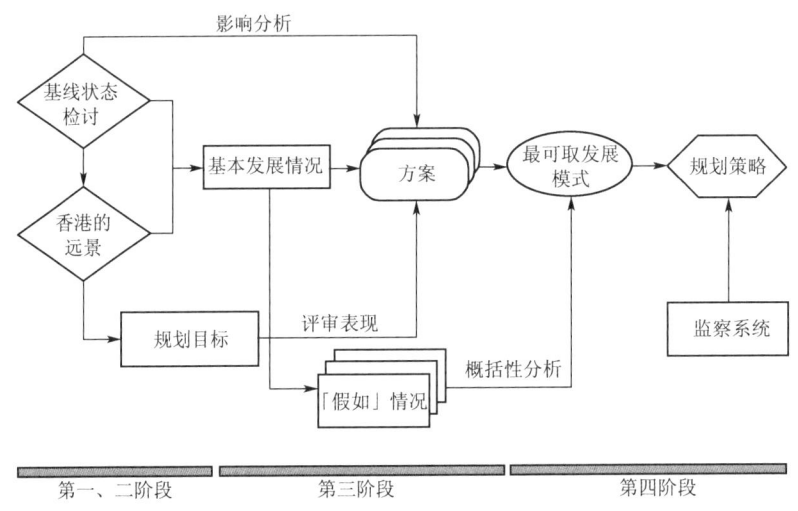

图 5-19 《香港 2030 规划远景与策略》工作框架
（资料来源：《香港 2030 规划远景与策略》）

（1）第一阶段：界定社会的规划目标

第一阶段的公众咨询旨在引发相关团体的兴趣。工作重点在于鼓励公众出谋献策和宣示期望，凸显需要优先处理的事项。

（2）第二阶段：掌握公众所关注的事项

第二阶段的公众咨询把第一阶段收集所得的意见整合为主要议题，以便进行更深入的讨论，定出可能的发展情况和发展方案。

（3）第三阶段：展示不同的规划选择

第三阶段以订立不同的未来发展方案为主，有关工作包括确定新的发展地区，提供主要的配套基建，以及指定自然保育区等。

（4）第四阶段：争取广泛的认同

在规划的第四阶段，对各个发展方案进行概括评估后，政府将选定一个较佳的发展方案，并就该方案进行更为详细的评估，同时考虑其他可能出现的情况和相关的应变计划，并确保有关的发展策略能够取得广泛的认同。

在编制《香港 2030 规划远景与策略》的过程中，通过综合不同土地用途的选择，制定了"集中发展"及"分散发展"两个发展模式广泛征求公众意见。《香港 2030 规划远景与策略》以一个具有远见的规划方式，肯定远期不明朗因素，制定一套稳健的策略来妥善回应各种可能性，同时拟定应变机制，并通过公众参与推进整体策略的制定，是一套非常值得借鉴的方法。

### 5.4.2 《中环新海滨城市设计研究》——公众参与的互动型城市设计

另一个非常成功的案例是《中环新海滨城市设计研究》，分别于 2007 年及 2008 年以公开、透明及多方参与的过程进行了两个阶段的公众参与活动：第一阶段公众参与主要就城市设计目标及议题、可持续设计评估大纲、主要用地的城市设计考虑因素发表意见，并与公众共同探讨有关重组皇后码头和重建旧天星钟楼的可能选址与设计概念；第二阶段公众参与的重点，就是中环新海滨拟议的城市设计理想及经优化的城市设计大纲，以及各主要用地包括重组皇后码头及重建旧天星钟楼的设计概念（图 5-20）。

该研究透过展览、工作坊、论坛、意见卡、面谈及电话访问等，广泛征询公众意见，并委托了独立的研究机构分析公众意见，最终修订出各主要用地的城市设计建议及总纲发展蓝图。

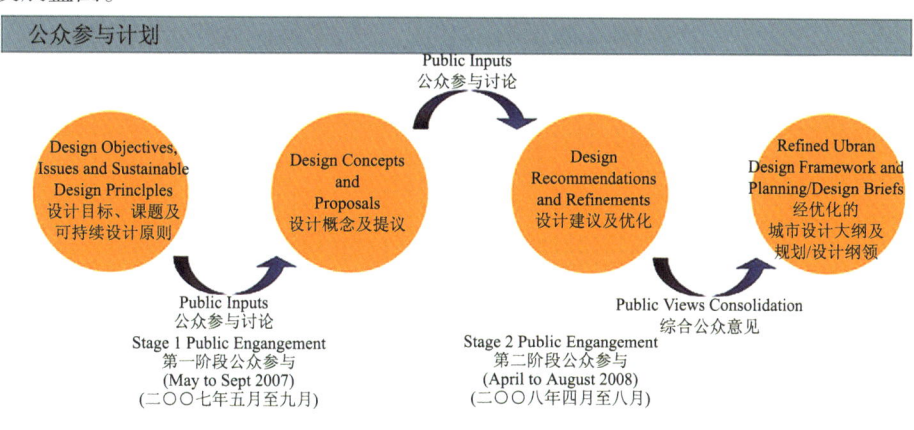

图 5-20　《香港 2030 规划远景与策略》公众参与计划

（资料来源：《香港 2030 规划远景与策略》）

### 5.4.3 香港公众参与制度——把公众的意见融合进规划

香港的公众参与集中在规划编制过程当中，通过多次反复的意见传达和意见反馈，不断把公众的意见融合进规划当中。在此过程中，相关法律的推行保证了公众参与的实施有严格的实施步骤。

香港规划的程序法《城市规划条例》详细地规定了整个编制过程的工作，包括各种委员会的人员构成、职能，各种程序的具体操作，规划的内容，等等。程序法明确规定了公众参与的内容，比如图则草图的展示，法律规定对于规划委员会认为适宜公布的草图，必须由规划委员会展示以供公众于合理时间查阅，为期 2 个月。在该段期间内，规划委员会必须将图则可供查阅的地点及时间，每星期一次在两份每日出版的本地中文报刊及一份每日出版的本地英文报刊刊登和在每期宪报公布。这样将本法的目标转换成具体的操作程序，加强了公众参与的法律保障（图 5-21）。

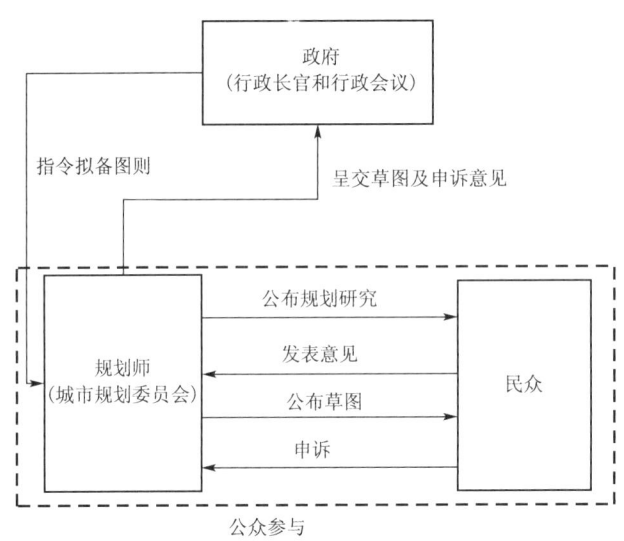

图 5-21　香港规划编制阶段公众参与示意图
（资料来源：《论香港城市规划公众参与制度的保障》，蔡泰成）

此外，香港的公众参与制度的另一个特点是意见交流形式更多的是规划师直接与民众沟通，规划编制方、规划审批方与公众之间没有直接的利益关系，避免了行政力量的干扰，保障了公众参与结果的公正性。例如，城规会就是一个很好的交流平台。

在制定新的分区计划大纲图或对现有图则进行重要修订前，城规会首先公布规划研究报告，供公众查阅和发表意见，在正式制定或修订图则时，将会考虑规划研究报告和公众的意见。编制的图则草图会送交各有关部门征询意见，然后提交有关的规划小组审议。同时图则草图和修订图则也会在政府宪报上刊登，分别公开展示两个月和三个星期，供市民发表意见。对图则有反对意见的人士可在此期间内向城规会提出反对意见。城规会接到反对意见后，将对反对意见给予初步考虑，并决定是否委派出一个聆讯反对小组委员会，以便聆讯反对个案。所提反对意见如不被城规会接受，提出反对的人士可出席就反对意见而召开的聆讯。

## 5.5　香港 CBD 可持续发展理念与策略

### 5.5.1　历史建筑的保存与利用——香港中环皇后像广场及立法会大楼

在对 CBD 区域进行现代化高层办公楼建筑开发的同时，香港政府认识到必须要通过保存古迹和与传统保持联系，才能达到历史和现代交相辉映的效果，从而增强 CBD

区域的人气和吸引力。

皇后像广场位于香港岛中环,是香港一个历史悠久的公众广场。随着19世纪80年代的填海而产生,原本是一块空地。1897年,为纪念英国女皇维多利亚登基60周年的庆典,香港政府铸造了一座女皇的铜像,并安置于中央广场,而广场亦改名为皇后像广场。1906年,为表扬身为汇丰银行总经理的银行家昃臣对香港经济的贡献,亦把他的铜像安放至皇后像广场。1923年,广场旁竖立了一座抗战胜利纪念碑,以纪念在第一次世界大战中阵亡的英军。皇后像广场面积虽然不大,但却是香港最有名的公园之一,现在每逢星期日,广场及其附近街道有不少菲律宾女佣休息。

皇后像广场四周被汇丰银行、渣打银行、中国银行、太子大厦、文华东方酒店等高楼大厦围绕,旁边有极富殖民式建筑色彩的立法会大楼和和平纪念碑。香港立法会大楼的前身是最高法院大楼,由立法局于1898年2月28日决议兴建,大楼由英联邦采办处的顾问建筑师亚士东·伟柏(Aston Webb)及英格里斯·贝尔(Ingress Bell)所设计(图5-22、图5-23)。

图5-22　皇后像广场与立法会大楼老照片

(资料来源:https://commons.wikimedia.org/wiki/File:HK_Statue_Square_1910.jpg)

图5-23　皇后像广场与立法会大楼现状照片

(资料来源:http://www.landmark.hk/tc/around-central/experience-central/statue-square)

### 5.5.2 智慧出行——低密度路网与建筑连通实现与城市活动无缝衔接

香港空中连廊空间的发展是极为典型的例子。香港实行"以公共交通引导"的发展模式，建立了便捷而多样化的公共交通系统，以轨道交通为主，巴士、小巴、轮渡、出租车等多元发展的公共交通网络来疏导城市交通。每天1300万人次出行，91%乘坐公共交通，9%开小汽车，70%市民步行到公交站和地铁站，是典型的一体化公交模式。空中连廊空间主要表现为线性空间，主要是城市交通联系的功能空间，具有城市中独立空间体系和独立空间元素的规模与作用，使城市中其他空间联系更加紧密[①]。

香港的城市空中连廊大多聚集在港岛的北岸，尤其是商业、办公、公共设施和交通设施密集的中环、金钟和湾仔三个区，近百栋塔楼由空中和地下连续步行空间联系在一起，严迅奇称之为"艺术的连接"。这一模式不仅有效缓解了地面交通的拥堵，实现人车分流，而且将孤立的、功能各异的超高层建筑连为整体，其意义扩展到城市整体的社会价值、经济价值、文化价值的提升（图5-24）。

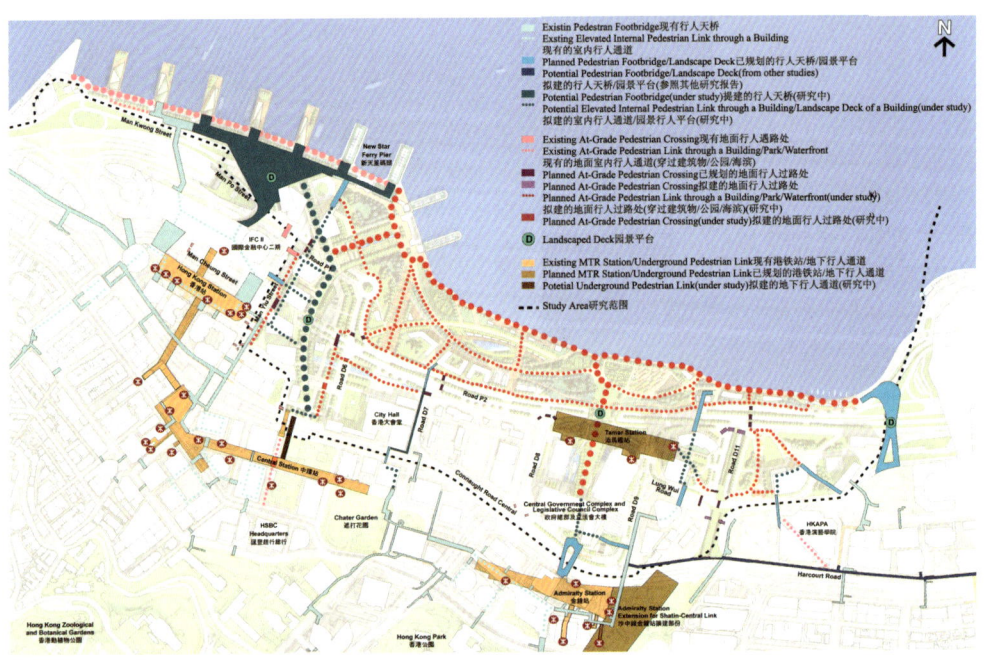

图5-24 行人道网络图：室内外人行通道与交通站点紧密衔接，可达性高
（资料来源：http://www.pland.gov.hk/pland_en/p_study/comp_s/UDS/chi_v1/images_chi/OI16.jpg）

空中连廊将不同街区的建筑联系到一起，并且连接到建筑内部，形成了独立的空中连廊网络空间。香港的空中连廊常常联系多个私人楼宇或公共建筑，但是通过政府协

---

① 李娣娜. 香港城市空中连廊空间研究初探[J]. 山西建筑, 2008, 34 (29): 50-51.

调,建设和管理权属于所在大厦,而使用权却完全归政府和市民所有,这在一定程度上保证了城市空中连廊作为一个网络空间体系的独立性(图5-25)。

图5-25 中环建筑连廊实景图

空中连廊通过联系城市主要建筑和城市空间,逐渐深入其内部,形成了更多的休息与停留空间。空中连廊空间穿插于城市中,不仅创造了更多观看城市景观的空间,而且其自身也丰富了城市整体的空间环境(图5-26)。

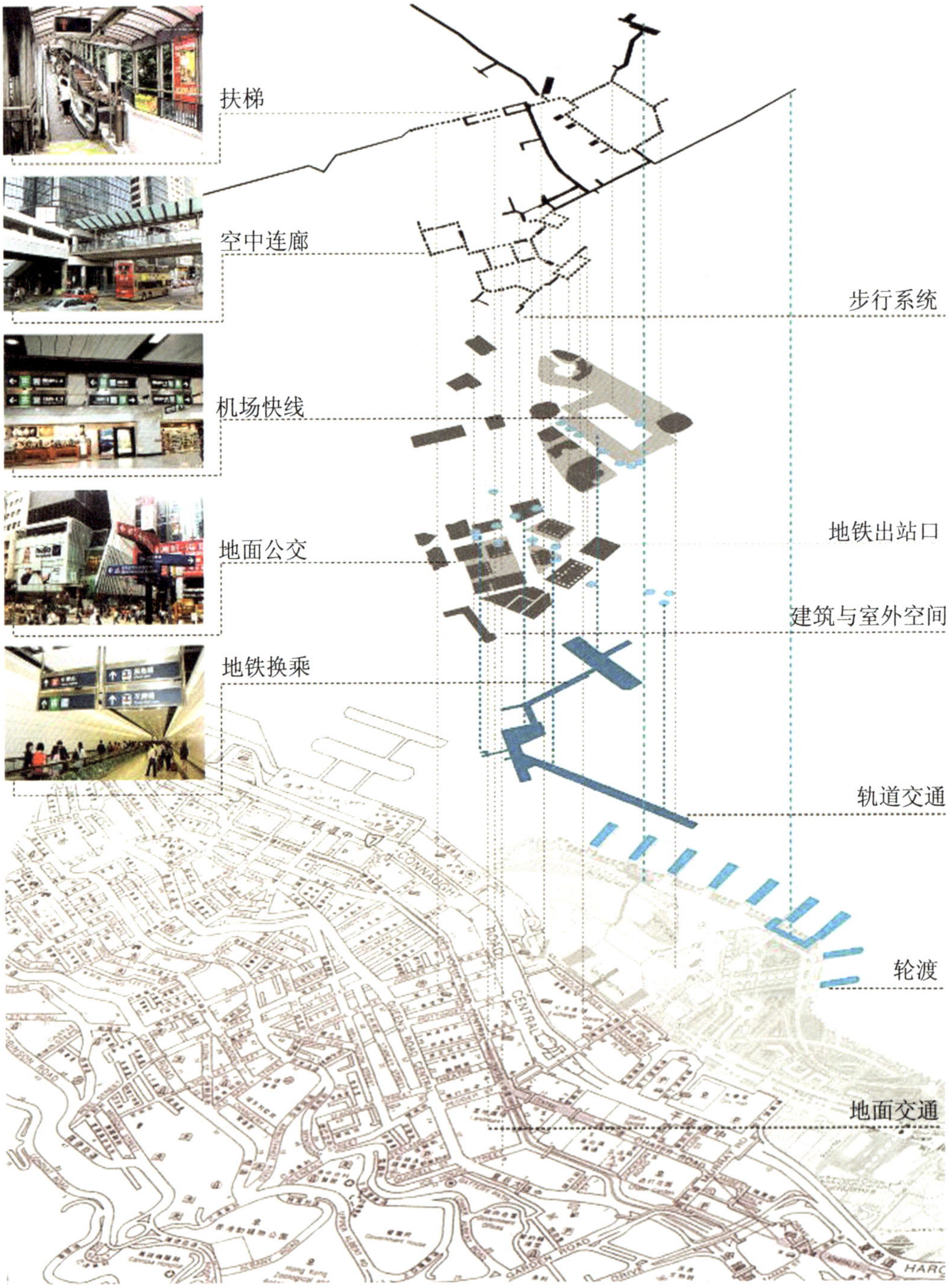

图 5-26 多重交通系统——便捷出行

（资料来源：《香港城市空中连廊空间研究初探》，李娣娜）

# 第6章 广州珠江新城

## 6.1 广州打造"总部金融科技创新集聚区"

### 6.1.1 早期城市建设

1. 广州城市单一中心外延扩展自然发展模式

广州是中国古代重要的贸易中心,对外通商2000余年,经久不衰,从未间断。早在唐代,广州就成为当时世界上最大的港口城市之一。在清代,广州仍是全国最大的贸易口岸,从1757年开始,又成为中国唯一对外开放的口岸城市。广州城市发展在历史上基本属于自然发展模式,城市形态从某种程度上反映了封建礼制的治城理念。从晚清民国年间的地图可以看出,中心城区以城墙与周边居民区分隔,强调行政管理中心的统治地位[①]。

2. 1921年广州建市后快速发展,早期CBD形成

1921年广州正式建市,此后经过近20年的建设,广州城市近代化获得了较快的发展,突出表现在新市政体制的确立,城市规划和建设工作的进一步开展,近代工业形成一定规模,城市内外交通和通信网络的形成等几个方面[②]。

20世纪20年代末30年代初,广州的城市规划开始步入制度化、正规化。20年代末至30年代中,广州城市得以系统开发,使原有城市的功能和形态进一步强化,形成了以越秀山—中山纪念碑—中山纪念堂—市府合署—中央公园为轴线的城市政治行政区;在沿江西路到沙面一带,出现了以爱群大厦为代表的集办公、金融、商店为主的CBD[③]。1928年,广州市政府设立城市设计委员会。1932年,市政府又公布了《广州市城市设计概要草案》,这是广州历史上第一个正规的城市规划文件。

### 6.1.2 逐步走向理想城市空间结构

1949年新中国成立后,广州因地处国防前沿,长期以来未被列为政府计划经济发展的重点地区,城市发展受到一定程度的抑制,处于低水平。直至1978年,广州成为改革开放的前沿阵地,城市才进入高速发展时期,城市空间形态开始发生显著的变化。

环市东商圈是20世纪80年代倾力打造的CBD。作为广州的老牌CBD,环市东路自改革开放之后,形成了广州市最早的中央商务区。片内涵盖白云宾馆、世贸中心、友谊商店、好世界、花园酒店、合银广场等高档写字楼和酒店。由于老城区空间狭小,密度较大,加上外资对良好的基础设施的依赖,使得广州城市发展跳离原旧城区,形成新

---

① 凌晓红. 句法分析视角下的广州中心城区空间形态的演变研究[J]. 动感(生态城市与绿色建筑), 2015 (2): 86-91.

② 赵春晨. 晚清民国时期广州城市近代化略论[J]. 广州社会科学, 2004 (2).

③ 吕拉昌, 王建军, 魏也华. 全球化与新经济背景下的广州市空间结构[J]. 地理学报, 2006 (8).

城区[①]。

第一次高速扩展始于20世纪90年代，该时期芳村、黄埔、天河区发展迅速，导致城市空间重构，由原来的单一中心外延扩展，逐步过渡到二元城市发展模式（吕拉昌等，2006）。2000年6月番禺、花都撤市设区。行政区划的调整为广州城市空间的拓展和城市的可持续发展提供了新的契机，因而提出了从单一中心向多中心转变，采取"北抑、南拓、东移、西调"的发展战略，使广州包容了"山、城、田、海"的自然格局。进入21世纪后，随着城市建设重点的调整，广州更明确了要形成"一江三带，一心三核"的城市空间发展格局以及多中心网络式城市空间结构。

在此过程中，广州城市设计实践划分为4个时间段，即"改革开放—20世纪80年代末期""20世纪90年代初期—1999年""2000年—2010年""2011年以后"；这四个时间段的划分同时也代表着广州市经济社会发展、城市总体规划、行政区划调整以及政府决策等影响城市规划建设的重大因素的发展变迁过程。

1. 改革开放—20世纪80年代末期：成立新区向东发展

1984年国务院正式批准的《广州市城市总体规划》（第14版总规），将市中心区范围由原来的54.4平方千米扩大至92.5平方千米，在原有4个老区的基础上成立了天河、芳村、白云三个新区，建设重点是天河区和芳村区。第14版总规实质上已经为20世纪90年代广州向东发展以及天河珠江新城的规划建设吹响了号角。

2. 20世纪90年代初期到1999年：规划现代化的新城市中心

进入20世纪90年代，广州经济高速发展，广州旧城市中心区已不能适应广州作为中国中心城市的需要，必须规划建设一个现代化的新城市中心。当时的广州市政府选择了天河新区以南、珠江北岸作为新的城市中心。新的城市中心作为当时广州市发展的关键地区，经过近30年的规划建设，成为从白云山南麓的燕岭公园往南跨珠江到广州塔的广州城市新中轴线（图6-1）。

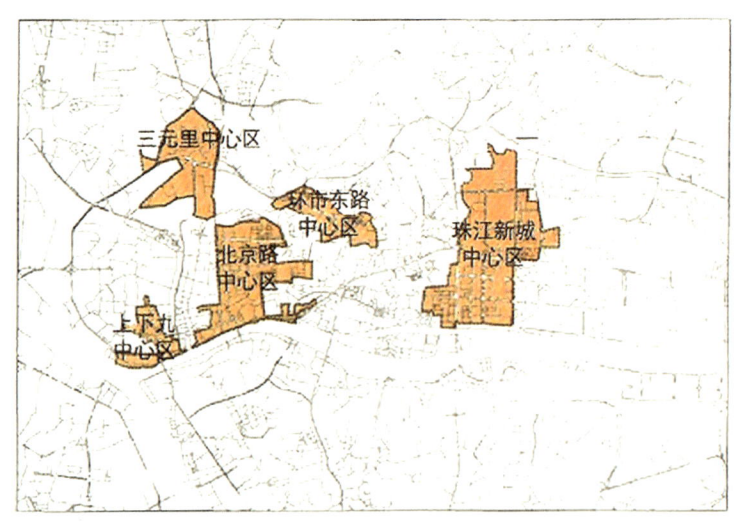

图6-1 广州第15版总规空间结构示意图
（资料来源：广州市规划局）

---

① 吕拉昌，王建军，魏也华. 全球化与新经济背景下的广州市空间结构[J]. 地理学报，2006（8）.

1993年美国托马斯规划服务公司的珠江新城城市设计方案基本奠定了现在的城市空间结构。1999年广州又举行了珠江新城市设计方案咨询工作,华南理工大学、同济大学、市规划院三家设计机构参加,最终以华南理工大学的方案进行深化(图6-2)。华南理工大学编制的城市设计方案确定了几个主要控制要素:

①扩大了中轴线的沿线开敞空间,使之成为一个大型绿化公园;

②通过二层连廊把中心区主要的建筑联结起来,使之成为一个相互联系的建筑群体,建筑塔楼位置相互错落有序。

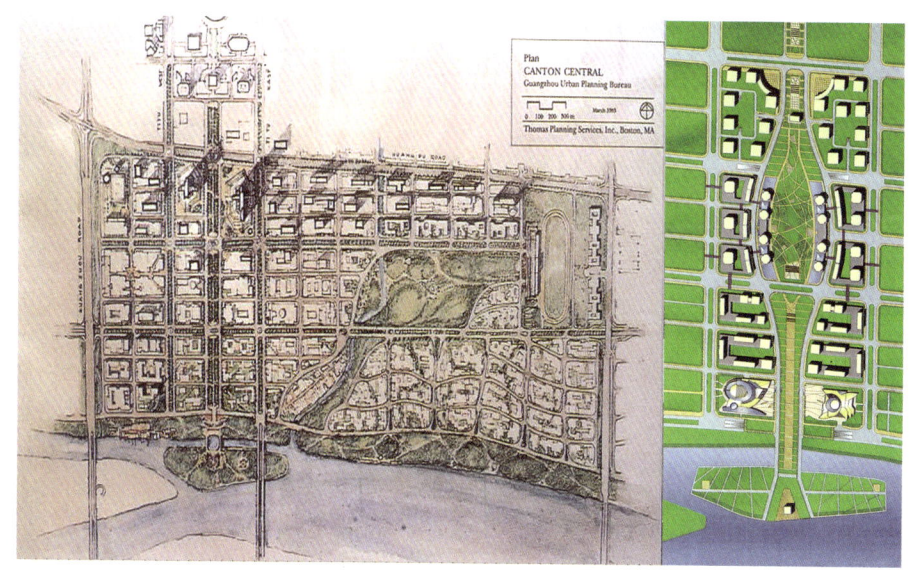

图6-2 1993年珠江新城规划与1999年广州新城市中心空间序列珠江新城段城市设计咨询方案
(资料来源:左边为美国托马斯规划服务公司方案,右边为华南理工大学珠江新城竞赛方案)

3. 2000年到2010年:重点地区城市设计带动中心城区发展

2000年广州市开展了"城市总体发展概念规划"咨询活动,确定了"东进,西联,南拓,北优"八字方针。以概念规划为研究基础编制的《广州市城市总体规划(2001—2010)》,在空间发展方面沿用了八字方针。2003年的《GCBD21—珠江新城规划检讨》[1] 通过城市设计研究弥补原珠江新城规划对城市建筑群体三维空间关系重视不足的问题(图6-3、图6-4)。

2006年,广州市第九次党代会又在八字方针的基础上提出了"中调"战略,"中调"重点之一是提升功能,促进中心城区产业结构和综合服务优化升级。充分利用中心城区的独特优势和有利条件,着力发展总部经济和信息、金融、物流、会展等现代服务业,积极促进中心城区现代服务业集聚集群的发展,突破现代服务业发展的空间不足的制约。

---

[1] 广州市城市规划勘测设计研究院. GCBD21—珠江新城规划检讨[R]. 2003.

图 6-3 土地利用规划调整图
(资料来源:《GCBD21—珠江新城规划检讨》)

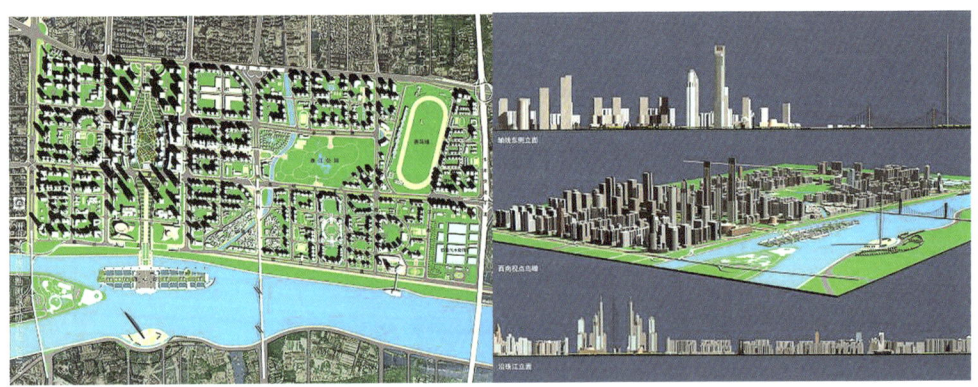

图 6-4 总平面图及鸟瞰图
(资料来源:《GCBD21—珠江新城规划检讨》)

为了更好地落实"中调"战略,从 2007 年 12 月开始,市规划局启动了白云新城地区、琶洲—员村地区、白鹅潭地区、新中轴线南段地区四个重点地区的城市设计工作,通过梳理功能、盘活土地、优化结构、升级产业、提升品质,率先发展四大重点地区,以作为带动中心城区乃至全市现代服务业发展的增长极,为下一步发展提供空间上的支持,目的是将这些地区打造成为广州"首善之区,宜居城市"的示范区。

4. 2011 年以后:打造"总部金融科技创新集聚区"

(1) 多中心、组团式、网络型的理想城市空间结构

2012 年,中国共产党第十八次全国代表大会提出了"新型城镇化"概念。在中央新型城镇化背景下,广州市推出了功能布局规划,即国内第一个全域功能规划,引导广

州市逐步走向多中心、组团式、网络型的理想城市空间结构。在功能布局规划确立的空间框架下，提出建设重大发展平台。

广州市着力构建"三中心一体系"，即国际航运中心、物流中心、贸易中心以及金融服务体系相互融合的格局，实现产业结构优化调整。

（2）打造"总部金融科技创新集聚区"

广州"十三五"规划中提出了一个全新概念，重点打造琶洲互联网创新集聚区、国际金融城、珠江新城融合发展的"黄金三角区"（图6-5）。广州总部、金融、科技创新集聚区，面积55平方千米：琶洲与珠江新城、国际金融城共同组成30平方千米广州创新核心区，集世界级商务办公、金融服务和会展商贸为一体，是中国南方经济最活跃、总量最大的地区。广州国际金融城起步区规划以"一行三局"为主导，打造面向专业的后台运营和面向公众的前台运营体系。珠江新城CBD位于广州新城市中轴线，总用地面积约6.4平方千米，北接黄埔大道，南达珠江北岸，西临广州大道中，东抵华南大道。珠江新城已实现总部经济的高度集聚，2014年GDP达2000亿元，以全市约1/160的建设用地贡献全市约1/8的GDP；琶洲也将逐步实现互联网等产业的高度集聚，以科技创新引领产业发展。

图6-5 广州"总部金融科技创新集聚区"范围图

其中，琶洲是广州"总部金融科技创新集聚区"的重要引擎。

琶洲互联网创新集聚区规划成果于2016年10月23日通过市规委会审议，并经市政府审批25个地块（净用地面积约21万平方米，计容建筑面积约177万平方米）。目前，琶洲互联网创新集聚区已通过土地公开出让17个地块（净用地面积约11万平方米，计容建筑面积约99万平方米，土地出让金约150亿元），引入了阿里巴巴、腾讯、华多网络、环球公司、唯品会、小米通讯、复星集团、国美集团、粤传媒、粤科金融、康美药业共11家企业进驻。

## 6.2 广州的城市设计导控

### 6.2.1 城市规划编制体系

我国现行的城市规划编制体系主要由总体规划和详细规划两大部分构成，详细规划中的控制性详细规划，是我国城市设计管理的主要依据，对城市建设行为具有很强的控制能力，其内容一般包括强制性内容和引导性控制内容。

1. 战略规划的崛起

进入21世纪后，广州市一方面必须面对经济全球化、知识经济发展等新的机遇与挑战，另一方面必须解决城市发展空间的限制及城市发展方向等问题。呼应这个时代要求的战略规划（概念规划）崛起于广州，随即关于概念规划的研究及实践在全国范围内展开。《广州市城市建设总体战略概念规划纲要》对广州市总体空间发展具有重要的指导意义，同时概念规划也逐渐被纳入城市规划编制体系当中，成为城市规划编制体系探索的一个焦点。

2. 四层次规划编制体系

广州市坚持规划先行积极探索，加强不同层次城市规划的编制，初步形成总体规划（战略规划）、片区发展规划、分区规划（规划管理图则）、详细规划的城市规划编制体系（表6-1）。初步形成的规划编制体系分为4个层次：

①全市性规划层次包括城市建设总体发展战略概念规划和城市总体规划；
②片区性规划层次包括郊区的区县级市市域总体规划；
③地区性控制层次包括都会区各行政区分区规划、其他重点发展区分区规划建制镇总体规划；
④地区性实施管理层次包括控制性详细规划和修建性详细规划。

表6-1 广州城市规划编制体系

| 全市域规划 | 战略规划 | 专项规划<br>城市设计 |
| --- | --- | --- |
| | 总体规划 | |
| 片区性规划 | 片区规划 | |
| 地区性控制管理 | 分区规划 | |
| 地区性控制管理 | 控制性详细规划 | |
| | 修建性详细规划 | |

资料来源：《广州市城市规划编制体系的新探索》，蔡云楠、廖远涛、王娅琳

我国城市规划管理中将控制性详细规划作为最关键的依据，国家《城乡规划法》《城市规划编制办法实施细则》中都已经明确了控规的内容与成果表达要求。我国控规中的控制内容基本上包括土地利用、地块指标、公建配套、交通等方面，其中指标可分为刚性指标与弹性指标。但在实际管理过程中，一般刚性指标具有定量的强制性要求，

在管理与实施中易于实现，而这些弹性指标在很大程度上均以城市设计有关，且在实施过程中往往存在争议。

以地块层面为例，地块层面的城市设计导控，目前主要是通过地块建设用地规划许可证中的"规划条件"来实现。规划行政管理部门根据地块所在地区控制性详细规划的地块控制指标、城市设计内容要求，对地块建设项目提出的导控要求。根据《中华人民共和国城乡规划法》第三十八条规定，国有土地使用权出让前，必须出具地块规划条件，并在出让时作为土地出让合同的附件（图6-6）。因此地块规划条件是指导地

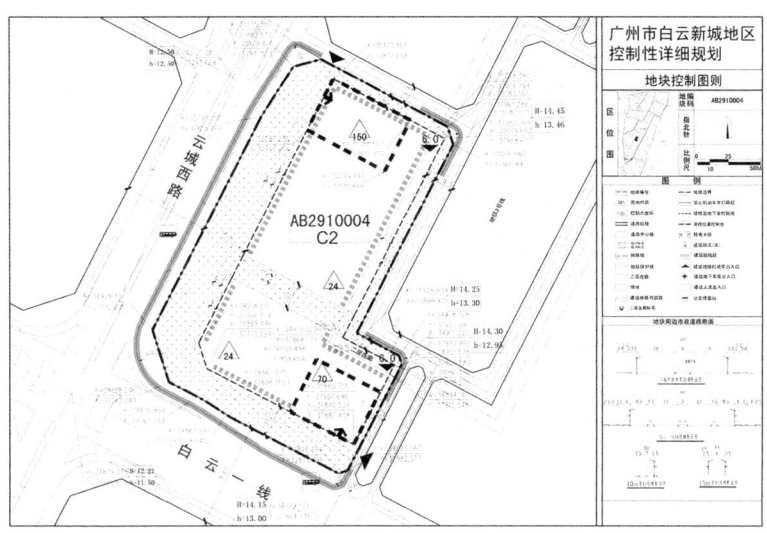

图6-6 广州市白云新城地区地块出让条件范例

（资料来源：《白云新城核心区控制性详细规划》，广州市城市规划勘测设计研究院）

块开发建设具有法定效力的最直接工具。城市设计往往与控规相结合，通过在地块出让时附加的"规划条件"文件与附图明确控制要求与内容。

规划条件分为强制性内容和指引性内容两部分，其中强制性内容指用地属性、建筑密度、容积率、绿地率、建筑限高、建筑退让要求、配建停车位数、配套公共服务设施和市政设施等，而指引性内容通常指建筑布局、建筑体量、建筑风格形式以及与周边环境协调要求等。

### 6.2.2 城市规划管理过程

城市规划管理是城市政府及其城市规划行政主管部门对城市开发的控制与引导，具体是通过编制城市规划确定管理目标，并据此对具体开发项目提出具体规划设计条件并实施监督管理[①]。城市规划管理的主要过程，可概括为制定目标蓝图—提出控制要求—监督保障实施效果。

首先，制定目标蓝图，即按照法定程序编制和审批城市规划，包括各层次的城市规划，其中对开发建设有最直接导控作用的是控制性详细规划，这些规划都作为个体开发项目的规划设计依据。

第二步，提出具体控制要求，即城市规划行政管理部门按照已获批准的城市规划和相关法规，通过各种管理方式对建设用地和建设项目提出具体详细的规划控制要求，使城市规划按计划实施。城市规划实施管理的过程，主要是通过核发"一书两证"来提出规划控制要求。我国最早于1990年《城市规划法》中规定了"一书两证"的中国城市规划实施管理的基本制度。即城市规划行政管理部门核发的《建设项目选址意见书》《建设用地规划许可证》《建设工程规划许可证》。"一书两证"各阶段都有相应的规划导控作用，选址意见书主要导控建设项目开发属性和可行性；用地规划许可证证明规划方案与原详细规划土地利用要求相一致；工程规划许可证保证设计方案符合规划设计条件。因此，"一书两证"在功能性方面起到较好的导控作用。

第三步，监督保障实施效果，即城市规划管理部门对建设项目建设效果与控制要求的符合性检查和监督，保障效果与原规划目标蓝图保持一致性。

因此，城市规划管理过程也是保障规划控制信息能有效传递的过程，从设立控制目标信息，到发出控制要素信息、监督反馈信息。在现行城市规划管理体系中，规划控制信息主要通过建设项目选址、建设用地规划管理及建设工程规划管理来实现传递。

### 6.2.3 广州城市设计控制实践

白云新城、琶洲员村、白鹅潭是2007年广州市开展的重点城市设计区域，通过开

---

① 陈亚斌. 城市设计管理要素研究 [D]. 上海：同济大学，2007.

展城市设计竞赛、城市设计深化,到法定文件的形成,广州在实践中不断探索总结,逐渐形成了重点地区城市设计工作的思路与方法,并由此加强了对一般性地区城市设计控制的研究,主要包括以下内容。

(1) 形成以"控规+城市设计导则"共同引导地区发展的技术体系

在白云新城、琶洲员村、白鹅潭等一系列城市设计实践中,广州市形成了"城市设计竞赛—概念设计综合深化—法定控规编制—地块图则(含城市设计导则)"的工作流程,并确立了在重点发展地区采取"控规 + 城市设计导则"共同引导地区发展的精细化规划管理模式,具体如图6-7所示:

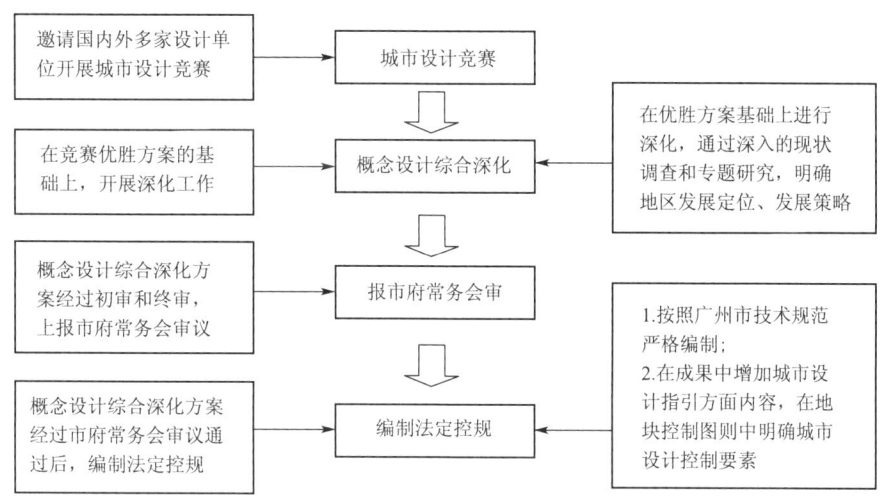

图6-7 广州市重点地区城市设计精细化规划管理模式图

(2) 形成"法规+规划"的管理体系

广州通过对上海、北京、新加坡等国内外新城规划建设技术标准的研究,在白云新城、琶洲员村、白鹅潭等一系列城市设计实践中尝试探索,建立出适于各个地区的规划控制标准,将生态、宜居、民生等关键要素融入城市设计控制思路。如白鹅潭地区的城市设计,针对白鹅潭地区的国际商业中心定位以及滨江的重要区位,通过公共开放空间塑造、休闲娱乐功能营造,形成清晰和有效的街道网格,打造独特多元的城市风貌;在规划技术标准方面,建筑密度、建筑退线、道路转弯半径、道路网密度、中心区停车位配置等方面均有所创新,更有利于管理体系的形成。而琶洲—员村地区的城市设计,通过对区域中不同功能区,编制相应的建筑技术管理规定,增加了核心区的建筑退后道路和基地的距离,提高了绿化覆盖率等要求,创新了"宜居"建设标准,塑造该地区与城市一般地区不同的滨水中心区形象。

(3) 加强城市设计的科学性和可实施性

白云新城、琶洲员村、白鹅潭等一系列城市设计中,加强了对现状的调研,深入剖析多方面的建设情况,对发展定位、发展策略等方面进行了专题研究,并在社会经济分析的基础上对用地布局、空间形态、开发强度、形态控制手段、建筑细节与色彩等方面进行了详细设计，以公共空间和公共设施设计的精细化为核心，以详尽的分期实施计划和经济分析作为实施保障，以地块控制图则为载体，将城市设计的技术成果转化为管理文件。

（4）建立以"一张图"为基础的城市设计导则信息管理系统

通过"一张图"的管理模式，广州形成了将城市设计成果应用于规划管理的基础，即：

①"一张图"的分阶段验收、分阶段入库。重点地区城市设计采取分阶段验收的方式，将各阶段的验收成果整理入库，应用于日常工作平台，避免因深化工作周期较长而影响行政审批的效率和准确性。

②"一张图"的多重属性。包括重点地区城市设计控制图层，将用地与建筑布局、交通组织、场地划分、公共设施（含公共通道）、街道界面、环境设计以及建筑体量、风格、立面、色彩等图形信息和属性信息纳入该控制图层。尤其是重点地区的城市设计，各项控制指标与地块对应，加强"一张图"的实用性。

③"一张图"与"数字详规"相衔接。按照"数字详规"要求提供重点地区规划范围内的三维电子模型，并纳入数字详规系统，在重点地区规划案件的审批管理中实现三维报建审批。

（5）城市设计导则的调控实施结果评估

控规虽然作为规划管理的核心手段，但其在执行中过程中仍有需要解决的问题。我国的开发控制形式是"一书两证"的开发许可制度。与区划类似的控制性详细规划作为法定规划，成为开发控制的法定依据，但不是唯一的依据，开发许可采用行政审批的方式，规划管理人员仍具有较大的自由裁量权。我国的设计审查主要依据控制性详细规划，城市设计在塑造空间景观与改善城市环境方面虽发挥重要作用，但实施成效方面也会出现滞后问题或者力度不足，使得规划管理陷入困境。

产生城市设计调控力度不足、执行力度折扣等问题是由多因素决定的，首先，城市设计编制停留于概念设计的形式阶段，这是大部分落实难的主要原因；而未对规划管理需求有明确的领会，未对建设项目进行调研分析理解，都使得技术成果难以转化为推动规划管理程序化执行的法定依据；加之城市设计如今仍欠缺明确的审查审批管理机制，缺乏明确判断依据及标准，这都是使城市设计停留半空的影响原因。

## 6.3 广州CBD城市设计导控重点要素解读

### 6.3.1 广州珠江新城开敞空间——"导""控"结合

广州珠江新城CBD串联了城市山水要素，整合了自然资源。从广州城市形态肌理看，北部的白云山系、城区与南部的珠江水系共同形成山、城、水的整体结构；在城区内分布有越秀公园等一系列公共绿地，但一直缺乏系统化、规模化的城市绿地，而且城市的山水要素之间缺乏有效的联络，难以形成整体有机的生态体系。广州珠江新城 CBD 规划设想以新城市轴线作为绿轴串接南北的山水要素，成为城市及区域的生态链接廊道，这将极大改观城市的生态环境。新城市轴线珠江新城区段是绿轴上的重要一环，是城市生活的核心，在此，绿轴的功能、规模、尺度也相应集聚、放大，从而建构了"都市绿核"的形态。珠江新城绿轴目前已成为广州的新中轴线（图 6-8）。

图 6-8　广州珠江新城 CBD 绿轴示意图

珠江新城开敞空间包括点、线、面三个层次，面状开敞空间包括珠江公园、中轴广场群和海心沙公园绿地，线状开敞空间包括珠江沿岸绿化带等，点状开敞空间包括街坊内部庭院等。

总体城市控制层次上需着重控制面状上的珠江公园、中轴广场群和海心沙公园绿地以及线状上的珠江沿岸绿化带等。将开敞空间纳入地区总体城市设计控制进行控制，绿地的绿线及水域蓝线在地区法定图则中予以控制，绿线蓝线是强制性内容，属于"控"的范围。

珠江新城规划中对于开敞空间的控制提出明确要求：为了改善区域环境，应该使绿化系统的要素趋于多元化，结构趋向网络化，功能趋近生态合理化并满足景观欣赏，发挥气候优势，合理配置乔、灌、藤、草本植物，混合四季物种配置，形成一个稳定的复层混合立体植物群落，高矮、远近草木结合，体现层次美，提高绿地质量（图 6-9）。而珠江新城 CBD 内部种植的花草类型在城市设计控制中只提建议，给景观设计师留有一定创造的空间，属于"导"的范围。

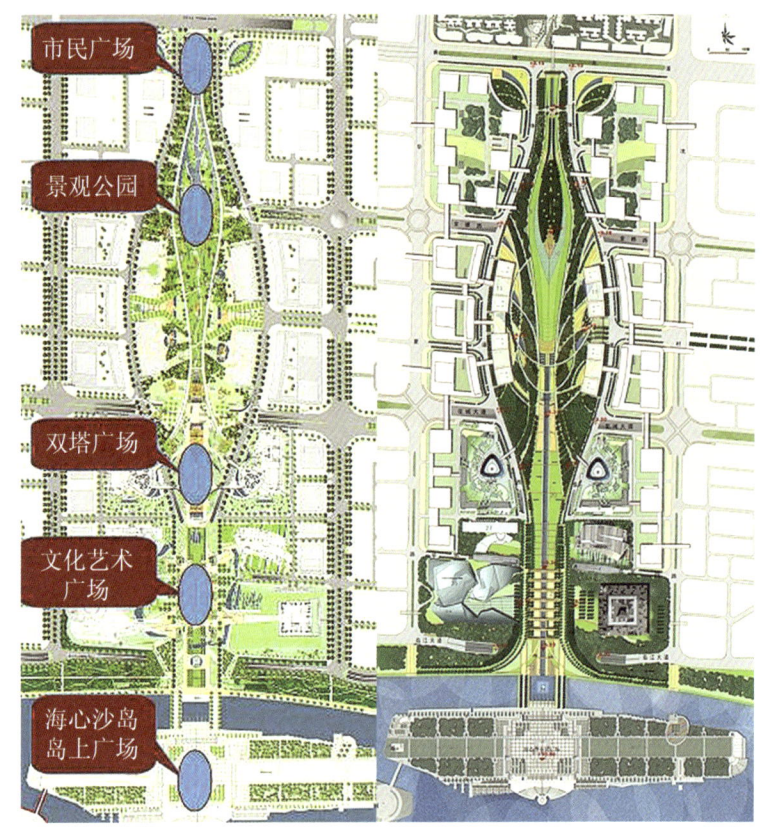

图6-9 珠江新城开敞空间控制
（资料来源：《面向管理的城市设计导控实践》，林隽）

### 6.3.2 广州珠江新城建筑群统领天际线

以广州中轴线地区的建筑高度控制为例，该地区城市天际轮廓线特点鲜明，特别是南北纵向的天际轮廓线体现了中轴线上高低起伏的空间节奏。通过独特的造型或体量占绝对优势的建筑（广州电视塔）统领整个天际轮廓线，是广州城市天际轮廓线的特点。其沿南北向的城市轴线大致分为三段，分段节点分别为城市天空的三个至高点：中信大厦、广州西塔和电视塔。其中，轴线北段是城市重要的交通节点广州东站所在，轮廓线相对平缓；中段由于存在天河体育中心的谷地，三维天际轮廓线呈四面向体育中心下凹状态；南段天际轮廓线被西塔和电视塔两次提升，最终直指苍穹，这部分的线条走向主宰了整个城市的视觉形象，最具有代表性（图6-10）。

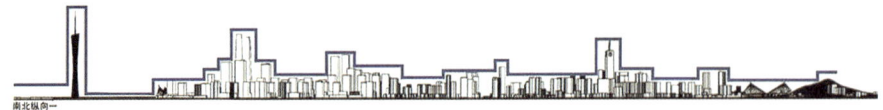

图6-10 珠江新城南北向的天际轮廓线

建设完成的西塔、东塔、珠江南岸已建的广州塔共同组成的建筑群体是珠江新城的标志物,也是广州新城市中轴线的至高点(图6-11)。

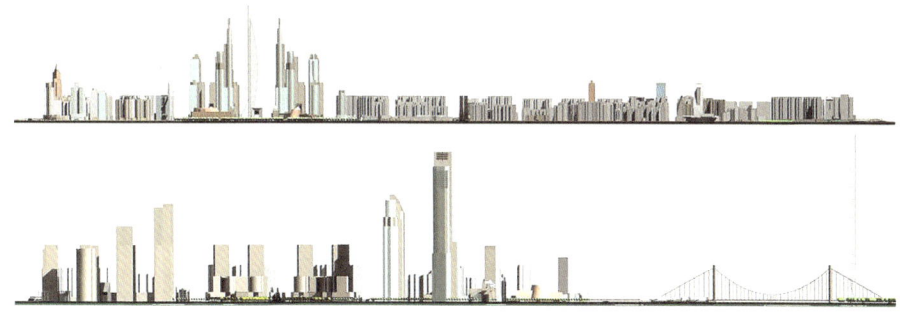

图6-11 珠江新城建筑天际轮廓线

(资料来源:《GCBD21—珠江新城规划检讨》)

### 6.3.3 广州街区尺度

如图6-12所示,在约1平方千米的用地范围内,珠江新城CBD的建筑基底面积(黑色色块区域)约31万平方米,建筑密度为28.33%。约为纽约、芝加哥CBD的一半。

(a)

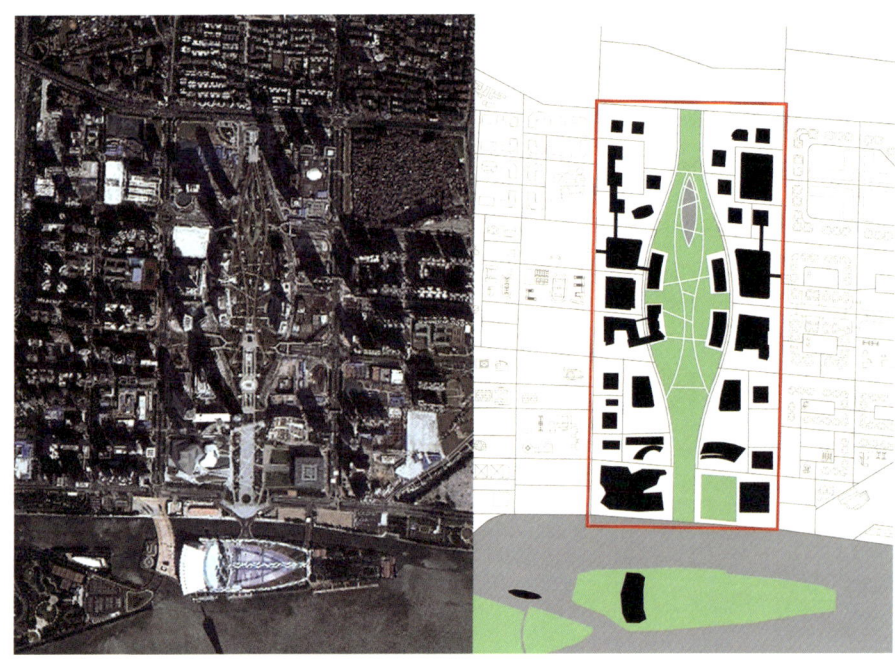

(b)

图 6-12　珠江新城 CBD 核心区的鸟瞰与建筑密度示意组图

## 6.3.4　广州城市设计导控实践研究

城市设计重点从控规无法实际控制的空间形态出发，通过对一些重要的城市设计要素的导控（表6-2），形成良好的城市形态及景观。林隽结合控规，以及广州市重点地区如珠江新城、白云新城、大学城、金融城等地区设计经验，提出三层次的城市设计导控内容：宏观层面——城市或地区，中观层面——街区，微观层面——地块。

表 6-2　面向管理的城市设计导控实践研究

| 导控层次 | 导控内容 | 涉及的要素 |
| --- | --- | --- |
| 宏观层面：城市或地区 | 总体城市形态 | 城市形态总体控制 |
|  |  | 特定空间的保护 |
|  |  | 空间序列位置 |
|  |  | 重要节点网络 |
|  |  | 界面 |
|  |  | 建筑天际线 |
|  | 城市景观 | 开敞空间 |
|  |  | 景观视廊、视域 |
|  |  | 重要景观地区 |

续表 6-2

| 导控层次 | 导控内容 | 涉及的要素 |
| --- | --- | --- |
| 宏观层面：城市或地区 | 城市交通系统 | 骨架交通网络和公共交通体系 |
| | | 慢行系统 |
| | | 旅游观光体系 |
| | 城市特色分区和重要地区 | 环境特色、人文内涵 |
| | | 重要地段风格 |
| | | 一般地区风格 |
| 中观层面：街区 | 管理单元图则 | 用地性质、容积率、绿地率 |
| | | 建筑密度、建筑高度等 |
| | | 道路交通系统 |
| | | 配套设施 |
| | 街区控制图则 | 街道建筑形体组合 |
| | | 街区开敞空间的布局、规模 |
| | | 建筑高度分区 |
| | | 建筑界面、风格、色彩 |
| | | 慢性路线的组织 |
| | | 街道小品的设置 |
| 微观层面：地块 | 用地概况 | 用地性质、用地位置、用地面积等要素 |
| | 规划技术经济指标及要求 | 建筑密度、容积率、建筑面积、绿地率 |
| | 规划建筑设计要求 | 建筑高度、建筑间距与建筑退缩、建筑贴线等对建筑设计的要求 |
| | 城市设计要求 | 建筑形式、屋顶处理、地下空间、建筑色彩、绿化带 |
| | 公配要求 | 根据规划对地块内应配置的公共配套设施，如居委会、肉菜市场等 |
| | 道路交通规划要求 | 道路红线宽度、中线交点坐标、交通主要出入口方位、停车场等 |
| | 专项规划要求 | 主要是对竖向规划、文物保护、市政规划等专项的衔接 |

资料来源：《面向管理的城市设计导控实践》，林隽，2015。

# 第7章　全球五大城市 CBD 发展总结

## 7.1　区位条件总结

CBD 一般位于城市中心区，是城市中区位最为优越的地方。城市设计中的区位选择一般分两种（表7-1）：

一种是依托于原有的老的城市中心区发展，多发生在历史悠久的大城市，继承原有老中心所特有的资源优势，进行渐进式的更新发展，其空间结构及路网格局具有浓厚的历史底蕴。例如1626年，新阿姆斯特丹（即现在的曼哈顿），选址于哈德逊河口具有优越航运条件的地区，是纽约最早的经济中心，主要从事商业和贸易活动，由初期的水手市镇发展成贸易发达的自由港；香港从一个小渔村，依托优越的深水港的自然资源，逐步发展为最繁荣的自由贸易港口之一，CBD（中环）在香港岛中部，北临维多利亚港，是香港最早发展的地区。

另一种是在靠近原市中心的地区另辟新区，以大规模新区建设的方式培育 CBD，形成新的中心和增长点，设计选择的区位一般临近城市原有中心地区，多发生在城市快速增长期。新区培育式 CBD 设计能够跳出原有的城市中心，促使城市多核心结构形成，如广州的珠江新城，原本是临近老中心——环市中心区的城市地区，后通过城市设计在其东面培育建成新的城市 CBD。

表7-1　五大 CBD 区位条件总结

| 名称 | 区位条件 |
| --- | --- |
| 香港 CBD | 依托老中心发展，位于港岛中心位置，依托港口兴起 |
| 新加坡 CBD | 依托老中心发展，依托港口兴起，在20世纪90年代进行规划，在现有 CBD 东南预留 CBD 扩容发展用地 |
| 纽约 CBD | 依托老中心发展，纽约城市最核心地带，依托港口兴起 |
| 芝加哥 CBD | 依托老中心发展，靠近港口 |
| 广州珠江新城 CBD | 20世纪90年代在老中心东部另辟新区，现为城市核心 |

在空间演变过程中，城市管理者以高密度发展意识，以立法及规划等方式推动区域开发与环境保护。CBD 商业用地范围内的建筑物高密度垂直发展，以商业为主导的发展聚集吸引大量的城市人口，同时产生休憩、交流等活动对大面积功能空间与多元化公共活动空间的需要。

## 7.2　城市设计导控重点要素总结

城市设计导控宏观层面选取开敞空间、建筑天际线、交通可达性，中观层面选取街区尺度、建筑密度与路网密度,以及建筑组合与界面风格、街道设计,微观层面选取行人环境、街景绿地与小品为案例分析要素进行对比分析。

## 7.2.1 开敞空间

开敞空间(Open Space)是指允许公众进入,具有一定公共设施、一定规模自然生态基底或人文内涵,富有景观特色的地段或地区。当然,这还是一种非常直觉化的景观型定义,它在于强调"开敞空间"最重要的空间特征:具有人文或自然特质,一定的地域和可进入性。

在CBD,城市肌理表现出极为紧凑与密集的特点,城市空间基本被建筑填满,留出来的缝隙则是密集且纵横交错的道路网络;内部极少的公共绿地与CBD外围地区的大型城市公园形成鲜明对比,反映出金融资本驱动下的城市建设行为对于地块效益产出的极致追求,以及在形同钢筋丛林的城市中对于大片绿野式开放空间的向往(图7-1)。

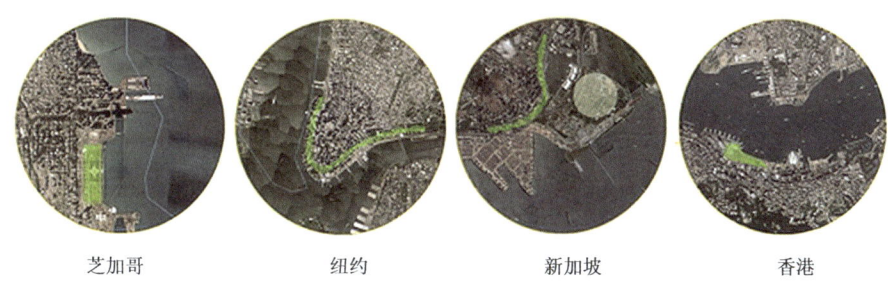

芝加哥　　　　纽约　　　　新加坡　　　　香港

图7-1　CBD与自然环境要素

在CBD城市设计过程中,只有保持和尊重城市及城市建筑所在环境的自然属性,并将之作为创作手段和目标之一贯穿于城市设计的全过程,才能促成城市及城市建筑与环境的长期协调与融合,并因此产生新的地域性特征。根据城市CBD不同的自然条件,充分利用江、河、海、湖泊、山等自然资源,将这些自然资源结合城市道路、广场、公园、绿地形成体系,使之成为CBD城市设计形态的骨架。

对于自然型开敞空间城市设计导控首先应保护其原始面貌,对于已被破坏的山川、湖泊需要进行生态修复,其次是导控本体的主要功能。对人工型开敞空间的控制内容则复杂许多,人工型开敞空间包括广场、公园、街头绿地、康体绿道、滨水绿地等。开敞空间导控是城市设计中的一个重要的方面,本书通过对CBD开敞空间导控情况的介绍,明确了开敞空间导控一般属于强控:在具体规划过程中要求一定比例的公共空间,作为新开发项目的审批许可的条件之一;通过与容积率奖励系统结合鼓励城市公共空间的创造(表7-2)。

表 7-2 开敞空间导控要点

| 案例 | 策略 | 导控要点 |
| --- | --- | --- |
| 《芝加哥河滨走廊设计大纲和标准》 | 以上层次法规推进保护与开发 | 1. 后退距离：法规条款规定，任何河流两岸的建设必须后退9米（自岸线顶部开始）。<br>2. 河堤区：由于现状河堤是树林和草皮，故应保持其自然的风貌。<br>3. 绿色步行道：应保持连续性和趣味性。<br>4. 建设发展区域：建筑物临河立面应作建筑主要立面设计，不可作背立面 |
| 广州珠江新城开敞空间 | 明确导控内容，松紧有度 | 1. 绿线蓝线属于强制性内容不容突破，属于"控"的范围。<br>2. 内部种植的花草类型在城市设计控制中只提建议，给景观设计师留有一定创造的空间，属于"导"的范围 |
| 香港《中环新海滨城市设计研究》 | 实际建设过程中预留开敞空间 | 1. 降低了五个主要用地的发展密度，增加海滨活动游憩空间。<br>2. 注重绿地景观丰富与连续性，提出通过制定综合的园境策略及绿化网络，能有助于建立一个具有活力及绿化的海滨 |
| 纽约市高密度区的人性广场设计 | 明确具体要素设计导则 | 1. 将广场本身分为三种：主体空间、延伸空间及北向广场。<br>2. 规定主体空间必须占建筑物所在广场面积的60%。<br>3. 必须有宽广的人行道将其和建筑物周围街道分隔开来且经过整体规划。<br>4. 应尽可能使广场朝北向以使阳光能照射到广场上。<br>5. 如果某些建筑基地不能规划出北向广场，就必须要符合其他一些规定才能设置广场 |

除了城市设计导控，还可参考区划法等通过区划审查保证CBD开敞空间形成安全舒适的公共空间系统。区划法作为地方性法规，是一个城市管理土地、落实规划要求的主要的法规。例如，芝加哥区划法对城市公共空间规划与开发的控制和管理主要有以下几方面的措施：

①要求一定比例的公共空间，作为新开发项目的审批许可的条件之一；

②通过区划审查保证芝加哥河两岸形成安全舒适的公共空间系统；

③通过区划法奖励系统鼓励城市公共空间的创造。区划法奖励是指与发展商通过在城市有关区域（主要是高密度区）建设时提供更多的向公众开放的拱廊、广场等公共

空间时，将可获得更高的容积率奖励，例如芝加哥河岸建筑物后退超过9米，并将其超出部分空间建设成向公众开放的公共空间即可获得容积率奖励，奖励的容积率可按项计算。

### 7.2.2 建筑天际线

在以大型山体为视景的城市或城市片区，在建筑高度导控方面需要注意以下几点（表7-3）：

①妥善处理建筑物天际轮廓线和山体天际轮廓线的关系；
②预留适量的视线廊道和规划合适的城市眺望点。

表7-3 建筑高度导控要点

| 案例 | 策略 | 导控要点 |
| --- | --- | --- |
| 芝加哥"壮丽一英里"天际线 | 建筑高度采用"低—高—低"的组合模式 | 1. 滨水区建筑高度不宜过高，留足了城市与天然湖面的过渡带；<br>2. 充分地与内陆建筑对接，形成天际线的基座 |
| 香港CBD城市天际线 | 20%山景天际基准线 | 1. 设立一个20%～30%山景不受建筑物遮挡地带，可以此作为初步依据；<br>2. 对个别情况可灵活放宽，以及容许在适当地点出现地标建筑物以突出山脊线 |
| 广州珠江新城建筑群统领天际线 | 通过独特的造型或体量占绝对优势的建筑统领整个天际轮廓线 | 1. 广州塔（又称广州新电视塔）统领整个天际轮廓线，其沿南北向的城市轴线大致分为三段，分段节点分别为城市天空的三个至高点；<br>2. 珠江新城的标志物以建设完成的西塔、东塔、珠江南岸已建的广州塔共同组成的建筑群体为代表，也是广州新城市中轴线的至高点 |

### 7.2.3 交通可达性

一般而言，城市的CBD与城市其他地区在城市肌理方面会有较为明显的反差，反映在建筑形态的高度集聚，以及城市路网的高度密集等（图7-2）。

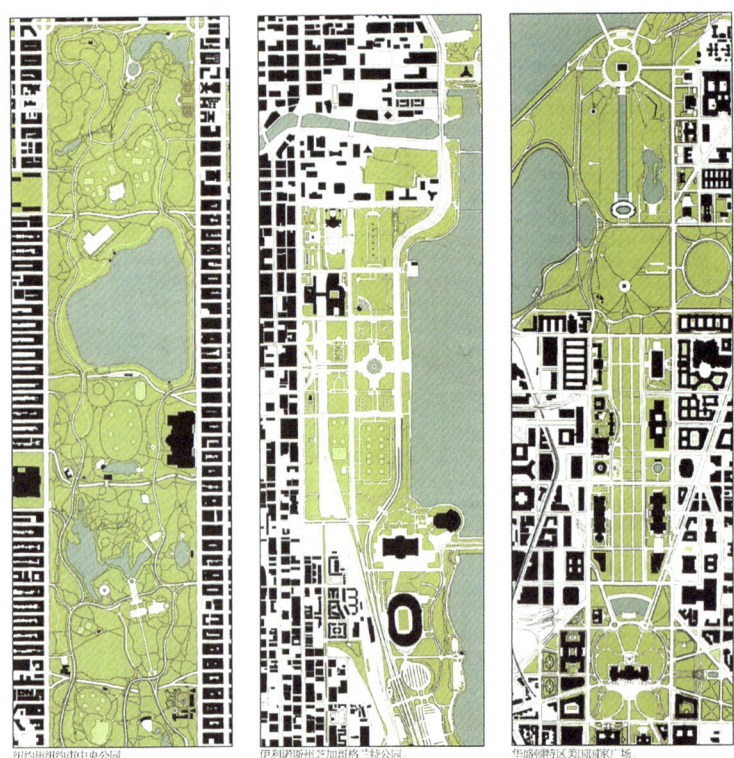

图 7-2 芝加哥、纽约与华盛顿城市开放空间的肌理
（资料来源：《城和市的语言——城市规划图解辞典》，[美] 塔塔尼主编，李文杰译）

1. 注重综合的多种交通方式联动系统

随着交通的发展，城市内部交通及外部交通的功能区分日益明确，城市 CBD 功能与外部贸易功能逐渐分离。城市 CBD 更多地依靠综合性的交通成为城市重要的交通节点。最常见的交通方式是轨道交通与地面交通综合发展，通过换乘枢纽，进行针对性的优化设计（表 7-4）。例如香港中环 CBD，鼓励将公交总站、地铁站布置于同一城市综合体内，从而解决交通换乘问题。同时中环新海滨的综合交通设计，赋予了水上交通和陆地交通融合的活力，各种巴士、电车、地铁、渡轮交通方式的组合，以综合的交通一体化设计优化了城市交通的利用效率，相应地增强了城市 CBD 的可达性。

表 7-4　各 CBD 的交通接驳分析表

| 名称 | 交通方式 |
| :---: | :---: |
| 香港 CBD | 地下交通、地面交通、水上交通 |
| 新加坡 CBD | 地下交通、地面交通、水上交通 |
| 纽约 CBD | 地下交通、地面交通 |
| 芝加哥 CBD | 地下交通、地面交通 |
| 广州珠江新城 CBD | 地下交通、地面交通 |

2. 布置多条对外联系的城市重要干道

城市中最重要的交通方式是地面机动车交通。CBD 城市设计中，一般会布置多条城市干道，解决过境交通和到达性交通。CBD 重要城市干道一般布置在 CBD 核心区的外围，穿越 CBD 的城市干道一般采用立体交通的形式，避免对 CBD 内部整体性的割裂（表 7-5）。

表 7-5 各 CBD 的城市干道分析表

| 名称 | 模式 | 数量 | 密度 | 各 CBD 干道网络示意图 |
| --- | --- | --- | --- | --- |
| 香港 CBD | 线性 | 2 条 | 3200 米 |  |
| 新加坡 CBD | 井字形 | 4 条 | 4400 米 |  |
| 纽约 CBD | 环状 | 6 条 | 7300 米 |  |

续表 7-5

| 名称 | 模式 | 数量 | 密度 | 各 CBD 干道网络示意图 |
|---|---|---|---|---|
| 芝加哥 CBD | 网格状 | 10 条 | 8400 米 | 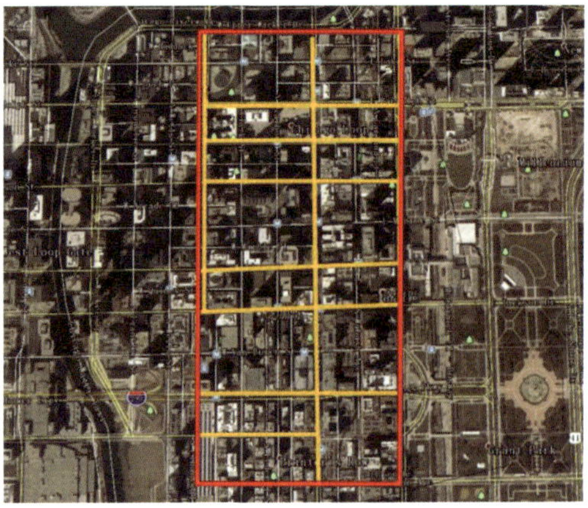 |
| 广州珠江新城 CBD | 井字形 | 4 条 | 5600 米 |  |

3. 布局密集的轨道交通网络

轨道交通是城市中最为高效的交通方式，是各大城市 CBD 解决提高城市开发效率、解决交通问题所采用的必要手段。一般来说，CBD 是城市中轨道交通网络最为发达的地区，方便与城市各功能区域产生快捷的交通集散。CBD 集中了众多的商业设施和部分政府办公机构，由此吸引了大量的工作人群和消费人群，人口密度远高于其他城市区域，同时 CBD 的可利用道路用地极为有限，如果不进行地下轨道交通系统的开发利用，会造成大量的人车混流现象，导致交通的无序状态。在进行交通方式的导向和小汽车出行政策目前尚不能有效发挥作用的阶段，必须以轨道交通形式才能支撑如此大规模的人流集散。

与普通的城市地区相比，CBD 轨道交通网络密集，至少有两三条不同线路的轨道交汇，在内部设置大型交汇站点。根据 CBD 的发展和维育状况，CBD 建成时间越久，地铁线路的密集程度越高，站点分布也越密集。CBD 的轨道交通网络一般具有指向性，较为典型的形态为向 CBD 中心集中的放射形式和环绕 CBD 中心的环状形式。香港 CBD 地区由于背山面海，腹地较为狭长，受场地影响，轨道布局顺应地形呈线性分布（表 7-6）。

表 7-6　各 CBD 轨道交通对比

| 名称 | 轨道站点 | 轨道线路 | 模式 | 各 CBD 轨道交通分布示意图 |
|---|---|---|---|---|
| 香港 CBD | 3 个，都为交汇站 | 4 条 | 线型 | |
| 新加坡 CBD | 3 个，其中交汇站 2 个 | 4 条 | 交叉放射型 | |
| 纽约 CBD | 11 个，其中交汇站 3 个 | 6 条 | 网格型 | |

续表 7-6

| 名称 | 轨道站点 | 轨道线路 | 模式 | 各 CBD 轨道交通分布示意图 |
| --- | --- | --- | --- | --- |
| 芝加哥 CBD | 14 个，其中交汇站 7 个 | 6 条 | 环型 |  |
| 广州珠江新城 CBD | 5 个，其中交汇站 1 个 | 2 条 | 交叉放射型 |  |

4. 发达的地面公共交通体系

CBD 地面公共交通站点密集，往返城市主要功能地区的公交线路众多。这些 CBD 都配备有一个非常完善的公共交通系统，它们都具有高容量、多层次、快速、舒适、相互接驳等交通要素。首先建立多模式综合交通系统以实现公共交通系统的高分担率；同时修建大容量、快速的轨道交通系统连接 CBD 核心区和城市航空港，而且通过给予巴士、轻轨、有轨电车优先权，鼓励使用公共交通系统出行；此外建立有利于环保的集散系统（轻轨/无轨电车）。在香港、新加坡、纽约、芝加哥的 CBD 内，则布置了有轨电车与传统巴士相结合的地面公共交通体系（图 7-3）。

(a) 香港中环街　　　　　　　　　(b) 芝加哥 CBD 街景

图 7-3　CBD 有轨电车

(资料来源：图 a 选自中国广播网，http://www.cnr.cn/travel/lytpxw/200409110092.html；图 b 选自维基百科，https://en.wikipedia.org/wiki/File：Zagreb_tram_(25).jpg)

### 7.2.4　街区尺度与路网密度

街区城市设计控制包括划分街坊的数量，提出街区的平均容积率、建筑密度和绿化率，提出街区的围合度、沿街区的主要立面风格与形式，确定整个街区的退缩间距及设置街区的主要标识物等内容（图 7-4）。

图 7-4　芝加哥、纽约、新加坡、香港 CBD 地区的城市肌理

以广州珠江新城 CBD 街区为例，街区城市设计层面还涵盖很多项控制内容：

①规划平均容积率为 7.81，建筑密度 39%，平均绿地率 23%，是一个高层中密度的街区。

②街坊应采用建筑围合半公共空间的模式，保障足够的日照间距和适宜的空间景观。各地块不得建围墙，都应提供相应街坊公共绿地，公共绿地应采用联合设计报建方

式，待后建项目竣工时一并建成，费用根据开发量公平均摊。

③建筑立面以沿街部分为主立面，这些街道包括广州大道、黄埔大道、金穗路、华夏路。除华穗路外，其余路段不得设建筑裙房。

④建筑物退缩。

⑤步行道设置，在规定开口处与相邻街区相通。

⑥广州大道、金穗路、华夏路、黄埔大道交叉口旁建筑天际线须重点处理，使其具有一定标识性。建议转角处单幢建筑加高，顶部特殊处理，留小型街头广场。建筑方案必须经政府有关管理部门组织设计竞赛确定。

街区城市设计控制图则如图7-5所示：

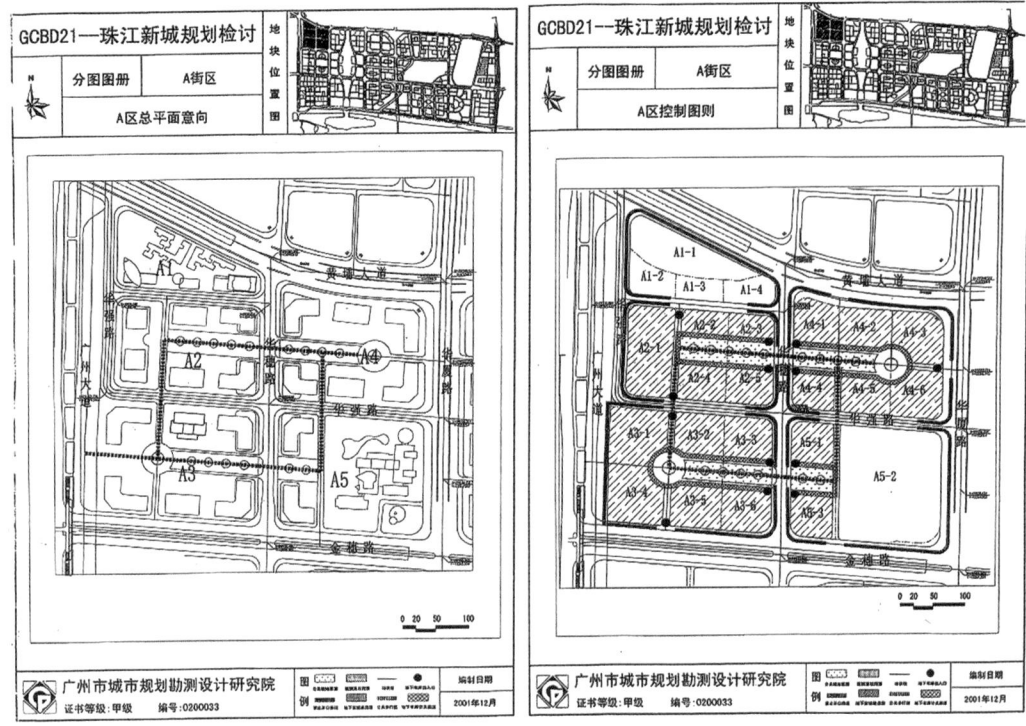

图7-5　街区建筑意向及街区控制图则
（资料来源：《GCBD21—珠江新城规划检讨》）

高密度的路网是城市空间布局集约性的另一种体现，在一定范围的区域内，越高的路网密度代表着越高强度的土地开发，也会带来越多的临街面积。在中央商务区这类人流高度集中、商务与商业功能高度复合的区域，更多的临街面积往往意味着更多的商业收益，本质上是提升更高的土地价值（图7-6）。

路网密度也反映出了CBD的集约性与可达性，作为一个城市就业、居住与生活行为最为密集的中央商务区，高密度的路网格局是该地区的人流、车流能够正常进出与流转的保证。

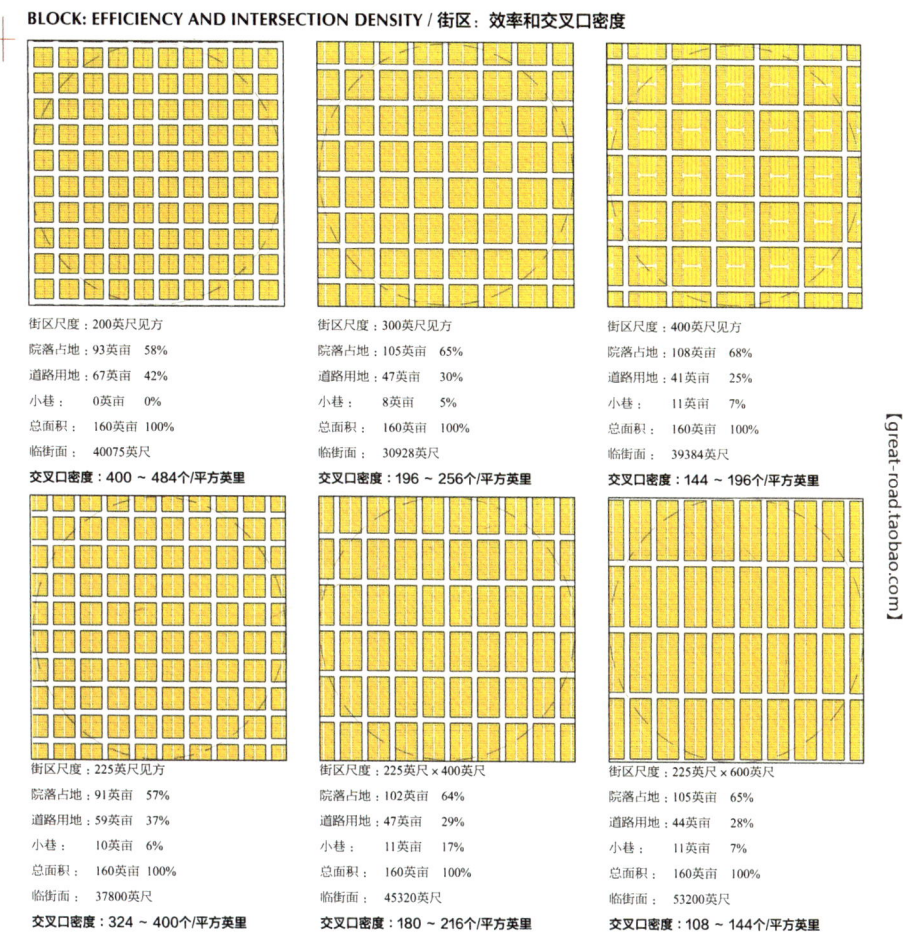

图 7-6 不同的街区尺度带来的路网密度与临街面积的差别
（资料来源：《城和市的语言——城市规划图解辞典》，[美] 塔塔尼主编，李文杰译）

这里将以珠江新城 CBD 核心区范围为参照尺度，来比较纽约、芝加哥、新加坡三个城市 CBD 的建筑密度和路网密度。

如表 7-7 所示，在约 1 平方千米的用地范围内，广州 CBD 的建筑基底面积约 31 万平方米，建筑密度为 28.33%。广州珠江新城 CBD 约为纽约、芝加哥 CBD 的一半。

表 7-7 相同尺度下不同城市 CBD 的建筑密度与路网密度比较

| 研究对象 | 研究范围（平方千米） | 建筑基底面积（平方米） | 建筑密度（%） | 街道长度（千米） | 路网密度（千米/平方千米） |
|---|---|---|---|---|---|
| 曼哈顿 CBD | 1.08 | 589 816.38 | 54.54 | 17.469 | 16.15 |
| 芝加哥 CBD | 1.08 | 574 012.16 | 53.08 | 19.498 | 18.03 |
| 新加坡 CBD | 0.73（扣除水域） | 330 747 | 45.58 | 16.184 | 14.96 |
| 广州珠江新城 CBD | 1.08 | 306 372.72 | 28.33 | 11.310 | 10.46 |

通过上述研究可以得到以下结论：

①城市 CBD 都有相对高的集约性，直观体现在高建筑密度与高路网密度。

②纽约曼哈顿、芝加哥、新加坡的 CBD 都有极高的建筑密度，其中曼哈顿与芝加哥 CBD 的建筑密度甚至达到 50% 以上；但是广州珠江新城 CBD 核心区的建筑密度相对于以上世界级的 CBD 而言明显偏低，仅有 28%。

③广州与纽约等地区 CBD 建筑密度的巨大差异，与各城市的城市设计理念有关。前面已经提到，纽约、芝加哥等城市的设计理念为尽可能将大型城市公园与高密度的商务办公区泾渭分明地分离式设置，采用的是大疏大密的手法。这就导致在针对性地研究某一特定区域时，其相应的属性特征会非常明显，比如 CBD 就是纯粹的建筑密集区，而不会有大片城市公园存在，建筑密度自然会相当之高。而珠江新城的城市设计理念是将城市公园与商务办公区结合设置。如果将珠江新城 CBD 核心区中的大型城市公园所占有的开放空间面积扣除，则该区域的建筑密度可上升到 34%。

④路网密度方面，芝加哥与曼哈顿 CBD 的路网密度最高，新加坡次于纽约。广州珠江新城 CBD 的路网密度最低，约 10 千米/平方千米，仅为芝加哥 CBD 路网密度的一半，其原因是街区尺度偏大。

### 7.2.5 街道与行人环境

1. 注重维育发达的支路网系统

城市 CBD 与一般的居住区以及工业区相比，路网密度更大，地块划分尺度更小。开放型小尺度街区为步行者提供了任何两点间通行的多种选择和不同路径，使城市中心区获得较大的"穿透性"。人们行走的路线变得更加便捷，便于市民的穿行、参观、游憩等。通过连续的使用，城市中心区的活力得到了增强，其内部可达性可以得到很大的提升。根据研究，纽约曼哈顿的街区宽度保持在 60 米左右，长度根据地块业态需要可划分为大、中、小三种类型；配合高密度的方格路网，形成高度的可达性。而芝加哥 CBD 的街区长宽尺度为 100 米左右，也基本保持了小尺度和高密度的方格网状路网格局。发达地区 CBD 支路网密度一般为 9 ~ 10 千米/平方千米（图 7-7）。

2. 关注人行可达性

在人的感受尺度里最重要的可达性主要是步行的可达性，步行可达性对城市中割裂的空间元素起到串联和重组的作用，并赋予城市空间流动性和网络性。在各 CBD 的设计过程中，都重点关注人行可达性的问题。

广州珠江新城 CBD 在中心布置大型广场，并设置二层连廊系统与周边建筑相连接。以大型公共空间作为步行联系最主要的载体。

香港则是在城市街道与建筑之间构筑了完整的二层连廊系统。所有的过街天桥、大厦中的二层走廊及各种零售店、地铁站、公交站点和其他的活动场所，有机地联系在一起，形成一个四通八达的空中步行体系。全港最长也最具特点的人行天桥从上环西港城的信德中心开始，跨越数个街区，连接多幢著名大厦，到达中环的怡和大厦等地。这一带是香港的"心脏",凭借这条纵横交错的人行天桥,人们可以轻而易举地抵达有关政府部门、立法会、港交所、邮政局和多家著名银行、保险公司、图书馆、大型商场、电影院等,交通十分便利。

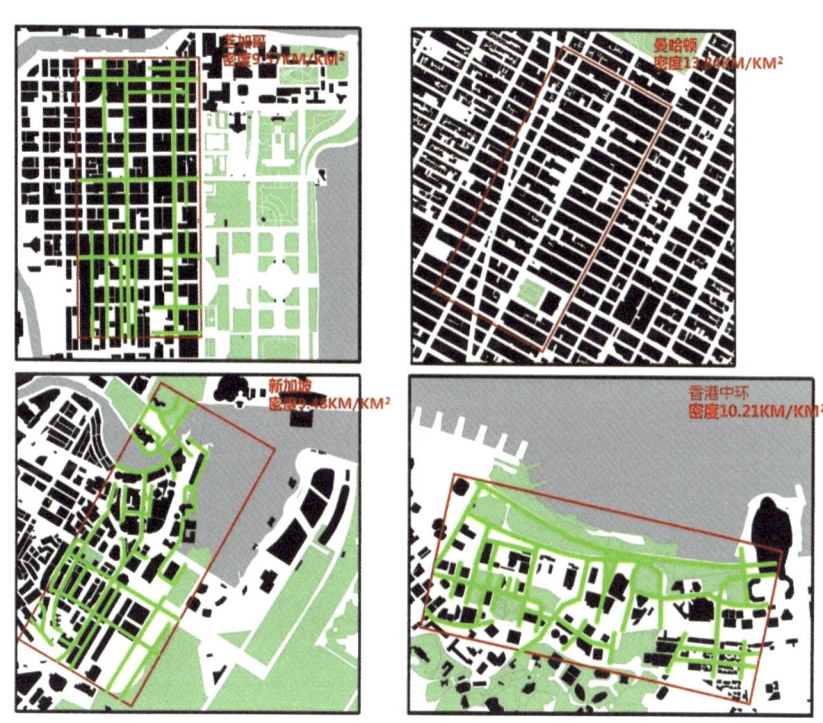

图 7-7　不同 CBD 区域支路网系统比较

纽约原本就拥有较为发达的城市街道,配合交通管制和公共交通体系优化了步行可达性。最近由丹麦 BIG 公司设计的曼哈顿大 U 设计方案,以滨水开放空间串联环曼哈顿步行系统,与原有的城市主要步行街道空间发生关系,不仅优化了城市环境也提高了 CBD 的内部可达性。

芝加哥 CBD 提高步行可达性的主要措施是规划地下街网络。芝加哥的地下街道修建始于 20 世纪 50 年代,经过半个多世纪的发展,其可达范围已经覆盖整个 CBD 核心区。作为一个美国北方城市,芝加哥在寒冬时室外气候条件较为恶劣,修筑地下街道可以避免恶劣气候对步行空间的影响。同时人车分流,减少车流穿梭对步行的影响,提高步行可达性。

新加坡 CBD 较为关注特色街道的营造,CBD 街道设计时注意营造良好的步行环境。步行空间绿化和无障碍设施设计非常宜人。

3. 更强调立体空间的可达性

现代 CBD 为了拓展城市容量,解决立体交通问题,广泛采用立体空间开发模式,对地下空间进行开发。地下空间一般作为联系性和辅助性空间存在,承担内部人行交通联系和静态交通扩容的功能。立体空间的存在避免了不良气候(雨、雪、高温)对人行可达性的不利影响，同时将为整个地区的出行提供多重选择（表7-8）。

表7-8 各CBD地下空间开发分析

| 名称 | 地下空间结构 | 开发模式 | 垂直交通方式 |
| --- | --- | --- | --- |
| 香港CBD | 依托地铁站点分布，一般位于建筑综合体地下 | 由各开发主体确定 | 地铁出口直达建筑综合体内部，无缝对接公交和二层连廊 |
| 新加坡CBD | 网络化的地下街道 | 政府制定《先进补助奖励计划》鼓励私人开发 | 依托地铁和建筑内部垂直交通实现 |
| 纽约CBD | 多样化的网络 | 政府规划地铁预留接口 | 地下步行系统联通各个街区，出入口众多 |
| 芝加哥CBD | 网络化的地下步行系统，覆盖整个CBD | 政府、公众和私人公司共同开发 | 不仅有建筑内部和地铁的出入口，在千禧公园也布置了垂直交通核 |
| 广州珠江新城CBD | 以花城广场大型地下空间为主体形成网络 | 政府开发公共地块，允许私人地块与其连通 | 拥有集中式的大型地下出入口，垂直交通出入口与地面景观广场结合，布置于花城广场内部 |

## 7.3 城市设计导控框架及要素总结及建议

### 7.3.1 CBD城市设计导控比较

城市规划的重点在各种指标的平衡，例如交通容量、功能分区、用地开发强度等问题。而城市设计导则的重点是城市意象的描述与控制。潜在开发者需要了解城市规划和发展信息来预判地段开发前景。此时，粗线条的城市设计概念和框架可达到这一作用。

城市设计导则是现代城市设计的一种重要成果表达方式，其目的在于引导土地的合理利用，保障生活环境的优良品质，促进城市空间的有序发展，同时为政府和规划管理部门提供一种长效的技术管理支持[①]。

例如：美国区划法对街区的控制重点是建筑的高度、密度、容积率等技术数据，比如底层架空奖励容积率，等等；而城市设计导则的重点是建筑体形（不同于规划中的高度规定）、室外空间、街墙界面、人车分流的解决方案、整体材质色彩，等等。

又如：在新加坡，根据1998版规划法案第61条的规定，国家发展部可以对土地开

---

① 高源，王建国. 城市设计导则的科学意义［J］. 规划师，2000，16（5）：37-40.

发、建筑密度、建筑高度、外观设计、排布，进入建筑和地块的方式，建筑、土地的保留……制定进一步的规定，相当于对城市设计管理开发的重要方面进行了法律授权①。自 1991 年开始采用"发展指导图"（DGPs）体系，包括城市设计内容，主要体现在特殊及详细控制规划中，涉及公园水体、高度控制、活动使用、街区、历史保护等与城市设计相关的内容。

新加坡城市设计导则控制区规划划定了需进一步按照城市设计导则进行开发控制的地块，这些导则既包括阳台、照明、室外餐饮区等通则，也包含针对某些地段的特定导则，它们在制定后通过政府公告发布。编制过程中还对重要的地块进行详细的城市设计，并将方案编入规划报告。在政府地块租售（GLS）时，它们被转化为详细的导则编入竞标技术条款，而新加坡大部分重要的私人开发部通过 GLS 获得土地，如中国广场。在两级规划体系之外，主管部门还进行日常性的城市设计研究，为上述规划设计和导则的制定提供支撑。

城市设计导则可划分为两个类型：一是对开发方案形态的规定性（prescriptive）要求，二是方案操作的指导性（performance）意见。在实践中往往根据特定项目的需要来运用相应的设计导则类型（表 7-9）。

表 7-9　CBD 城市规划设计导控方式

| CBD 所在地 | 主要设计管理方式 | 规定型要求 | | | 指导型要求 | | |
|---|---|---|---|---|---|---|---|
| | | 法规 | 控制重点 | 示例 | 规范 | 控制重点 | 示例 |
| 香港 | 法定图则加技术标准 | 《城市规划条例》《香港规划标准与准则》 | 拟备的《分区计划大纲图》的"注释"订定规范，规管建筑物的高度、上盖面积和容积率 | | 《香港规划标准与准则——城市设计指引》 | 拟备发展用地的地契条款时，纳入有关城市设计的考虑因素 | 例如"设计、分布和高度"条文。地契条款可列明建筑物的设计和分布、高度、屋宇类别的限制、环境美化项目及总纲发展蓝图等的要求，或者制定更详细的指引 |
| | | 《建筑物条例》 | 管制个别建筑物的设计 | | | | |
| | | 《古物及古迹条例》 | 规管历史文物 | | | | |

---

① 陈晓东. 面对开发的城市设计：新加坡中国广场城市设计案例及其启示 [J]. 现代城市研究, 2015 (11)：20-26.

续表 7-9

| CBD 所在地 | 主要设计管理方式 | 规定型要求 ||| 指导型要求 |||
|---|---|---|---|---|---|---|---|
| | | 法规 | 控制重点 | 示例 | 规范 | 控制重点 | 示例 |
| 芝加哥 | 城市土地区界地加规划条例 | 区划法（Zoning） | 外飘窗的各种规定 | 如窗的角度和突出部分的厚度，步行入口的最大间距，沿街面车库门的最大比例，以及建筑后退的细节与环境景观的规定等 | 中心区规划、中心区行动计划、绿色健康邻里规划、交通友好型发展指引等 | | 《住宅规划设计导则》（1989）清晰地说明了一系列设计原则的细节及应用方法，以及管理者、申请者所关心的主要问题，并建立起反馈的分析程序 |
| | | 《土地细分法》 | | | | | |
| | | 《芝加哥滨湖区规划》 | | | | | |
| 广州 | 控规加城市设计导则 | 《城乡规划技术规定》 | | | 具体城市设计导则 | | |
| | | 《控制性详细规划》 | | | | | |

庄宇在其著作《城市设计的运作》中，通过对 1997 年中国建筑学会年会和 1998 年中国城市规划学会城市设计会议提交的共 22 项城市设计方案（其中 12 项为总体城市设计，10 项为局部城市设计）的分析，将城市设计划分为两个层次——总体研究与局部研究，并对涉及的要素进行归纳[①]。总体研究涉及城市格局与自然或人工环境、城市特色空间、史迹保护、地标及轮廓线等城市意象、中心区及商业区等重要区段划分等。局部研究涉及建筑形态中的形式、体量、界面、高度、方向、色彩、开敞空间体系、雕塑、广告物、街道家具、照明等环境艺术、步行系统等。

《深圳城市设计指引草案》（1999）则从规划管理的角度，将导控要素归纳为城市空间组织（主要空间序列与空间布局、城市空间与广场）、建筑形态（建筑高度、体量及界面）、交通组织（公共人行通道及人行交通组织）和环境设施（室外地坪标高、室

---

① 庄宇. 城市设计的运作 [D]. 上海：同济大学，2000：25.

外绿化、户外广告及环境小品与雕塑）四个大类①。

凯文·林奇将城市设计内容分为五类元素：道路、边界、地区、节点、地标。美国科罗拉多州柯林斯堡河地区设计导则将地区设计分为社区、街区、建筑三个主要层级，分别关注区域发展关系、街区界面控制、建筑设计等课题；德克萨斯州奥斯汀城市设计导则分为区域城市、公共街区、广场和开放空间、建筑四个层级。中国香港城市设计指引分为都市形象、建筑物和空间、使用者与环境的关系；广州面向管理的城市设计导控实践研究分为城市或地区、街区、地块三个层级（表7-10）。

表7-10 导控框架比较

| 来源 | 城市设计分级研究与实践 |
| --- | --- |
| 《广州面向管理的城市设计导控》（林隽，2015） | 实践研究分为城市或地区、街区、地块三个层级 |
| 《深圳城市设计指引草案》（1999） | 城市空间组织、建筑形态、交通组织和环境设施四个大类 |
| 香港《城市设计指引》 | 分为都市形象、建筑物和空间、使用者与环境的关系 |
| 《林斯堡河地区设计导则》 | 地区设计分为社区、街区、建筑三个主要层级 |
| 《奥斯汀城市设计导则》 | 分为区域城市、公共街区、广场和开放空间、建筑四个层级 |
| 《22项城市设计方案分析》（庄宇，2000） | 总体研究和局部研究两类 |
| 凯文·林奇城市设计理论 | 分为五类元素：道路、边界、地区、节点、地标 |

### 7.3.2 CBD城市设计导控建议

通过研究多个地区CBD城市设计控制法规与导则指引，梳理出本次城市设计导控研究的框架，分为宏观层面关注都市形象与区域联系，中观层面关注街区空间营造与建筑物，微观层面关注使用者与环境感知。具体导控要素如表7-11所示：

---

① 深圳市规划与国土资源局. 深圳城市设计指引草案[M]. 北京：建筑工业出版社，2002.

表 7-11 CBD 三层次导控框架

| 导控层次 | 导控内容 | 涉及的要素 |
| --- | --- | --- |
| 都市形象与区域联系 | 都市发展模式 | 功能分区与定位 |
| | | 土地用途和活动 |
| | | 特定空间 |
| | | 轴线规划 |
| | | 建筑天际线 |
| | | 重要节点网络 |
| | 天然环境 | 海港、山脊线等天然环境组成部分 |
| | | 都市开敞空间 |
| | | 景观视廊、视域 |
| | 综合交通系统 | 骨架交通网络和公共交通体系 |
| | | 慢行系统 |
| | | 旅游观光体系 |
| | 地区特色和市容 | 历史文化特色、人文内涵 |
| | | 重要地段风格 |
| | | 一般地区风格 |
| 街区空间营造与建筑物 | 街区空间 | 聚集程度和高度（容积率、绿地率、建筑密度、高度等） |
| | | 休憩用地和公园、都市空间和城市广场景观营造 |
| | | 街道及其模式 |
| | | 道路交通系统 |
| | | 配套基础设施 |
| | 建筑物 | 地标 |
| | | 观景廊 |
| | | 建筑物的组合 |
| | | 建筑、界面、色彩设计和风格 |
| 使用者与环境感知 | 连接与融合 | 建筑物之间的连接和融合 |
| | | 行人路和行人连接通道 |
| | | 植物配置 |
| | 使用与美感 | 街道小品的设置 |
| | | 材质与细节 |
| | | 广告和指示牌 |
| | | 人为尺度、渐变、和谐等设计感 |

通过借鉴五大CBD地区城市设计导控的经验，结合以往的研究成果，本书提出三层次的城市设计导控详细内容。

1. 宏观层面：都市形象与区域联系

宏观层面主要指提升都市形象与加强区域联系（表7-12），主要考虑两类要素：

一是天然环境，如山体、海洋、河流、湖泊等。加强区域规划设计与天然环境和景观的联系，综合考虑天然环境的主要特点或组成部分，以及天然景观、文化或社会经济资产在地理和视觉景象上的直接及间接影响。

二是人造环境，它是城市基本意象的重要感知媒介。宏观层面良好的人造环境需要考虑添加城市特色及创造高质素环境以完善城市景致，提升地标的适合性及所产生的视觉影响，以及视觉景物的适合性及显见度；促进景观和发展模式方面的协调，整体高度轮廓和聚集程度的协调，地方特色的增强，与历史文物环境的协调等。具体内容包括明确的定位、清晰的布局、系统化的路网结构、意向鲜明的城市轴线与天际线等。

导控形式分为以下六种：

（1）城市空间结构图则：明确城市空间结构的布局，确定城市重要的发展空间序列。

（2）城市空间形态图则：划分城市的建筑高度分区，确定城市节点控制线、天际轮廓线、地标建筑的位置及其空间关系。

（3）城市景观图则：确定城市中主要的自然景观、重点景观（区）、景观带、特殊景观区域（如滨水区），明确其特色要素和保护、发展、创新的导控要求。

（4）城市开敞空间图则：重要公共活动空间的结构、布局、位置、规模、性质及环境特点。

（5）城市交通系统图则：明确城市主要交通的分布，建立城市步行系统的结构。

（6）城市特色分区和重点区域图则：明确其位置、面积、特色要求和发展导控原则。

表7-12 宏观层面城市设计导控框架

| 导控内容 | 涉及的要素 | 导控方式 | | 导控说明 |
|---|---|---|---|---|
| | | 导 | 控 | |
| 都市形象与区域联系 | 都市发展模式 | 功能分区与定位 | | √ | 明确在更大层面中的功能定位及重要性，引导区域发展 |
| | | 土地用途和活动 | | √ | 确定不同类别土地用途可能性及条件 |
| | | 特定空间 | | √ | 地标、历史文物等特定空间的位置及导控要求 |
| | | 轴线规划 | | √ | 确定重要的轴线规划（空间序列）大致位置 |
| | | 建筑天际线 | √ | | 注重整体高度轮廓和聚集程度的协调，确定若干重要建筑天际线的位置及导控要求 |
| | | 重要节点网络 | √ | | 确定重要节点的位置分布 |

续表 7-12

| 导控内容 | 涉及的要素 | 导控方式 | | 导控说明 |
|---|---|---|---|---|
| | | 导 | 控 | |
| 都市形象与区域联系 | 海港、山脊线等天然环境组成部分 | | √ | 确定海港、山脊线、景观带、特殊景观区域（如滨水区）等天然环境分布、规模、性质，明确其特色要素及导控要求 |
| | 都市开敞空间 | √ | | 确定城市开敞空间分布、规模、性质，明确与城市开放空间体系的连接与功能互补 |
| | 景观视廊、视域 | | √ | 明确视觉景物的适合性及显见度，确定景观视线廊道、视域位置及导控要求 |
| | 骨架交通网络和公共交通体系 | | √ | 确定路网规划及公交体系规划 |
| | 慢行系统 | √ | | 建立城市步行系统的结构 |
| | 旅游观光体系 | √ | | 构建城市旅游观光系统 |
| | 历史文化特色、人文内涵 | √ | | 与历史文物环境的协调，提出城市环境特色及人文内涵的指导性构思 |
| | 重要地段风格 | √ | | 明确重要地段风格导控一般原则 |
| | 一般地区风格 | √ | | 明确一般地区风格导控一般原则 |

2. 中观层面：街区空间营造与建筑物

中观层面主要指街区空间营造与建筑物（表7-13），主要考虑两类要素：

一是天然景观，街区或几个街区组成的场地对天然景观在地理和视觉景象上的直接和间接影响，主要提出开敞空间的布局、街区形式等。

二是人造景观，考虑地点是否合适，与现有观景廊的关系，对光线透射和空气流通的影响，与街道模式的协调，地标的适合性及所产生的视觉影响，整体高度轮廓和聚集程度的协调，与地区文物的协调，对四周环境的影响。在落实宏观层面导控意图的基础上，在地区和街区级进行细化，主要是提出街区道路交通，地块规划控制指标表、规模、建筑特征、形式等。

导控形式有以下两种（表7-14）：

（1）管理单元图则

其主要内容包括地块划分、土地利用、道路交通、地块规划控制指标表。其中，地块规划控制指标表主要包括土地使用性质代码、土地使用性质、土地使用兼容性、用地面积、地面以上总建筑面积、绿地率、公共和市政设施用地的种类规模等。

（2）街区控制图则

平面导控包括开敞空间、交通线路、建筑布局、地道出入口位置、建筑退缩、建筑贴线率、建筑间连廊位置、人行道、各类广场、停车场、绿地公园等。立面导控包括建筑高度控制、塔楼形式、塔楼标准层面长宽比、屋顶控制、裙楼边线、建筑立面、相邻建筑之间的连廊、建筑立面的广告牌、界面、风格等。

表 7-13 中观层面导控框架

| 导控内容 | 涉及的要素 | 导控方式 导 | 导控方式 控 | 导控说明 |
|---|---|---|---|---|
| 建筑物和空间营造 | 景观环境及微气候影响 | | | |
| | 聚集程度和高度（容积率、绿地率、建筑密度、高度等） | √ | | 以范围值弹性控制为主，并以交通和公建配套评估为基础确定地块最大强度值，引导内部交通及景观营造 |
| | 休憩用地和公园、都市空间和城市广场景观营造 | √ | | |
| | 街道及其模式 | √ | | |
| | 道路交通系统 | | √ | |
| | 配套基础设施 | | √ | |
| 建筑空间 | 地标 | √ | | 明确建筑组合与设计，考虑景观对地理和视觉品质的影响 |
| | 观景廊 | √ | | |
| | 建筑物的组合 | √ | | |
| | 建筑、界面、色彩设计和风格 | √ | | |

表 7-14 示例：莱弗士码头/滨海林荫道 A 地块的设计控制要素

| | | | |
|---|---|---|---|
| 建筑形式 | 体量<br>建筑高度<br>建筑入口层高度<br>地下层开发 | 人行网络 | 地下步行街<br>出入口<br>天桥设施<br>与莱弗士坊地铁站的联系 |
| 街景 | 建筑界面<br>共同边界<br>转角强调<br>建筑后退<br>开发景观人行道 | | 与未来开发的联系<br>有盖步行道<br>开敞步行道 |
| 屋顶景观 | 屋顶景观 | | 二层步行廊道<br>二层穿越地块的步行道<br>高层步行联系 |
| 车行系统 | 车行出入和上下客点<br>服务区域<br>停车<br>人行道<br>景观区域<br>公交站点 | | 有盖步行联系道<br>首层和二层使用<br>室外功能<br>地下空间功能 |

## 3. 微观层面：使用者与环境感知

微观层面主要是指使用者与环境感知，是直接对每个地块的具体控制（表7-15），主要考虑两类要素：

一是天然景观，设计在功能上与天然环境相配合，与当地天然景观相配合。

二是人造景观，设计适当配合街道环境和功能，方便行人，建立空间感，包括对屋顶处理、地下空间、建筑色彩、绿化带、道路红线宽度、中线交点坐标、交通主要出入口方位、停车场等要素的导控。

导控形式有以下两种：

在地块层次落实宏观、中观层面的城市设计要求，根据不同地区其控制要点的不同，导控方式可分为范围值弹性导控与一般性引导。

（1）范围值弹性控制：界面贴线率、建筑后退红线距离等以范围值控制，并以交通和公建配套评估为基础确定地块最大强度值。

（2）一般性引导：引导内容包括建筑形式、建筑立面风格色彩、建筑贴线率、广场位置、建筑转角处理、主要绿化区域等，其中弹性控制内容应根据各地块的实际要求加强为强制性控制要求。例如在历史街区、城市重点地区、城市界面地区及标志性建筑等地块，建筑高度、建筑风格等应作为强制性要求列入开发控制图则中。

表7-15 微观层面导控框架

| 导控内容 | | 涉及的要素 | 导控方式 | | 导控说明 |
| --- | --- | --- | --- | --- | --- |
| | | | 导 | 控 | |
| 使用者与环境感知 | 连接与融合 | 建筑物之间的连接和融合 | √ | | 引导区域连接与景观品质营造，主要为指导性建议 |
| | | 人行道和行人连接通道 | √ | | |
| | | 植物配置 | √ | | |
| | 美感 | 街道小品的设置 | √ | | 注重细节与质感，创造美感 |
| | | 材质与细节 | √ | | |
| | | 广告和指示牌 | √ | | |
| | | 人为尺度、渐变、和谐等设计感 | √ | | |

国外城市设计与其城市规划体系相结合，不同的城市管理制度、规划制度下城市设计实施主体、控制方法差别较大。美国城市设计源于区划法控制，其特点是实施灵活、引导性强；新加坡城市管理制度与城市规划制度与中国类似，对我国城市设计制度的建立有较强的参考性。

自 20 世纪 80 年代以来，美国、日本以及英国等国家，均注意到城市设计的执行必须有明确的政策为依据，否则城市设计的实施内容充其量仅仅是见仁见智的美学关注；也因为公私合作进行城市开发成为全球的发展趋势，城市设计本身成为城市公共政策的一部分，如各种奖励性措施和弹性操作办法以及整体城市设计成为城市总体规划的一部分等。城市设计政策化的同时既实现了城市设计目标，又丰富和拓展了开发控制体系。

城市设计的实际作用体现在成为针对城市开发的设计审查的依据之一。从开发许可的依据看，各国都普遍采用了城市设计导则的辅助方式。设计导则可适用于许多层次，相对应于法定规划的各层次。另外，对重要地区则更加深入地制定特别导则以强调该重要地区的特色。基于城市设计的方法，城市设计导则是关于理想的环境形式、原型品质的描述与基本的规范，同时也应该体现城市空间公共利益的要求。地区中无论开发者及开发方式如何不同，导则所要求的基本品质是相同的。

从城市设计控制关注的要点来看，不同国家与城市根据各自的制度、规划管理体系，其城市设计控制的要点不尽相同，对比见表 7-16、表 7-17。

表 7-16　不同国家与地区城市设计控制模式汇总表

| 国家与地区 | 城市设计控制模式 |
| --- | --- |
| 美国 | 以设计审查制度为核心，以设计导则为方向与依据，以区划法为依托的控制政策 |
| 新加坡 | 在新加坡，城市设计发生在整体城市规划的框架内，即将规划体系与城市设计进行结合。在宏观层面，概念规划会整合城市设计的内容；在中观层面上，城市设计控制将与实施性的总体规划相结合。新加坡的总规是注重实施性的法定规划，包含两部分内容，其一是传统区划控制，即传统的规划控制内容；其二是特殊及详细控制规划，包含公园水体规划、住宅规划、保护区和保护建筑规划等组成，这些规划包含大量的城市设计控制内容。新加坡将设计控制内容以开发控制手册与重点片区城市设计导则的形式作为政府法定文件发布 |
| 中国香港 | 香港城市设计可以通过现有的法规和行政机制实施。在城市规划法定环节纳入城市设计管控内容；行政机制主要是在拟备发展用地的地契条款时，纳入有关城市设计的考虑因素，包括建筑物的设计和分布、高度、屋宇类别的限制、环境美化项目及总纲发展蓝图等的要求，以及就地区或地方层面的新大型发展或重建项目进行城市设计研究，继而制定更详细的指引 |
| 中国广州 | 广州城市设计兼具有设计方法与研究手段的职能，城市设计编制内容的核心建立在满足规划管理需求上，形成以"控规 + 城市设计导则"共同引导地区发展的技术体系，建立现代化的信息管理技术手段 |

资料来源：《面向管理的城市设计导控实践研究》，林隽

表 7-17 城市设计控制重点要素

| 国家与地区 | 城市设计控制重点要素 |
|---|---|
| 美国 | 城市设计控制的主要内容多是一些较为灵活并难以用明确数字准确描述的内容，如风格、步行空间、界面、环境景观、建筑群的视觉美感等 |
| 新加坡 | 开发控制手册明确对"用地性质""容积率"和"建筑高度"三个基本区划控制指标作出规定，再根据用途采用不同的控制重点。如商业区关注屋顶花园、停车场、地下室、公共区域、阳台、空中露台、连接轨道交通站点的地下人行通道等，居住区关注公共开敞空间、建筑高度、屋顶花园、建筑光反射控制、空中露台等 |
| 中国香港 | 《城市设计指引》规定了香港的城市设计基本要素，并将这些要素分为了宏观、中观与微观三个层面：宏观层面关注都市形象，包括山脊线、都市模式和外形、功能分区等；中观层面重点考察建筑物和空间，包括建筑物的组合、都市空间和城市广场、建筑风格、地标、休憩用地和公园等；微观层面集中处理使用者与环境的关系，包括街道设施、街景、色彩和材质等 |
| 中国广州 | 对于影响公共空间品质与可进行规划管理的要素进行重点控制，包括公共开敞空间、建筑高度、道路系统、地标等 |

## 7.4 政府推动 CBD 发展总结

### 7.4.1 通过统筹规划与政策制定实现政府有效管理

1. 政府角色的重要性

尽管全球化加剧了世界各地的城市所面临的挑战，但它同时也为地方政府扮演积极的政府角色提供了空间。

新加坡 CBD 的建设主要由市区重建局（URA）承担整体筹划和管理、规划与设计。市区重建局由法律授予权力，包括规划的权力、规划管理的权力、征收发展费的权力、总体规划指导下实施规划管理，公营部门和私营部门密切合作。从 1976 年开始，政府出台了出售 CBD 内土地的计划，到 1989 年 8 月市区重建局共出台了 27 个相关土地发售计划，从私营部门获取了约 14 亿美元的建设投资，新建了 50 万平方米的商业空间。

市区重建局主导了新加坡 CBD 的整体规划和发展，主要采取了以下措施来推进 CBD 的开发：

①土地整合，国家取得土地后出让给私人发展商开发；以法律手段保证房地产市场的自由公平竞争。

②进行了区域的长期规划以及详细的地区性规划，对如何实现这些开发进行协调和指导，避免采取一套标准的设计准则，因此 CBD 内的具体建筑设计多姿多态，充分保留了城市的多样性特征。

③注重组织有效的交通系统,主要措施有建设地铁系统,改善道路和基础设施,限制进入区域内的汽车数量,强制建设停车场,实行拥车配额制等。

④采取奖励措施鼓励开发商投资建设。

⑤制定严格的环境保护措施。

广州政府从1993年起开始进行珠江新城商务区的土地开发,但在1996年的《广州市城市总体规划》中并没有对市区商务办公设施进行专门的论述,更没有提及城市中央商务区(CBD)的概念,这使得珠江新城未得到明确定位,空间发展受限,同时在实际开发中也没有得到有力的商务办公类土地政策的支持,因此珠江新城发展至1999年,仍没有形成CBD应有的商务环境。

CBD概念的提出和规划的形成是城市"功能坐标系"分区的产物。而当城市经济继续发展时,按"功能坐标系"分区又逐渐让位于按照"居住坐标系"分区的规划思想。每一个时期政府干预都非常重要,政府的开发必须保证规划延续性。高涨时期应加大中心区商务空间开发的土地供应,并有效地抑制土地投机行为蔓延,切实保障直接使用土地的商贸、金融、服务产业者具有健康的经营环境;低谷时期可加大道路与市政公用设施的配套投资,为今后的商务设施发展创造条件。

2. 战略规划引领城市发展,实现政府管理

城市发展战略规划制定作为一种重要的政府行为,在纷繁变化中作出了积极的响应。纵观多个城市的发展战略,如何实现高效的经济发展、可持续发展能源、优秀的公共交通、稳健的住房发展、有活力的公共空间利用……每个城市面临的问题不外乎都可以归结为这几类,但成功的关键在于是否对现有场地的现状问题有精准的把握,并提出适当的发展目标和可行的实施计划。我们所面临的挑战的规模性、复杂性和相互依赖性需要一个综合的解决方案,一个决策往往会对另一个决策产生不可避免的影响。规划的要旨在于发现城市发展的问题,准确预测未来的需求,同时也提供现状的必需品。如表7-18所示,以芝加哥为例介绍战略规划在城市商务区发展中的作用。

表7-18 芝加哥中心区历年主要战略规划

| 编制时间 | 规划名称 | 商务区中最突出的问题 | 规 划 重 点 |
|---|---|---|---|
| 1909年 | 《芝加哥规划》 | 各类交通流混杂已制约了城市商务功能的进一步提升 | 解决商务区交通问题应从密歇根大街入手,规划提出:<br>1. 拓宽和向北延伸密歇根大街,横断面上考虑步行、观光、过境三类不同的交通流;<br>2. 进行街面抬高处理,以减少东西向交通流干扰;<br>3. 增加六条放射性轴线 |

续表 7-18

| 编制时间 | 规划名称 | 商务区中最突出的问题 | 规划重点 |
| --- | --- | --- | --- |
| 1958年 | 《芝加哥中心区发展规划》 | 物质环境问题非常突出，黑人涌入加剧社区衰败，居住、商业和工业郊区化 | 1. 在城市的中心区和周边改善一系列公共和私人设施，挽留卢普的大公司和大的零售商；<br>2. 清理卢普区南部一些空置的铁路货场，为在南边建立伊利诺伊大学新校区提供空间；<br>3. 提高中心区的可达性，建议建设连接中心商务区和郊区的快速路网络，在卢普边缘地区建设新的停车设施；<br>4. 在卢普南部和北部立即建设50 000套中等收入家庭住房，由政府集中整理土地，私人合作开发 |
| 1973年 | 《芝加哥21世纪规划》 | 物质环境的恶化，老化的工业经济和卢普地区的居住问题是需要克服的主要障碍 | 1. 在卢普南部进行新的居住开发；<br>2. 对芝加哥河沿岸地区进行再开发，作为步行通道和住宅用途；<br>3. 在密歇根湖滨建设新的公园绿地；<br>4. 在国家大街（State St.）建设地铁线；<br>5. 建造新的公共图书馆和社区大学；<br>6. 建设连接奥海尔机场的快速地铁；<br>7. 在大的办公楼和百货商店之间增加空中和地下人行通道；<br>8. 加强历史建筑的保护；<br>9. 开发河滨公园和居住区；<br>10. 在废弃的铁路货场建设大规模的居住区 |
| 1983年 | 《芝加哥中心区规划》 | 郊区购物模式的盛行和激烈的竞争使中心区传统的零售百货店生存艰难，联邦政府同意芝加哥申办1992年世界博览会，需要确定场馆选址和规划方案 | 1. 刺激城市中心经济增长，在中心区将继续提升金融、法律等现代服务业和零售、贸易等传统服务业；<br>2. 提供高质量的城市环境，在新建设的同时注重历史建筑的再使用和修复，以及街道和室外环境的改善；<br>3. 加强土地使用和管理，鼓励居住、商业、办公的混合使用；<br>4. 加强主要活动场所之间的交通联系，通过空中、地面和地下的人行通道，连接金融办公区、商业走廊，居住和零售建筑 |

续表 7-18

| 编制时间 | 规划名称 | 商务区中最突出的问题 | 规 划 重 点 |
|---|---|---|---|
| 2003 年 | 《芝加哥中心区发展规划》 | 芝加哥中心区的转型在未来几十年会继续发展，中心区趋向多元化和各种用途、活动的混合 | 1. 围绕着未来多元化的商业办公、零售、会展、教育、文化设施和居住建筑开发总量预测"基本增长"和"乐观增长"两种模式；<br>2. 各类土地的未来增长主要来自位于卢普东、南和西北的铁路栈场和工业基地的转换，空间的增长将依靠恢复和再利用许多老建筑和历史建筑；<br>3. 中心区大量的活动需要高效的交通系统支持；<br>4. 现有的道路系统已经成熟，交通量的大量增长主要通过大运量的公共交通解决 |
| 2010 年 | 《芝加哥中心区行动计划》 | 中心区人口将进一步增长，维持并扩大中心区的角色地位。<br>基于可持续发展挑战，提出紧凑型的增长、公共交通为导向的设计和精明增长的原则 | 1. 维持芝加哥的地位，成为区域经济引擎；<br>2. 支持高密度住宅的增长来提升城市活力和利用城市基础设施；<br>3. 实行尖端的环保举措和绿色建筑技术；<br>4. 提高公园、走廊和滨水区环境，吸引更多的居民、工人、学生和游客；<br>5. 通过奥黑尔和中途机场更好地连接到世界以及区域铁路网；<br>6. 通过高效的货运配送加强芝加哥与北美经济的联系；<br>7. 投资于交通，以支持由计划所设想的增长；<br>8. 城市、州、联邦资本投资计划辅以私人参与 |
| 2011 年 | 《芝加哥中心区脱碳计划》 | 卢普区占城市 1% 的用地，却贡献 10% 的碳排放率。卢普区 90% 的建筑都是在 1975 年以前建造的，大部分的设备和系统都已经老化，而新建筑只占 1% | 1. 从能源和碳排放角度，来保持城市中心的经济和文化活力；<br>2. 提出了一系列降低碳排放的方法，其中包括对现有建筑存量和城市肌理的积极改造；<br>3. 计划主要从 9 大层面：建筑、都市景观、交通、智慧基础设施、水资源、能源、废物利用、社区管理、融资来共同促进零碳规划的实施 |

3. 打造以 CBD 为核心的区域商业网络，灵活制定激励政策，实现整体有序发展

（1）打造商务网络与 CBD 核心

CBD 不是独立的商业中心，而是整个区域商业网络最核心的区域。面对 CBD 不断上升的商务地产需求同该区有限的地域面积之间的现实矛盾，纽约规划部门对曼哈顿 CBD 及其周边区域再次进行开发规划，拓展 CBD 地域范围，规划确定三个新 CBD 分区。1991 年新加坡概念规划提出建设环滨海湾世界一流商业区，城市中心区面积遂扩展至约 16.5 平方千米，乌节路、小印度、新加坡河西段等地区纳入其内；这些功能单

元通过步行交通网络、新加坡河、商业街区等串联，形成多条商业走廊，使城市商业中心区成为活力多元的中央活动区（CAZ）。

（2）灵活制定激励政策

容积率奖励是一项刺激政策，允许开发商建设更高的楼层、获得更多建筑面积来鼓励其建设广场，加宽人行道，设置底层零售业等，是以取得双方利益均衡为目的的双赢措施。此外还有工商业激励计划，比如纽约实行的房地产税收减免计划，坚持对即将转向商业使用的工业写字楼提供优惠政策；新加坡 CBD 还在亚洲国家中率先颁布了"鼓励跨国公司在新加坡设立地区总部的暂行办法和优惠政策"，对信誉度高的国际银行到 CBD 设立分行产生更强的吸引力；纽约实行企业迁移就业援助计划（REAP），向公司提供商业税收信用额，用以免除或减免城市一般法人税、非法人商业税、银行税或效用税等税收。

（3）制定"可进入性"法规

纽约曼哈顿中城在开发建设过程中，因为忽视休闲购物场所的建设，导致其人气不足。后来纽约市政府规定，在中心商务区里，建筑不能齐着马路盖，必须为行人提供足够的绿地和空间，而且这个空间要与楼高成正比，即楼盖得越高，留给行人的空间越大。如果因为条件所限，不能让出空间，那么这栋楼的一层大厅必须向行人开放，用作行人的休息区或免费对公众开放的画廊。如麦迪逊大道上的 IBM 总部，将一楼的大厅设计成四季如春的中厅花园，周围摆放着咖啡座供游人休息，还经常办一些画展供游人参观；位于莱克星顿大街的花旗银行总部，将临街的一楼大厅辟为音乐厅，常年为行人提供免费的管弦乐、爵士乐音乐会。政府的"可进入性"法规，一方面为市政府解决了来中心商务区旅游、购物、办公的市民和游客的休息问题；另一方面满足了纽约市休闲娱乐的要求，提高了市民的文化素质，也扶持了纽约市的艺术家，还为纽约市树立了"世界文化之都"的城市形象。

（4）坚持城市基础设施超前并优先发展

坚持城市基础设施超前并优先发展，不断加大投资力度，才能有效提高市政承载能力和 CBD 现代化水平。如果我们一开始就从一个更广阔的层面来考虑问题，往往能实现整个区域的可持续发展。为了应对新的人口增长和全球气候变化，2006 年，纽约市在其市长指示下，邀请麦肯锡主持编制了到 2030 年的《纽约城市规划：更绿色、更美好的纽约》（*PlaNYC: A Greener, Greater New York*）。从名称和内容可以看出，这一版本的城市综合规划非常重视全球气候变化对城市发展的影响，提出三个主要的挑战：增长、老化的基础设施和越来越不稳定的环境。规划关注城市环境的六个层面——土地、水、交通运输、能源、空气以及气候变化，共提出 127 个新举措。

### 7.4.2 公众参与

1. 推进公众参与城市规划的有序性和有效性

（1）社会矛盾和纠纷呈现迅猛增长之势，城市规划中的公众参与重要性日益凸显社会主义市场经济的发展以及我国城市化进程的加速推进，使得城市中出现了利益主体不断分化、多元化以及主体意识不断增强的社会现象，随之而来的是在这些分化、多元化的利益主体之间的社会矛盾和纠纷呈现迅猛增长之势。这就要求我们改变过去由政府单一主导城市规划建设的城市化发展模式。国内外公共参与涉及城市战略规划、城市化基础设施、场地设计等层面，涵盖的范围越来越广，参与的深度越来越大。城市规划中的公众参与作为解决我国城市化进程中发生的诸多社会矛盾的重要途径，通过相关的利益主体参与到城市化发展进程中来，其重要性日益凸显（张文显，2013）。

（2）参与角色的制度化确保公众参与的有序性和有效性

要保证公民参与的长期成效，最好的办法莫过于在决策制定中使参与角色的作用制度化（托马斯，2010）。从某种角度讲，公众参与的实质是程序性的，而不应只关注最后得出什么样的结果。需要非常明确地规定相应的公众参与方式和程序，使公众非常清楚怎么参与、如何推进、决定权怎么分配，并保证这些方式和程序得到有序执行，公众参与才能有条不紊地开展（孙施文，2010）。香港《城市规划条例》等法律体系、规划运作体系确保了公众参与制度的有序性和有效性（蔡泰成，2013）；纽约市在土地管理中首创了统一土地利用审查程序（ULURP），从制度上为公众、社区、规划委员会、地方政府、市议会等利益主体共同参与土地利用决策提供了详细且有效的法定途径（沈开举，2009）。

从香港公众参与过程及纽约的公众参与立法中，都引入了相对独立的申诉和仲裁机构避免利益方的直接对峙，且保证了社会公正。按照我国城市规划的分级审批的组织结构，在各级规划审批机构中设立相对独立的申诉和仲裁机构，按照审批权限划分，负责针对不同类型规划的公众投诉和处置不同意见也是另一个需要注意的方向。

未来必须通过法治的不断优化来推进社会建设，同时结合自下而上的市场力量推进城市规划中的公众参与，全球 CBD 的成功经验值得进一步研究与借鉴。

（3）培养规划的全过程公众参与意识

在 21 世纪的城市规划中，如何兼顾社会公平，如何提供均等化的城市化基础设施成为人们持续关注的问题。在城市规划中引入公众参与的过程中，首先要改变思维方式，将公众参与尽可能推行到规划的全过程中。近年来，政府推进的宏观层面战略规划，如香港《中环新海滨城市设计研究》（2011）、《2015 新加坡永续发展蓝图》（2014）、《上海 2040》（2015）等项目中都有意识地引入全过程公众参与意识，并且针对公众参与每个环节的需求，设计不同的策略与方式。当然，具体项目如何开展公众参与还应根据情况而定，例如居住区规划等项目与城市战略规划涉及的利益群体及推行方式有很大差别，新一代规划师需要培养规划的全过程公众参与意识，切实地考虑实际的需求，将公众的智慧尽可能地在规划中体现。

（4）重视多样化公众参与渠道

香港《中环新海滨城市设计研究》制定过程中通过展览、工作坊、论坛、意见卡、面谈及电话访问等，广泛征询公众意见，并委托了独立的研究机构分析收集的公众意见；《2015 新加坡永续发展蓝图》制定过程中有超过 550 位市民提供想法与建议、550

位市民通电话交流、2000 位市民面对面交流、2900 位市民网上参与。随着科技的发展进步，借助可视化技术，公众参与的渠道越来越多样化。除了通过微信公众投票、展览心愿墙等形式表达意愿，每位市民甚至都可点开智能手机中的摄录功能，记录下建筑工地的变化，还能在虚拟环境中观察自己社区即将发生的变化。公众参与应善于利用这些渠道，一方面扩大参与概率，另一方面便于信息的便捷传递，真正实现有效"交流"。

（5）让参与者真正理解规划将怎样影响其所在区域

在公众参与城市规划的过程中，建立清晰的表达非常重要，清楚地解说现状问题及规划方案，让公众在理解的基础上参与选择，才能获取最大程度的认同感与最直接的决策建议。《2015 新加坡永续发展蓝图》以生动有趣的方式、香港《中环新海滨城市设计研究》中以详尽的设计表达，通俗易懂地让参与者真正理解规划将怎样影响其所在区域，真正给公众一个清晰的规划设计逻辑，而不是像国内通常直接将平面图、效果图摆上台面，让公众的选择流于形式主义之嫌。

（6）普及公众教育，全民建设智慧国

简·雅各布斯曾说："城市的发展离不开科学有效的管理，更离不开社会民众的智慧与支持。真正的智慧来源于对问题的把握、经验的汲取及对生活的理解。"公众参与若试图将所有利益摆上台面寻求最大公约数，这时候民众僵持往往容易引发更大的矛盾，因此民众对规划设计的认知尤为重要。

新加坡、香港、纽约等地区已大量建设公共基础设施，经常性、阶段性地开展城市管理宣传教育，将城市管理融入市民的生活中，通过宣传与潜移默化的教育推动更多的民众参与到城市发展过程中来。2015 年新加坡政府公布了全球第一个智慧国家蓝图——"智慧国家 2025"计划，将进一步建设智慧城市。这项计划重点在于信息的整合以及在此基础上的执行，使政府的政策更具前瞻性；除了通过技术来收集信息，更关键在于利用这些信息来更好地服务人民。

城市也总是因其市民的选择而改变，智能技术最重要的作用，就是消除那些改变城市的人和那些被城市改变生活的人之间的这道隔阂，提高城市政府决策的效率和准确率，扩大公众参与度。"公众才是城市规划的开始和结束，底层的需求是城市规划的开始，好的城市规划是公众参与出来的。"简·雅各布斯曾说："只有当城市中的每一个人都参与到它的建构进程中时，城市才有能力为每一个公民提供些什么。"

2. 智慧参与——加速民主政治平行推进的进程

不管技术发展得多么巧妙，甚至无处不在，任何事物都无法脱离政治和文化系统而独立存在。而城市间的共性在于，需要在"自上而下"的官方权威和"自下而上"的社区交流之间找到平衡。

（1）多样化公众参与渠道

智慧城市运用传感器收集数据信息，并对之进行计算处理，一定程度上可以促进信息传达，可以加速民主政治平行推进的进程。智慧城市技术通过鼓励更多人参与其中，让公众参与影响决策制定，并使城市及其市民能及时应对时代的变化（表 7-19）。

表 7-19 多样化公众参与渠道情况表

| 时间 | 案例 | 分类 | 具体形式 | |
|---|---|---|---|---|
| 2008 年 | 香港《中环新海滨城市设计研究》 | 通过展览、工作坊、论坛、意见卡、面谈及电话访问等,广泛征询公众意见,并委托了独立的研究机构分析收集的公众意见 | | |
| | | 第一阶段公众参与 | 专题小组工作坊 | |
| | | | 公众参与论坛 | |
| | | | 新中环天星码头进行展览 | |
| | | | 向城规会、共建维港委员会、有关的区议会及其他有关的咨询组织进行简介及咨询 | |
| | | 第二阶段公众参与 | 问卷调查 | |
| | | | 两场大型公众展览(共有 13 700 名访客) | |
| | | | 辅以七场巡回展览(共有 11 340 名访客) | |
| | | | 专题小组工作坊(有 49 名参与者,收集相关专业团队及学术机构对研究方案的意见) | |
| | | | 公众参与论坛(有 142 名参与者) | |
| | | | 收集 1872 份意见卡 | |
| | | | 2471 个成功电话调查 | |
| | | | 365 个有效的面谈访问 | |
| | | | 64 份书面意见被收集 | |
| | | | 举办简介会(立法会、城市规划委员会、共建维港委员会、十八区区议会、学术及专业团体和其他有关的公众及咨询团体参加) | |
| 2014 年 | 《2015 新加坡永续发展蓝图》 | 有超过 550 人提供想法与建议、550 人通电话交流、2000 人面对面交流、2900 人网上参与 | | |
| | | | 环境理事会主持 440 位参与者参与 19 次对话会议 | |
| | | | 新加坡管理大学组织 100 人参加绿党和绿色未来解决方案 3 次谈话 | |
| | | | 共 550 位市民提供想法与建议 | |
| | | | 教育局举办了绿色产业圆桌会议 | |
| | | | 2000 人面对面地参加调查 | |
| | | | 2900 余名网上竞猜者回答如何有助于新加坡的宜居和可持续 | |

续表 7-19

| 时间 | 案例 | 分类 | 具体形式 |
|---|---|---|---|
| 2015 年 | 《上海 2040》 | 提出"开门做规划"——公众将参与规划编制的全过程 | |
| | | 成立公众参与咨询团 | 针对市民最为关心的工作、生活和交通问题，未涉及公众难以感知的城市发展模式等宏观问题展开咨询 |
| | | 搭建媒体平台 | 建立"上海城市总体规划编制"官方宣传网页 |
| | | | 开通"上海 2040"微信公共平台 |
| | | | 搭建"上海城市总体规划编制"微博 |
| | | 组织公众参与活动 | 高端论坛 |
| | | | 规划普及型活动 |
| | | | 社会调查，实际采纳的有效数据近 14 000 份 |

以新加坡为例，近年来新加坡有超过 130 000 位市民参与规划展览与讨论。新加坡市区重建局在公布发展总蓝图的同时，反复强调公众参与城市规划的重要性。这份蓝图不仅被新加坡《海峡时报》图文并茂地大篇幅报道，还在市重建局举办了一个月的展览，通过互联网等各种途径听取民众的意见，博采公众智慧，以不断完善和提升规划方案。《2015 新加坡永续发展蓝图》中，有超过 550 人提供想法与建议、550 人通电话交流、2000 人面对面交流、2900 人网上参与。正如发展蓝图中写道："真正民主科学的决策，离不开公众的想法意见和支持。"

在 21 世纪的城市规划中，如何兼顾社会公平，如何提供均等化的城市化基础设施成为人们持续关注的问题。公共参与涉及城市战略规划、城市化基础设施、场地设计等层面，涵盖的范围越来越广，参与的深度越来越大。例如，《2015 新加坡永续发展蓝图》（2014）、《芝加哥 CBD 地区 BRT 中央环路走廊设计》（2014）、《芝加哥中心区脱碳计划》（2011）、香港《中环新海滨城市设计研究》（2011）、《香港 2030 规划远景与策略》（2010）、《纽约城市规划：更绿色、更美好的纽约（PlaNYC: A Greener, Greater New York）》（2006）等项目都有广泛公众参与。

（2）清晰的信息传递

与此同时，需要更加清醒地认识到：公众参与的途径与方式固然重要，但智慧技术除了可以拓宽参与渠道以外，更重要的一点是让规划设计方或者城市管理者的想法得到清晰的表达。尤其是在公众越来越多地参与到城市规划与管理中来的时期，如何保证内容易理解且有趣至关重要。

香港《中环新海滨城市设计研究》中期待与公众进行互动型城市设计，对内部想要与公众共同参与的部分进行了具体的描述，展示包括研究背景、研究起点、公众参与计划、城市设计目标与模拟四种情景，足以成为城市设计公共参与的范本（图 7-8）。

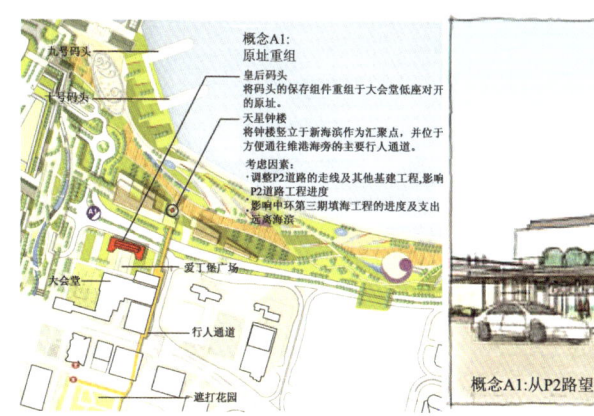
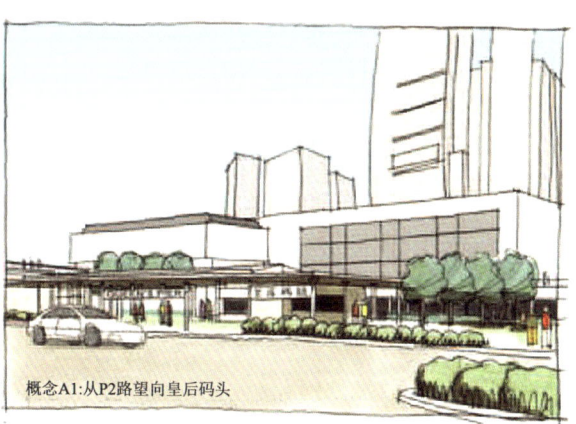

图 7-8 参与问卷与展板图

（资料来源：香港《中环新海滨城市设计研究》，http：//www.pland.gov.hk/pland_en/p_study/comp_s/UDS/chi_v1/pem_chi.htm）

有关营造重建后的天星钟楼、重组后的皇后码头、大会堂建筑群及新海滨的空间关系，可能有很多组合。空间及历史关系、形象独特、实用性、通达性、突出的视觉效果、规划的灵活性等都可以成为进一步讨论的出发点，信息化清晰表达与展示能真正引发民众对切实问题的思考。

## 7.5 可持续发展策略建议

### 7.5.1 高密度与可持续性

#### 1. 可持续性的含义

可持续性发展是能让世界更加美好的一句流行语，通常是指对不可替代和不可再生自然资源的保存与保护（John Lund Kriken，2013）。真正可持续性发展的理念，是在 1987 年由 WCED（世界环境与发展委员会）公布的《我们共同的未来》一文中正式提出[1]。广义上来讲，一切事物都涵盖在景观范畴之内，进而景观可持续性是指特定景观所具有的、能够长期而稳定地提供景观服务、维护和改善本区域人类福祉的综合能力[2]。

可持续性与城市发展问题相辅相成。随着后工业时代和信息时代的到来，信息技术的革命性发展以及人们环境意识的不断强化，中央商务区的发展直接面对的是成本提高、交通拥挤、国际竞争激烈和专业分工细化带来的挑战。同时，中央商务区的发展还始终面临着重大的生态挑战[3]。可持续性作为 21 世纪智慧型城市建设的首要原则，真正的内涵非常宽泛。城市发展过程中，不同的社会背景下对自然环境的追求，对能源危机的思考，对邻里环境的完善，对微气候的营造，对社会活动多样性的追求等，对不同问题的探索与奋斗中表现出来的长远眼光、创造出来的先进技术是可持续性的具体体现（表 7-20）。

表 7-20　中央商务区可持续发展理论探索历程

| 时　间 | 关键词 | 举　措 |
| --- | --- | --- |
| 20 世纪上半叶 | 西方社会工业化的快速发展及城市化进程加速 | 将自然环境引入其中，改进城市环境，追求健康生活 |
| 20 世纪 50～70 年代 | 现代主义的反思与改进 | 对能源危机的思考和城市微观气候的考虑成为中央商务区发展的主要议题 |
| 20 世纪 80 年代后 | 生态环境的营造 | 将可持续发展与整体社会观作为发展的新方向 |
| 1983 年 | 相关法规制定 | 旧金山规划委员会制定指导中央商务区微观气候布局、完善城市形态、保护邻里环境的法规 |

---

[1] 王剑，吴娟."可持续发展"理念的首倡及其意义：《我们共同的未来》述评[J]. 铜仁学院学报，2014（6）：62-65.
[2] 赵文武，房学宁. 景观可持续性与景观可持续性科学[J]. 生态学报，2014，34（10）：2453-2459.
[3] 曾坚，李晓峰，左长安. 20 世纪中央商务区发展中绿色思想的演进[J]. 天津师范大学学报：社会科学版，2012（3）：10-14.

续表 7-20

| 时　间 | 关键词 | 举　措 |
|---|---|---|
| 1984 年 | 风环境的控制 | 华盛顿州贝尔维尤、波士顿对中央商务区风环境的控制，有效缓解了由于建筑高度及间距引起的近人地面风速过快的问题，为绿色中央商务区的建设营造出良好的近地活动空间 |
| 1971—1992 年 | 建筑空间与人的交互关系 | 利用对建筑空间的灵活组织增加社会活动的多样性 |
| 20 世纪末 | 城市郊区化对中央商务区的负面影响 | 以激发活力为主要目的中央商务区复兴，在商业开发上走向对生态和可持续方式的探索 |

21 世纪，在世界理想城市建设过程中，城市农业、增加绿色交通的使用、再回收方法以及回收材料的使用、减少电力能源的使用、根据区域选择植物、垂直花园等有助于城市更加健康，增加渗透性区域；水源的使用、可持续性绿色屋顶、野生动物生态保护区，这些技术方法与杰出成效证明：可持续发展不只是一句空话。

2. 高密度与城市发展

CBD 是一个城市的经济核心，以最高的开发强度和资本密度为最基本的属性。作为展示一个城市形象和雄心最重要的地区，探讨如何在高复杂性和高密度的同时实现城市可持续性无疑是最紧要，最有意义的事情。那么，首要问题便是：高密度城市相比于低密度是否更加可持续？

以往的研究表明，从资源节约、成本效益及交往概率等方面来考虑，高密度城市都将会得到令人满意的结果。在高密度的城市，如东京和香港，人均汽油消费量远远低于那些密度相对低的城市，如美国的休斯敦。这种强有力的负面相关性建立起了这样一个公理：密度增加将会导致交通能源使用的减少（Newman，Kenworthy，1989）（图 7-9）。不仅是物理空间上的集聚带来便利，另一个优势在于，城市为那种能够让人类最大限度地发光发热的合作提供了可能。人类的基本特征是我们相互学习的能力，在城市密集的走廊里，思想可以很方便地在人与人之间交流[①]。

在国际城市理论的思想潮流中，有一种"紧凑城市"（Compact City）的主张。这一派理论家反省了城市蔓延带来的生活不便利、环境不友好，反其道而行之，倡导更充分地利用现代技术与管理，通过合理提升来实现城市经济社会的高质量可持续成长。

在更合理的城市投资、建设和管理的条件下，提升城市密度也可能是治疗"大城市病"的另一条出路。比较现实的选项，是在已撑开的城市骨架范畴之内，将城市投资和建设的重点转向集聚和合理的密度提升。

---

① 爱德华·格莱泽，刘润泉. 城市的胜利 [J]. 安家，2012 (12).

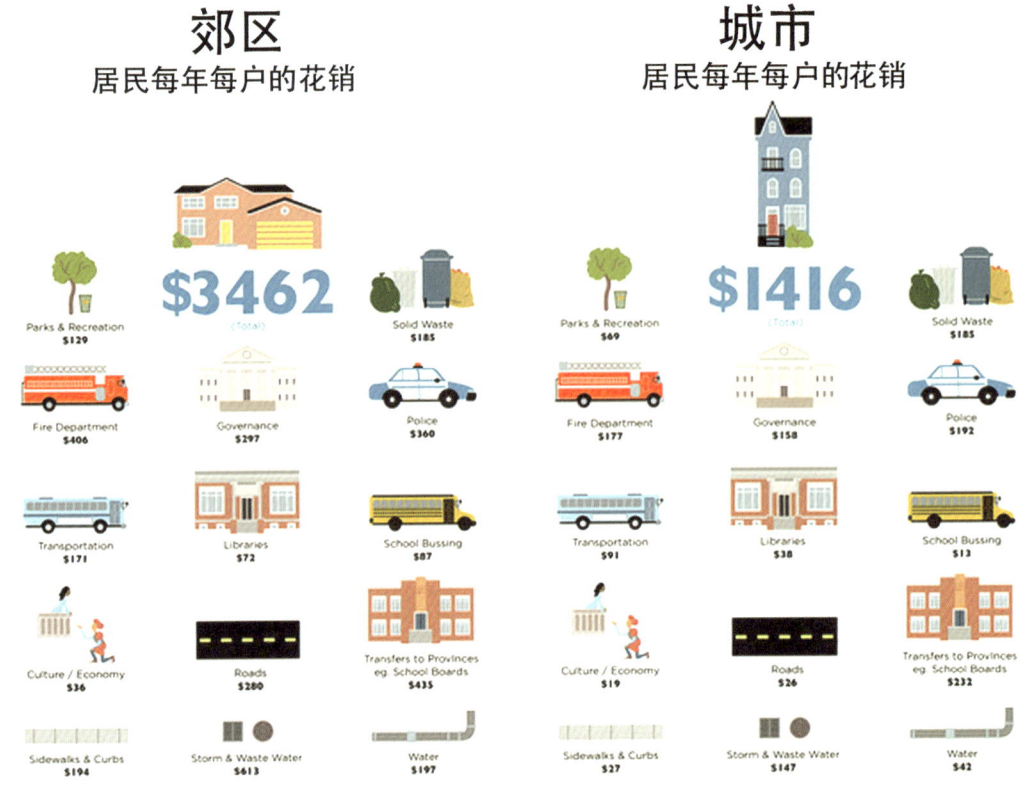

图 7-9 加拿大 Nova Scotia 省的 Halifax 市，其郊区的公共服务成本是市区的两倍多
（所有成本都以加拿大元计，资料来源：Sustainable Prosperity）

### 7.5.2 可持续发展的城市模式

创建一个可持续发展的城市模式的前提是弄清楚它是什么，"绿色""生态""低碳""智慧""高效""健康""宜居""以人为本"……这些专业术语的确给出了一个更为清晰的定义。2014 年，城市气候领导小组（Siemens and C40）宣布了在首届"城市气候领袖奖"（City Climate Leadership Awards）中获奖的 10 座城市，这些奖项颁给全球用实际行动证明了其"在城市可持续发展中的卓越表现与在抗击气候变化上的领导能力"的城市。这个奖项意义非凡，让我们看到未来城市具有更大的机会来提高我们存活的能力。

在相互关联的城市"自然—人工系统"中，要真正实现可持续发展，从不同角度理解与把握问题非常重要。密度发展影响城市发展的脉络，战略规划把控城市发展框架，场地设计支撑可持续发展的生活模式，本书试图从这三大层面思考与探索 CBD 可持续发展的理念与经验。

1. 合理的密度提升与适度的空间增长相匹配

研究表明，从资源节约、成本效益及交往概率等方面来考虑，高密度的城市更利于实现整体可持续性。密度发展问题是可持续城市形态设计的中心问题，比较现实的选项是在已撑开的城市骨架范畴之内，将城市投资和建设的重点转向集聚和合理的密度提升。

人口规模与构成的变化是城市制定规划的重要驱动因素与决策依据。国外人口增长预测研究更注重影响人口增长的基本因素，以及导致人口特征变化的原因，尽可能使新的人口假设更可信及更具说服力。芝加哥规划中将人口预测围绕着未来多元化的商业办公、零售、会展、教育、文化设施和居住建筑开发总量等因素思考，在"基本增长"和"乐观增长"两种模式中求解，这种弹性值得借鉴。当然，所有的密度发展都必须在环境可承受的范围之内，在提升密度的同时，城市基础设施承载力也是关键的影响因素。事实证明，空气和水的质量与人口的增长及其随之带来的污染的关系随时间推移也能逐渐改善。在公共安全与城市健康发展的基础上执行公共导向型重新开发和扩展包容性规划才能真正创造有活力的都市生活。

可持续的城市规划往往会合理调配区域空间密度以实现人口密度的合理发展。除了城市向上增长与对外蔓延扩张之外，在我国城市发展边界刚性化的国情下，以城市更新的思路恢复和再利用许多老建筑和历史建筑也是另一种途径。此外，人口密度的发展必须与人们所需要的生活方式相适应，不能只注重提升开发建设量，人的活动密度不仅仅由城市楼房的高度决定。事实证明，千禧之代喜欢住在交通便捷的地方，因外出社交而需要的个人居住面积较少并能从聚居中获益。

2. 倡导关注健康环境，引领使用者需求的场地设计

没有哪个城市可以被简单地定义为可持续城市，但我们能够设计建筑和城市来支撑可持续发展的生活模式。在一个城市的建设要素中，对交通、建筑、户外活动空间的提及必不可少，好的项目和案例在不断得到实践，创新总在进行。

公共交通发展是城市基本骨架，不同的交通方式代表不同的需求与体验，城市需要倡导多样性；此外，以更密集的路网增加区域整体可达性，不仅实现绿色出行，更为高效交流创造条件；最后，以连通性与便捷性的提升来增强城市基础设施与活动之间的联系更是点睛之笔，打造高效的城市出行网络是支撑出行需求的第一步。

在建筑设计中，除了保留历史记忆的真实性以外，重新解读场地记忆与都市生活非常重要。新加坡建筑师试图寻求街市中心的重读，植入绿色科技并保留了新加坡美食体验的灵魂，这种模式值得新一代设计师深思。

除此之外，环境的可持续从长远来看其实是更重要的问题，如若无法规避客观环境可能发生的风险，所有对美好生活的努力都将陷入不定性中。而场地微气候往往是与具体使用者息息相关的要素，如何在设计中扬长避短，创造基于活动和客观环境条件的最佳设计，是我们需要不断深思与学习的问题。曼哈顿泪珠公园面对恶劣气候及贫瘠土壤，但已巧妙地设计成为居民提供优质生境的都市绿洲；新加坡 Marina One 混合建造项目打破空调房和户外阴影空间的界限，创造舒适的微气候……实践与理论研究都表明，绿色建筑、公共交通、有活力的户外空间都有利于可持续发展，直接影响人们的生活，但这些模式需要结合具体场地情况来推行。

可持续性这个概念可以涵盖人、建筑、污染、城市模式、交通、通信、法制以及公

众投资等方面,就如同一个城市发展一样难以把握。未来城市的可持续发展关乎方方面面的问题,任何问题放在孤立的环境中,我们都有很多的解决方案,但开发一个具有综合性和时间连贯性的整体解决方案,我们则需要更开阔的思路。

## 7.6 CBD发展展望

### 7.6.1 调整城市管理体系保障CBD发展

1. 完善政府管理架构与法规

CBD是城市最核心的地带,特殊地区的发展离不开整个场地的协调运作。城市规划与设计是一个面向未来的现实约束力,不同角度与不同层面的考虑对场地的要求与策略都有所不同。所有的CBD案例都指向一个多层级综合性的政府管理框架,例如新加坡市区重建局是统一负责管理新加坡城市规划与建设管理的机构,集城市规划、设计、建设、管理、保护等众多职能于一体,值得学习与借鉴(图7-10)。

2014年底,广州市宣布推进第六次机构改革,诞生了多个新部门,国土房管局拆为"国土资源"和"房屋管理"两部分,前者与规划局一同组并"广州市国土资源和规划委员会",后者与建委组并"广州市住房和城乡建设委员会"。规划、国土部门合并后将重点加快土地规划的审批程序对接,提高行政审批效率,国土与规划业务还将逐步实现"一张图"管理。

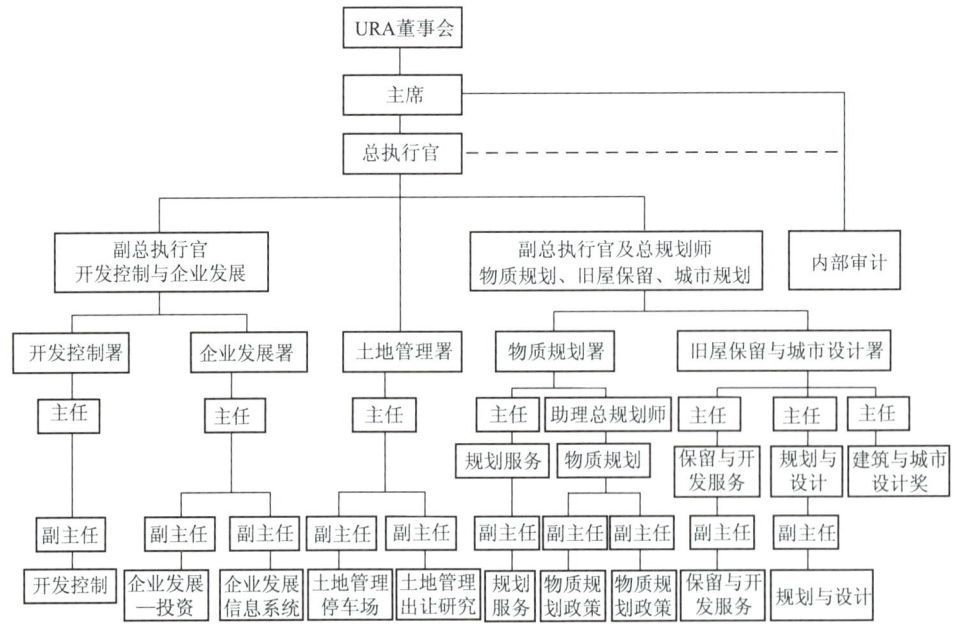

图7-10 市区重建局(URA)组织结构
(资料来源:《城市设计与规划体系的整合运作:新加坡实践与借鉴》,陈晓东)

与此同时，从区域发展到密度关注再到场地设计，都离不开相关的法规和政策指引，纽约区划法与统一土地利用审查程序、香港城市规划条例、香港城市规划标准与准则等，都在通过具体的实践逐渐积累与修缮。随着各类规划编制，我国城市设计可进一步加强纲领性的"总体城市设计"和城市设计指引、准则等成果的编制及法定化，确保规划与设计双重管控。

2. 确保土地供应的充足、有序

CBD的发展并非一蹴而就，确保足够的演变时间与发展空间非常关键。例如，香港中环CBD发展最显著的特征就是与其城市发展和经济转型的密切关系。政府致力于确保土地供应的充足，以满足因经济增长和转型而产生的土地需求；同时，通过公开、透明而公正的制度兴建公共基础设施满足市场推动下的新型消费需求。

我国CBD规划建设在建设强度、内部开发构成方面与国际经验基本相符，但在用地面积、建筑面积方面有着明显的过大倾向。这种粗放式的建设势必造成资源的浪费，从而导致土地供应不足。因此，客观地根据城市本身的条件，合理确定CBD的等级和规模，走集约型的发展道路势在必行。与此同时，国外的容积率奖励政策，纽约实行的房地产税收减免计划、企业迁移援助计划，新加坡引进国际金融企业的特殊优惠政策等，在推进CBD快速发展与集约节约建设方面也可以给我们很好的借鉴。

一个长远的规划建议与良性的政策管理框架对CBD发展来说必不可少。每一个时期政府干预都非常重要，政府的开发必须保证规划延续性。高涨时期应加大中心区商务空间开发的土地供应，并有效地抑制土地投机行为蔓延，切实保障直接使用土地的商贸、金融、服务产业者具有健康的经营环境；低谷时期可加大道路与市政公用设施的配套投资，为今后的商务设施发展创造条件。

3. 从更广阔的视角来考虑城市发展

城市规划作为政府实现管理的其中一种方式，是解决当下问题和引领城市发展的重要方式。可持续的规划往往会合理调配区域空间密度以实现人口密度的合理发展。近十几年来，伦敦、纽约、东京、香港、新加坡、约翰内斯堡等城市和地区都非常重视战略规划，并且开宗明义地指出人口规模与构成的变化是其制定规划的重要驱动因素与决策依据。我国城市化迈入逐步放缓阶段，城市密度还在不可逆转地增强，研究表明，所有的密度发展都必须在环境可承受的范围之内。例如2010年，面对曼哈顿CBD不断上升的商务地产需求同该区有限的地域面积之间的现实矛盾，纽约规划部门对曼哈顿CBD及其周边区域再次进行开发规划，拓展CBD地域范围，规划确定三个新CBD分区。

如果我们一开始就从一个更广阔的层面来考虑问题，往往能实现整个区域的可持续发展。纽约在战略规划编制方面，一直走在世界前列。例如，为了应对新的人口增长和全球气候变化，2006年，纽约市在其市长指示下，邀请麦肯锡主持编制了到2030年的《纽约城市规划：更绿色、更美好的纽约》（*PlaNYC: A Greener, Greater New York*），从名称和内容可以看出，这一版本的城市综合规划非常重视全球气候变化对城市发展的影响。新加坡也在逐步推进城市可持续发展。2009年，新加坡推出首个《新加坡永续发展蓝图》。2014年11月新加坡总理李显龙发表《2015新加坡永续发展蓝图》（*Sustainable Singapore Blueprint 2015*），调整2009年首版蓝图，订定新加坡未来15年永续发展目标，并在 5 年内拨款 15 亿新元，经由各项措施调整企业与人民生活习惯，以应对未来气候变迁、都市化、资源减耗与污染等重大挑战，并为新加坡创造绿色模范城市之商机（图 7-11）。

图 7-11　2015 新加坡永续发展蓝图

（资料来源：http://www.mewr.gov.sg/ssb/files/ssb2015b-chinese.pdf）

城市发展战略规划制定作为一种重要的政府行为，在纷繁变化中作出了积极的响应。纵观多个城市的发展战略，如何实现高效的经济发展、可持续发展能源、优秀的公共交通、稳健的住房发展、有活力的公共空间利用……每个城市面临的问题不外乎都可以归结为这几类，但成功的关键在于是否对不同城市问题有精准的把握，并提出适当的发展目标和可行的实施计划。

此外，对未来的风险控制与管理是必不可少的前提条件，同时，密度发展需与人们所需要的生活方式相适应，而不仅仅是由城市楼房的高度决定。

4. 积极引导公众参与城市规划

从 20 世纪 90 年代，"公众参与城市规划思想"被从西方发达国家引入中国之后，不管是政府部门还是规划与建筑领域以及各种组织机构都一直在倡导城市规划的公众参与。在城市更新的背景下，面对的将会是复杂、有历史的场地，以及越来越高素质的城市公民，他们对未来发展有迫切的需求与设想。实际上，没有广泛的公众参与，就不能产生普遍的公众接受。

地方政府规划经历从自上而下的全面干预到更多地发动大众参与的力量及审查监控

制度，研究发现，公众参与城市规划表现出"全过程、多样化及制度化"三方面发展趋势。

（1）全过程

公众参与贯穿于城市规划的整个过程之中，完整的公众参与需要在城市规划的各个阶段中发挥作用[①]。香港城市规划在很早就采用了全过程公众参与的策略，例如在《香港2030研究》《中环新海滨城市设计研究》中都广泛且系统地征询公众意见，成果的编制得到了绝大多数公众的认可，进一步拉近了规划决策者与民众的距离。全过程的公众参与有助于将矛盾和问题在工作的前期和工作展开的过程中一步步地加以消解，从而可以避免集中的矛盾和冲突，有利于社会稳定和工作的有序开展。《上海2040》规划采用多个阶段公众参与，得到热烈反响。

（2）互动渠道多样化

香港《中环新海滨城市设计研究》中通过展览、工作坊、论坛、意见卡、面谈及电话访问等，广泛征询公众意见，并委托了独立的研究机构分析得来的公众意见；《2015新加坡永续发展蓝图》中有超过550人提供想法与建议、550人通电话交流、2000人面对面交流、2900人网上参与。随着科技的发展进步，借助可视化技术，公众参与的渠道越来越多样化。微信公众投票、展览心愿墙等形式已产生很好的效果，每位市民甚至都可点开智能手机中的摄录功能，记录下建筑工地的变化，还能在虚拟环境中观察自己社区即将发生的变化。公众参与应善于利用这些渠道一方面扩大参与概率，另一方面让参与者真正理解规划将怎样影响其所在区域，真正实现有效"交流"。

（3）推进制度化建设

公众参与城市规划与决策更多地体现在城市战略规划、公共基础设施建设和城市区域化管理三个方面。要保证公民参与的长期成效，最好的办法莫过于在决策制定中使参与角色的作用制度化[②]。

英国1947年的《城乡规划法》就有允许公众对城市规划发表意见和建议的规定；1990年的《城乡规划法》则针对结构规划和地方规划这两种主要的规划形式，分别制定了公众参与的法定程序；2004年的《规划和强制性收购法》明确规定，在主要的地方规划政策文件中，必须包括一份"社区参与申明"，表明公众参与了从规划制定开始的一系列活动。从某种角度讲，公众参与的实质是程序性的，而不应只关注最后得出什么样的结果。香港《城市规划条例》与美国《纽约统一土地利用审查程序》（ULURP）都对公众参与有更为详尽的定义。

公众参与应当成为城市规划过程中各个阶段的必备程序，但是每个阶段公众参与的内容、要求以及参与的方式并不相同，仅仅以"公示""公告"或者"听证会""论证会"等这样的方式来进行规范显然是难以发挥作用的。在制度建设中，只有非常明确地规定相应的公众参与方式和程序，使公众非常清楚怎么参与、如何推进、决定权怎

---

① 孙施文，朱婷文. 推进公众参与城市规划的制度建设［J］. 现代城市研究，2010，25（5）：17–20.
② 周映华. 公共决策中的公民参与：论约翰·克莱顿·托马斯的公民参与的有效决策模型［J］. 四川行政学院学报，2006（3）：13–15.

分配等，并保证这些方式和程序得到有序执行，公众参与才能有条不紊地开展（孙施文，2010）。

### 7.6.2 城市设计导控 CBD 发展

1. 城市设计作为城市规划必要补充

城市规划的重点在各种指标的平衡，例如交通容量、功能分区、用地开发强度等问题。而城市规划导则的重点是城市意象的描述与控制，比如区划法对街区的控制重点是建筑的高度、密度、容积率等技术数据，像底层架空奖励容积率等。而城市设计导则的重点是建筑体形（不同于规划中的高度规定）、室外空间、街墙界面、人车分流的解决方案、整体材质色彩等。多层次城市规划解决不同层面发展的问题，控规中更多的是刚性要求，城市设计作为补充，从引导和控制两方面来指引具体环境再造。

城市设计应该进入法定设计程序，特别是中心城区和重点地段，城市设计应该成为必备环节，编制专业，审批权威，执行严肃。同时需要进一步加强城市总体层面的城市设计研究和宏观空间尺度的管控，特别是对城市总体结构、生态格局和开放空间，以及城市轮廓线等宏观要素的设计研究和创新探索；也需聚焦控规层面的城市设计方法、法定形式内容和技术标准的建设和完善。在法定平台上做实、做细、做强城市设计的刚性内容，同时放开弹性内容，为后续建筑创作留有足够空间。

2. 界定城市设计的"虚"与"实"

城市设计师要非常清楚能做的和不能做的，复杂的城市问题要有多个方面来综合处理，城市设计聚焦在体形环境和植入其中的城市公共生活理念和公共价值，并避免对建筑设计等私人领域（利益）过多地干预，留给城市足够的多样性和丰富性。城市设计的价值在于整合与提炼，城市设计的管控要建立在有远见的方案和精细化的管理上。所谓远见，即能为城市长远发展提出结构性形态框架。[①]

3. 城市设计导控要素框架

城市设计导则可划分为两个类型：一是对开发方案形态的规定性（prescriptive）要求，二是方案操作的指导性（performance）意见。在实践中往往根据特定项目的需要来运用相应的设计导则类型。尽管各个国家和地区的城市设计控制的策略范畴并不相同，但一项完整的城市设计策略通常包括理念、目标、达到目标所需遵循的原则、相关元素的控制导则。

### 7.6.3 "十三五"时期中国 CBD 面临的四大转型

随着"一带一路"、自由贸易试验区、京津冀协同发展和长江经济带等区域战略上升为国家层面的顶层设计，中国的区域政策更加强调内外联动、开放创新和协同发展。而 CBD 凭借其强大的经济控制力和区域影响力，在促进区域协同发展中的核心引领作

---

① "城市设计与实践"座谈会发言摘要，http://3y.uu456.com/bp_2d0a22253k6r0ta505nq_1.html

用日益凸显，逐渐成为区域乃至国家的资本配置中心、创新引领中心、运营管理中心、文化交汇中心和人才集散中心。

中国 CBD 在取得显著发展成就的同时，也存在着 CBD 发展水平梯度差异较大、合作平台和载体缺失、同质竞争较为严重、跨区域合作进展缓慢等问题。由中国社科院城市发展与环境研究所、中国商务联盟和社科文献出版社发布的《商务中心区蓝皮书：中国商务中心区发展报告（2015）》显示，中国 CBD 可划分为 6 个等级，分别是世界级 CBD、洲际级 CBD、国家级 CBD、大区级 CBD、地区级 CBD 以及项目级 CBD；其中，香港中环 CBD 被列为世界级 CBD，上海陆家嘴 CBD、北京 CBD 和广州天河 CBD 被列为三大国家级 CBD[1]。

蓝皮书指出，展望"十三五"，中国 CBD 将面临四大转型[2]：

一是空间形态由单一中心向区域网络转型。当前，我国 CBD 进入了区域化发展的全新视角，即区域中心城市和次级城市的 CBD，在交通、产业、功能等方面产生更加紧密的联系，最终形成区域性的 CBD 网络，引领和带动区域实现更好的发展。如珠三角城市群，目前已经形成包括香港中环、深圳福田、广州天河、珠海十字门等 CBD 在内的区域性 CBD 网络，初步形成了分工合理、协作共享的网络化发展格局，并促进珠三角城市群向更高级形态演进。

二是产业发展由单一模式向融合创新转型。当前，我国很多 CBD 出现了产业融合发展的新态势，如，北京 CBD 在信息产业与文化传媒产业的融合发展，重庆解放碑 CBD 的文商旅融合发展，银川阅海湾 CBD 的跨境电子商务发展，宁波南部 CBD 的互联网与时尚传媒融合发展等，这种融合发展为区域经济注入了新的发展活力。未来，如何打破部门分割、行业壁垒、政策管制，构建更加有利于促进产业融合创新发展的软硬环境，将成为各地区 CBD 重点探索的领域。

三是区域合作由竞相发展向务实合作转型。随着 CBD 功能的日益完善、产业层次的不断提升，以及区域一体化的不断深化，发展条件较好的 CBD 开始由无序竞争向务实合作转型。

四是主导方向由服务实体向开放创新转型。随着"一带一路"、自由贸易试验区、京津冀协同发展和长江经济带等区域战略上升为国家顶层设计，我国区域发展更加强调国际视野，强调内外联动和开放创新，促使 CBD 由服务实体经济为主向开放创新转型。当前，包括上海陆家嘴 CBD、天津滨海 CBD、厦门岛金融中心、福州五四路 CBD、深圳前海 CBD 和珠海十字门 CBD 等 6 个 CBD 已经被纳入自贸区范围，在跨区域合作、对外开放、创新发展中承担着先行先试的任务。

实现中国 CBD "四大转型"，引领区域协同发展，有赖于政府的合理调控与规划体系的完整高效，具体来说，通过规划统领城市发展的方向，以建设提升城市发展水平，以管理保障城市高效运行。

---

[1] http://business.sohu.com/20160122/n435541813.shtml
[2] 李国红，单菁菁. 商务中心区蓝皮书：中国商务中心区发展报告 No.2（2015）[M]. 北京：社会科学文献出版社，2016.

## 参 考 文 献

[1] 林枫,徐磊. 城市CBD（中央商务区）景观形态研究[J]. 低碳世界,2014（15）.
[2] 王芬芳,顾朝林. 世界城市化特征和问题[J]. 城市规划,2002（10）.
[3] 丁成日,谢欣梅. 城市中央商务区（CBD）发展的国际比较[J]. 城市发展研究,2010（10）.
[4] 杨俊宴,吴明伟. 城市CBD空间形态量化研究：中国CBD发展量化研究之二[J]. 城市规划,2006（2）.
[5] 樊绯. 20世纪城市发展与CBD功能的演变[J]. 城市发展研究,2000（4）.
[6] 沈磊. 城市中心区规划[M]. 北京：中国建筑工业出版社,2014.
[7] 杨俊宴,吴明伟. 中国城市CBD量化研究：形态·功能·产业[M]. 南京：东南大学,2008.
[8] 赵景伟. 紧凑视角下的城市三维空间整合及其实效性研究[D]. 青岛：山东科技大学,2011.
[9] 吴兆兴. 自贡CBD环境经济综合评价研究[D]. 成都：西南交通大学,2006.
[10] 林隽. 面向管理的城市设计导控实践研究[D]. 广州：华南理工大学,2015.
[11] 王耀武,柳飏,郝健秋. 走向集群化的城市设计管理制度建设[J]. 城市建筑,2014（10）.
[12] 高强. 城市设计导则对空间形态的控制研究[D]. 上海：同济大学,2008.
[13] 中华人民共和国建设部. 城市规划基本术语标准[M]. 北京：中国建筑工业出版社,1999.
[14] 李磊. 城市设计导则纳入控制性详细规划的可行性研究[D]. 天津：天津大学,2009.
[15] George R V,金广君. 当代城市设计诠释[J]. 规划师,2000（6）.
[16] 金广君. 美国城市设计导则介述[J]. 国外城市规划2001（2）.
[17] 程海帆. 西方现代城市设计的设计控制研究综述[J]. 国际城市规划,2012（6）.
[18] 刘佳. 基于新型城镇化背景下的现行城市规划实践的思考[J]. 安徽建筑,2014,21（3）.
[19] 邹德慈. 试论现代城市规划的三个重要支柱[J]. 城市规划,1991（2）.
[20] 王曙光,奚东帆,郭鉴. 城市设计导则的控制要素研究及应用[J]. 城市规划学刊,2008.
[21] 王敏. 基于控制性详细规划的城市设计管控研究[D]. 长沙：中南大学,2009.
[22] 鲍米尔. 城市中心规划设计[M]. 沈阳：辽宁科学技术出版社,2007.
[23] 谢芳. 中央商务区（CBD）的建设必须重视城市生活的多功能性：以纽约曼哈顿地区CBD建设经验为例[J]. 城市问题,2000（6）.
[24] 高源. 美国现代城市设计运作研究[D]. 南京：东南大学,2005.
[25] [美]Barnett J. 开放的都市设计程序：Urban design as public policy[M]. 舒达恩,译. 台北：尚林出版社,1982.
[26] [美]巴奈特. 都市设计概论[M]. 谢庆达,庄建德,译. 台北：尚林出版社有限公司,1990.
[27] 陈雪明. 纽约的公共交通系统和规划经验谈[J]. 国际城市规划,2015,30（s1）.
[28] 芦原义信,尹培桐. 街道的美学[J]. 新建筑,1984（2）.
[29] 张久帅,尹晓婷. 基于设计工具箱的《纽约街道设计手册》[J]. 城市交通,2014（2）.
[30] 陈一新. 中央商务区（CBD）城市规划设计与实践[M]. 北京：中国建筑工业出版社,2006.
[31] 吴之凌,胡晓玲. 芝加哥城市规划与管理机制研究[J]. 城市规划,2009（8）.
[32] 张志君,袁媛. 新加坡绿地绿化的规划控制与引导研究[J]. 域外规划2013（2）.
[33] 石崧. 香港的城市规划与发展[J]. 上海城市规划,2012（4）.
[34] 侯丽,栾峰. 香港的城市规划体系[J]. 城市规划,2000（5）.
[35] 陶伟,李丽梅. 香港城市游憩商业区空间结构演变模式[J]. 城市规划,2005（6）.
[36] 马莉莉. 香港世界城市空间结构研究[J]. 未来与发展,2011（12）.
[37] 韩可胜. CBD的经济结构与政府管理模式研究[D]. 上海：华东师范大学,2008.

［38］翟海林. 港岛城市剖面［J］. 时代建筑，2010（2）.
［39］李娣娜. 香港城市空中连廊空间研究初探［J］. 山西建筑，2008，34（29）.
［40］凌晓红. 句法分析视角下的广州中心城区空间形态的演变研究［J］. 动感（生态城市与绿色建筑），2015（2）.
［41］赵春晨. 晚清民国时期广州城市近代化略论［J］. 广州社会科学，2004（2）.
［42］吕拉昌，王建军，魏也华. 全球化与新经济背景下的广州市空间结构［J］. 地理学报，2006（8）.
［43］蔡云楠，廖远涛，王娅琳. 广州市城市规划编制体系的新探索［J］. 规划师，2004（12）.
［44］陈亚斌. 城市设计管理要素研究［D］. 上海：同济大学，2007.
［45］高源，王建国. 城市设计导则的科学意义［J］. 规划师，2000，16（5）.
［46］陈晓东. 面对开发的城市设计：新加坡中国广场城市设计案例及其启示［J］. 现代城市研究，2015（11）.
［47］庄宇. 城市设计的运作［D］. 上海：同济大学，2000.
［48］深圳市规划与国土资源局. 深圳城市设计指引草案［M］. 北京：建筑工业出版社，2002.
［49］王剑，吴娟. "可持续发展"理念的首倡及其意义：《我们共同的未来》述评［J］. 铜仁学院学报，2014（6）.
［50］赵文武，房学宁. 景观可持续性与景观可持续性科学［J］. 生态学报，2014，34（10）.
［51］曾坚，李晓峰，左长安. 20世纪中央商务区发展中绿色思想的演进［J］. 天津师范大学学报：社会科学版，2012（3）.
［52］孙施文，朱婷文. 推进公众参与城市规划的制度建设［J］. 现代城市研究，2010，25（5）.
［53］周映华. 公共决策中的公民参与：论约翰·克莱顿·托马斯的公民参与的有效决策模型［J］. 四川行政学院学报，2006（3）.
［54］魏后凯，李国红. 商务中心区蓝皮书：中国商务中心区发展报告（2014）［M］. 北京：社会科学文献出版社，2015.
［55］［美］马库斯，弗朗西斯 C. 人性场所：城市开放空间设计导则［M］. 北京：中国建筑工业出版社，2001.
［56］［美］林奇. 城市意象［M］. 北京：华夏出版社，2011.
［57］［丹］盖尔. 交往与空间［M］. 北京：中国建筑工业出版社，2002.
［58］［美］雅各布斯. 美国大城市的死与生［M］. 南京：译林出版社，2006.
［59］顾朝林，俞滨洋，薛俊菲. 都市圈规划：理论·方法·实例［M］. 北京：中国建筑工业出版社，2007.
［60］［美］凯尔博. 共享空间：关于邻里与区域设计［M］. 吕斌，覃宁宁，黄翊，译. 北京：中国建筑工业出版社，2007.
［61］美国城市土地研究学会. 都市滨水区规划［M］. 沈阳：辽宁科学技术出版社，2007.
［62］［美］索斯沃斯，约瑟夫. 街道与城镇的形成［M］. 北京：中国建筑工业出版社，2006.
［63］刘宛. 城市设计概念发展评述［J］. 城市规划，2000（12）.
［64］［美］格莱泽. 城市的胜利［M］. 上海：上海社会科学院出版社，2012.
［65］袁奇峰. 21世纪广州市中心商务区（GCBD21）探索［J］. 城市规划学刊，2001（4）.
［66］朱自煊. 中外城市设计理论与实践［J］. 国际城市规划，1990（4）.
［67］苏海龙. 设计控制的理论与实践［D］. 上海：同济大学，2007.
［68］王鹏. 城市公共空间的系统化建设［M］. 南京：东南大学出版社，2002.
［69］王建国. 现代城市设计理论和方法［M］. 南京：东南大学出版社，2001.

［70］吴建华. 现代城市设计与历史保护［J］. 城市建设理论研究：电子版，2014（28）.
［71］李沛. 当代全球性城市中央商务区（CBD）规划理论初探［D］. 北京：清华大学，1997.
［72］陈伟新. 国内大中城市中央商务区近今发展实证研究［J］. 城市规划，2003，27（12）.
［73］刘松龄. 从 CBD 到 RBD：传统 CBD 发展方向探析［J］. 现代城市研究，2003，18（4）.
［74］陈瑛. 特大城市 CBD 系统的理论与实践［D］. 上海：华东师范大学，2002.
［75］刘逸，闫小培，周素红. 中外 CBD 研究分析与比较［J］. 城市规划学刊，2007（1）.
［76］蒋朝晖. 中国大城市中央商务区（CBD）建设之辨［J］. 国际城市规划，2005，20（4）.
［77］张文馨. 广州珠江新城 CBD 开发建设政府管理模式研究［D］. 广州：暨南大学，2008.
［78］张蕾. 广州珠江新城空间形态演变过程研究［D］. 广州：华南理工大学，2011.
［79］王朝晖. 现代国外城市中心商务区研究与规划［M］. 北京：中国建筑工业出版社，2002.
［80］原欢祥，王兴中. 当代西方国家中心商务区的演变规律［J］. 世界地理研究，2002，11（2）.
［81］［美］福格尔森. 下城：1880—1950 年间的兴衰［M］. 上海：上海人民出版社，2010.
［82］徐思淑，周文华. 城市设计导论［M］. 北京：中国建筑工业出版社，1991.
［83］扈万泰. 城市设计运行机制［M］. 南京：东南大学出版社，2002.
［84］王世福. 面向实施的城市设计［M］. 北京：中国建筑工业出版社，2005.
［85］戈斯林. 美国城市设计［M］. 北京：中国林业出版社，2005.
［86］［美］马歇尔. 美国城市设计案例［M］. 北京：中国建筑工业出版社，2004.
［87］［美］特兰西克. 寻找失落空间：城市设计的理论［M］. 北京：中国建筑工业出版社，2008.
［88］［美］卡莫纳. 城市设计的维度. 公共场所：城市空间［M］. 南京：江苏科学技术出版社，2005.
［89］刘雷. 控制与引导：控制性详细规划层面的城市设计研究［D］. 西安：西安建筑科技大学，2004.
［90］阳建强，吴明伟. 现代城市更新［M］. 南京：东南大学出版社，1999.
［91］王庆丰. 中外 CBD 经济发展比较研究［D］. 北京：北京大学，2009.
［92］梁春阁. 广州 CBD 交通体系可持续发展问题研究［J］. 中外建筑，2004（2）.
［93］李胜楠. 中外 CBD 比较对我国的启示［J］. 中国市场，2014（8）.
［94］宋晨. 试论 20 世纪 60 年代以前美国城市公共交通的兴衰［J］. 湖南工业大学学报：社会科学版，2013，18（1）.
［95］王郁. 公众参与及美国城市规划制度的发展［J］. 城市发展研究，2009，16（6）.
［96］林磊. 从《美国城市规划和设计标准》解读美国街道设计趋势［J］. 规划师，2009，25（12）.
［97］刘晓畅. 全球街道设计指南［J］. 国际城市规划，2016（3）.
［98］丁成日. 芝加哥大都市区规划：方案规划的成功案例［J］. 国际城市规划，2005，20（4）.
［99］［美］培根. 城市设计［M］. 北京：中国建筑工业出版社，2005.
［100］张庭伟. 城市滨水区设计与开发［M］. 上海：同济大学出版社，2002.
［101］石忆邵. 国际大都市建设用地规模与结构比较研究［M］. 北京：中国建筑工业出版社，2010.
［102］［英］詹克斯，丹普西. 可持续城市的未来形式与设计［M］. 北京：机械工业出版社，2010.
［103］黄光宇. 生态城市理论与规划设计方法［M］. 北京：科学出版社，2002.
［104］杨晓光. 城市道路交通设计指南：Manual of urban traffic design［M］. 北京：人民交通出版社，2003.
［105］李敏. 城市绿地系统与人居环境规划［M］. 北京：中国建筑工业出版社，1999.
［106］齐康. 现代城市设计理论和方法［M］. 南京：东南大学出版社，1991.
［107］夏祖华. 城市空间设计［M］. 南京：东南大学出版社，2002.